时光雕刻者

魏锋◎著

柳青 路遥 陈忠实 贾平凹

陈彦 白描 党益民 丁晓平

王蒙 梁衡 六小龄童

凯莉·安·朗恩

罗宾·吉尔班克

方英文 杨焕亭 纪红建

艾克雷姆·德米尔卡勒

陕西新华出版传媒集团
太白文艺出版社

图书在版编目（CIP）数据

时光雕刻者 / 魏锋著. -- 西安：太白文艺出版社，
2020.8（2022.1重印）
ISBN 978-7-5513-1553-1

Ⅰ.①时… Ⅱ.①魏… Ⅲ.①文艺工作者－访问记－
中国－现代 Ⅳ.①K825.7

中国版本图书馆CIP数据核字（2020）第082884号

时光雕刻者
SHIGUANG DIAOKE ZHE

作　　者	魏　锋
责任编辑	谢　天
出版发行	陕西新华出版传媒集团
	太 白 文 艺 出 版 社
经　　销	新华书店
印　　刷	涿州军迪印刷有限公司
开　　本	787mm ×1092mm　1/16
字　　数	310千字
印　　张	17.5
版　　次	2020年8月第1版
印　　次	2022年1月第3次印刷
书　　号	ISBN 978-7-5513-1553-1
定　　价	79.80元

目　录

附 录

风过瓶梅笔砚香

——写在《时光雕刻者》出版之际

杨焕亭

  魏锋同志将他即将付梓的纪实文学《时光雕刻者》打印稿发给我，希望我能够写一些文字。翻阅墨香四溢的文稿，与作者笔下的一个个文学艺术界名人做心与心的碰撞，灵魂与灵魂的互照，我一则是感到十分吃惊，在短短的几年间，他用自己一双奔波的脚，一次又一次走进文学艺术的辽阔宇宙；用一支饱蘸激情的笔，记述下如此众多的国内外作家、艺术家的风雨人生；用一颗拥抱文学、拥抱艺术的心，送走了1800多个日日夜夜，文字是如此浩繁，成果是如此丰硕，这在当今同龄人中确不多见。二则是感到十分亲切，作者笔下的人物，有的是我素来崇仰的文学大家，有些是深深影响过我人生的良师益友。此刻，他们都从魏锋的笔下，再度勾起我记忆中春夜的秉烛夜谈、秋风中的临案品茗、飞雪下的围炉畅怀，在我面前延展开一个五彩缤纷、百花竞艳的文学风景。从这个意义上说，魏锋奉献给读者的，是一部特殊的"艺文志"，是一部别样的文学艺术史卷。它对于文学史研究的存史价值是不言而喻的。

  记得那是在2013年"吹面不寒杨柳风"的春月，长篇小说《汉武大帝》出版之际，我沉浸在收获的喜悦中，最关注的就是它在读者心中的地位和价值。一个周末，魏锋带着9岁的女儿佳佳敲开了我办公室的门。我看到他手中捧着的，正是刚刚从网上购买回来，还没有来得及打开塑封的《汉武大帝》。他飞跃在眉宇间的兴奋，从眼角溢出的坦诚而憨厚的笑，都使我们一见如故。打开扉页，我郑重地用毛笔行楷写上了他和爱人小花、女儿魏佳的名字，并在我的名字下盖了印章。对坐品茗，我们在不经间相互交流了各自从事写作的体会。他留给我的印象是勤奋、多思且有着新闻工作者的敏锐。不久，我就在《中国文学》《中国职工教育》《陕西人才》等杂志上看到了他对我的访谈纪实，写得言简意赅，观点新颖，文字也富于张力，总体上将《汉武大帝》一书的故事梗概、艺术特点和文化价值介绍给了读者。

我们的文学之谊就此拉开了帷幕。在以后的日子里，我经常收到他主编的《泾渭情》杂志，也应他的约请撰写一些小文章发表，对于他的认识也因此而渐次地走向深入。他有着过人的精力，对于文字的倾情使他成为一个从来不知疲倦的人。在单位的每一个重大活动中，都可以看到他忙碌的身影。有时候，我望着他布满血丝的眼睛，就不得不提醒他注意劳逸结合。他虽然以微笑回应，而过后却是依然如故。我有时候想，这是否也是一种惯性呢？要停下来何其难也。他多思，面对五彩缤纷的世界，总是在寻找一种新的视角，热衷于新的叙事，所以他的文章不但多产，而且采用率也很高，每有收获，总是不忘与我分享。他坚忍，无论生存环境怎样复杂，家庭负担怎样沉重，他始终以一种乐观通达的态度去排解。这使我坚信，他会有更大的作为，而且他对自己的写作对象有一个明晰的设定和选择。

有一天，当他再一次来到我的斗室热心地为全国各地读者签名的时候，我就将自己思虑许久的建议提到了他的面前。我说，术业有专攻，鱼与熊掌不可兼得。我建议你今后把笔触伸向文学和艺术人物，以纪实的叙事方式将陕西乃至全国知名的作家、艺术家鲜为人知的生活，富于传奇的写作实践和丰富多彩的内心世界传递给读者。这也是讲述中国故事，传播中国精神的一个组成部分。这样，过几年，就是一部人物纪实。我没有想到，我们的一次谈话成为他转轨定向的发端。几年来，他在搞好本职工作的同时，迈开双脚，走遍省内外，从享誉国内外的文学大家，到驰骋文坛的艺术骁将；从远涉重洋来中国求索文学之谜的访问学者，到以时代气息浓郁、创作思维前瞻、以作品赢得读者的文学之星；从著名文艺评论家到学界泰斗，他的笔触无所不及。2016年春，他出版了《春天里放飞梦想》一书，我曾经在一篇文章中写道：《春天里放飞梦想》对于文学的价值远远超出了作者的文本本身。那里，每一个人的"历时态"存在汇集成"共时态"的精神高塔和艺术高原。如果说，陕西文学大省的地位是一代一代作家用自己的作品树立起来的话，那么，魏锋的这些短歌长吟，则描绘了一幅波澜壮阔、起伏跌宕的文学画卷。正是在关注度不够的报告文学的土地上，魏锋开辟了新的境域，新的抒写，新的耕耘。

在读了他的第二本纪实文学集《时光雕刻者》之后，我进一步认为，从《春天里放飞梦想》到《时光雕刻者》，是魏锋写作生涯中质的飞跃阶段，表现出他的写作定位和写作选择进入一种自觉的状态。这种自觉状态对他思维和行为的直接影响，使得他以一种不同于他人的面貌和风格出现在浩浩荡荡的文学陕军队伍中。

与《春天里放飞梦想》相比，《时光雕刻者》在文学思维上更具前瞻性，采访视野上更加宽阔，内涵更趋深刻，文笔更趋成熟和老辣。

本书的一个特点是真实性。如果说，文学是一座扑朔迷离、辉煌耀眼的金色殿堂，那么造就这摩天大厦的作家和艺术家，对于普通读者而言，往往被涂上神秘色彩。如何以纪实的手法，还原他们与普通人一样的情感、生活与生存状态，对于魏锋是一个严峻的考验。魏锋不但做到了，而且写得生动感人。于是，我们就从这个窗口看到了从白鹿原上一路走来，用小说讲述了一个民族心灵秘史的现实主义作家陈忠实；看到了"像牛一样劳动，像土地一样奉献"的现实主义作家路遥；看到了"用生命和责任为时代和社会代言"的贾平凹……作者不但浓墨重彩地记述了他们具有天赋而又勤奋的写作生涯，更撷取他们不为人知的生活小景，读来既鲜活又生动，绝无概念化和生涩的感觉。

本书的另一个特点就是以访谈为载体的行文风格。这种自觉的界定，使得每一篇访谈都不只是追求传奇故事，而是更注重理论思维的阐释。例如以"小人物的知行触痛了时代最敏感的神经"为题而展开的对《装台》作者陈彦的访谈，实际上阐释的是作品与时代的理论问题，触及当代作家应该以怎样的姿态回应社会使命这样一个从延安文艺座谈会以来，一直试图解决而又没有得到很好解决的时代命题。因此，虽然是一场对话，却处处闪烁着理论光彩。又如以"中英两位学者的文化情怀"为题而展开的访谈，通过胡宗锋和罗宾·吉尔班克两位中外学者对陕西文学特别是陈忠实长篇小说的域外视角解读，实际上向读者传递了一种比较文学的观点，同时，又以中外作家对于长篇小说的认知做了比较式的思考。读来令人获益匪浅。

本书的第三个特点是视野开阔。全书囊括了十几位中外作家与艺术家作为访谈对象，从涉及的问题来说，既有文学使命和责任这样的基本理论问题，又有对经典作品的解读；既有中国作家的文学生态，又有来华学者的个性认知。一卷在手，尽览世界文学风云。它既是魏锋笔耕心血的凝结，更是众多作家、艺术家集体智慧的结晶。从某种意义上说，是一部具有现实意义的文学教科书、经验谈。

我与魏锋交往多年，对他的故事知之较多，譬如他创办的"微风读书会"微平台，义务宣传省内外作家，开辟专栏，第一时间为他们播报书讯，上门采访等，在全省很有影响力，已成为具有一定反响的读书品牌。他坚持20余年倡导发起的"微风书公益"，从第一次邀请出席活动到我本人也作为文艺志愿者直接参与爱心图书捐赠，见证了一位青年作家回报社会的炽热情怀，用心用情传播书香大爱。"微风读书会""微风书公益"已成为一个个以书凝聚爱心的公益品牌……与一位有温度、有情怀、有担当、有责任、有梦想的青年作家因文学结缘，并欣慰地见证着他的成长，这应该是我的幸运，真诚地希望魏锋同志百尺竿头，更进一步，更希望有关部门识才、爱才、敬才、用才，给予他施展才华的空间、干事创业的舞台和实现梦想的机会，相信他一定会不断有新的作品奉献给广大读者。

2019年端午节于梅轩

柳青：深入农民生活的人民作家

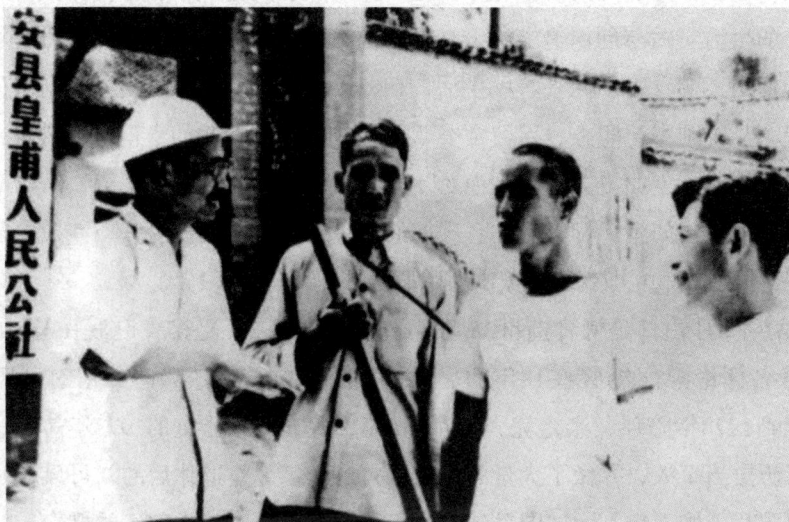

柳青（左一）在皇甫人民公社与《创业史》中梁生宝的原型王家斌（右二）谈工作 （张永强 供图）

柳青（1916—1978），陕西省吴堡县人，原名刘蕴华，当代著名作家。1934年入西安高中读书，次年参加"一二·九"运动并主编学生刊物。1936年发表处女作《待车》。1938年到延安。1949年在北京参与《中国青年报》的创办。20世纪50年代初，在西安市长安县（今长安区）皇甫村安家生活长达14年。其间创作了长篇小说《创业史》(第一部)。这部作品被译成英、日、德、西班牙等多种文字，受到国内外读者好评。主要作品还有长篇小说《种谷记》《铜墙铁壁》，中篇小说《狠透铁》，散文特写集《皇甫村的三年》等。柳青的小说塑造了一批鲜活丰满的农民形象，丰富了当代文学的人物画廊，是一个时代的经典。柳青还曾担任全国政协第四、第五届委员，中国作家协会西安分会副主席。

柳青是当代著名作家，曾在西安市长安县皇甫村深入生活14年，创作了反映农村合作化运动的《创业史》，这是他第一部出版多次并被翻译成俄、英、德、日、西班牙、朝鲜和越南等10多种文字的作品，该作品被认为是当代现实主义文学经典之作。柳青的精神遗产在中国当代文学史上有着重要的地位和深远的影响。

习近平总书记在2014年10月15日文艺工作座谈会上发表重要讲话，谈到文艺需要人民时，他特别提到了柳青，对他"深入到农民群众中去，同农民群众打成一片"的生活实践与创作追求给予高度评价，鼓励当代作家向柳青学习。习近平总书记指出，柳青为了深入农民生活，1952年曾经任陕西长安县县委副书记，后来辞去了县委副书记职务、保留常委职务，并定居在那儿的皇甫村，蹲点14年，集中精力创作《创业史》。因为他对陕西关中农民生活有深入了解，所以笔下的人物才那样栩栩如生。柳青熟知乡亲们的喜怒哀乐，中央出台一项涉及农村农民的政策，他脑子里立即就能想象出农民群众是高兴还是不高兴。

2016年6月13日是柳青逝世38周年纪念日，7月2日是柳青诞辰100周年纪念日。著名评论家阎纲曾在18年间，总共6次拜访柳青。柳青女儿刘可风，从1970年到1978年陪伴父亲走完人生最后9年，她在父亲去世的1978年前后，走访了许多历史当事人，并做了大量的记录；自2000年起，退休后的刘可风耗时十几年全力撰写《柳青传》，试图呈现一个不同于文学史上经常叙述的柳青，呈现一个时代的精神创业史。根据其著作改编的人物传电影《柳青》已拍摄完成。

2016年初至今，笔者多次专程采访了阎纲先生和柳青之女刘可风女士，让我们一起聆听阎纲先生讲述柳青《创业史》的历史价值以及今天我们该如何向柳青学习；一起走进刘可风的《柳青传》，领悟柳青文学的精神精髓，弘扬中国精神，讲好中国故事。

对话阎纲：回忆柳青 纪念柳青

阎纲，生于1932年，陕西省礼泉县人，1949年参加工作，1956年于兰州大学毕业后供职中国作家协会，1986年调文化部。出版评论集《文坛徜徉录》《阎纲短评集》《神·鬼·人》《文学八年》《余在古园》《文学警钟为何而鸣》等

12部。曾多次获中国当代文学研究会研究成果表彰奖和中国新文学学会优秀论文奖。出版杂感散文集《冷落了牡丹》《哭笑不得》《惊叫与诉说》《座右鸣》《我吻女儿的前额》《三十八朵荷花》《五十年评坛人渐瘦》《文网·世情·人心——阎纲自述》《爱到深处是不忍》《美丽的夭亡：女儿病中的日日夜夜》等14部。单篇《报告文学是与非》和《我的邻居吴冠中》分别获中国新闻奖报刊副刊作品年赛金奖，《孤魂无主》名列第六届老舍散文奖榜首。

笔者多次采访著名作家、文学评论家阎纲先生（左）

（赵日恒 摄）

魏锋： 荣获茅盾文学奖的三位著名陕西作家中，路遥研读《创业史》，反复读了7遍，从中汲取了巨大的精神力量。陈忠实说，他只见过柳青一次，"还是他在上边讲，我在下边听"，他称柳青是"伟大的作家"，也将《创业史》读了7遍，耗时6年创作《白鹿原》。贾平凹说，他那时年轻，读柳青，称柳青是作家的一面旗帜，却缘悭一面。您在18年间多次拜访柳青，这很难得！

阎纲： 从1960年全国第三次文艺工作者代表大会上第一次拜访柳青起，到1978年柳青逝世的18年间，我总共6次拜访柳青。我熟悉柳青，但没有深刻理解柳青。现在纪念柳青，就要深刻理解柳青，继承柳青。

在第三次文代会召开前一年的1959年4月，柳青的长篇小说《创业史》开始在《延河》杂志上连载，同年《收获》转载；1960年6月由中国青年出版社正式出版。同年7月22日，全国第三次文艺工作者代表大会在北京召开。我那时在文艺报工作，专程去看望柳青。

一见面，他说："乡党！你是礼泉人吧？那就是乡党了。"

"你是吴堡人。"

"我现在成了长安人，和你离得更近了。"柳青嘴角含笑。

文艺界都在传，说柳青得了一种怪病，这种病最讨厌香气，洒过香水的妇女从身边一过他就休克……看到柳青偶尔气喘吁吁的样子，我赶快问候他的健康状况。

柳青笑了，说："没有那么严重，反正麦子扬花的时候就得躲躲。你看了书是咋想的？"柳青把话题转到《创业史》上。

我说："首先是《创业史》的语言吸引了我，好像是家乡来人了，里面的'我跟你没话''咱就是这话'，听来真实亲切，一点隔阂也没有。"

"那里面的话，外地人懂不懂？"

"北方人没问题，越土越亲；南方人怕要大打折扣。"

我提到有同志认为改霞这个人物太知识分子味，篇幅也占得太多，可以删除掉……柳青没有回答。

柳青在文代会上发言："短短的几年，就把一个几千年落后、分散的社会，从根底上改造了。庄稼人现在成了敢想、敢说、敢做的公社社员。时代赋予中国革命作家光荣的任务——描写新社会的诞生和新人的成长。思想意识的改造是首要的，最重要的是对党的无限忠诚，对工农兵方向的坚定性。"

此后再见，我向柳青请教《创业史》的写作和评价。

柳青说："咱这个文学界，我算是在这个'界'中，又算是在这个'界'外。"然后郑重其事地回答说："一个作家要写作，必须对人民负责，出发点是人民，表现的是人民，写出来后说好说坏的也是人民；一个作家本事再大，也不能把人民表现得天衣无缝。《创业史》还要不断地修改。"

接着他又说："写作品，不要梦想轻而易举能够成功，而是要经过读者反复地看、反复地争。一个作品出来，必须创造机会，进行原则性的争论，让人家提出最严格的要求，容许人家最充分地分析书的缺点，也容许有人辩解。辩解的人不算绝对肯定，分析缺点的人不算抹杀成就。然后，看群众的反映，广大群众评判作品，既快又准，一定要交给群众。我认为，这是我们文学登峰造极的唯一途

20世纪60年代，柳青在全国文代会上 （张永强 供图）

径，但也是非常崎岖的艰苦的道路。除此之外，没有第二条路。你生前不这么做，死后还得这么做。应该争取经过争论，这是我一条最重要的意见。"

"你的写作计划？"

"《创业史》计划写四部，一直写到公社化。也许写不完，谁知道还会有多少周折。写《创业史》的目的，是反映我国社会主义革命，歌颂新农村怎样诞生、新农民怎样成长，这是我们一代作家的光荣任务。"

……

柳青穿着很朴素，上身是一件有点褪色的旧呢子制服，说话满口浓重的陕北音调，那双炯炯有神的眼睛，放射着智慧的光芒；脸上带着旷野里长大的庄稼人的黝黑和坚定，没有书房里坐大的知识分子那样的纤细、白净和文静。通过眼前的柳副书记（他在长安县兼任县委副书记），我好像看见《创业史》里县委杨副书记的影子，对杨副书记的印象更加具体化了；我又从杨副书记的身上，进一步认识了柳副书记。

几年后，北影著名导演水华多次联系我，征求我对《创业史》改编电影的意见。鉴于人民公社化助长浮夸风、共产风，《创业史》合作化的方向不大好把握，心理描写又多，对作者的议论更多。（《创业史》）极力用激进的思想'教育农民'，电影不好诉诸画面。

水华认为，农村两条道路的斗争还是值得坚持的，其他问题画外音可以解决。

《创业史》电影剧本写出来了，终未拍成电影，此后也销声匿迹。

魏锋：1963年，中共中央在全国城乡开展"社会主义教育运动"，即"四清运动"。运动中，社教干部批评柳青"长期脱离阶级斗争，不参加机关运动，在皇甫村养尊处优"，说柳青是"四不清"干部的黑后台。

阎纲："文化大革命"来了，柳青一转眼就成了"走资派""黑作家"，《创业史》一夜间成了"大毒草"。无休止的批斗逼得他触电自杀（所幸脱险）。《创业史》第二部手稿失踪，爱人马葳跳井自杀。

1976年9月，我当时在人民文学社工作，回西安组稿，踏上关中平原美丽的乡土，首先想到的就是请文化厅厅长鱼讯带领周明、毛琦、杨璀等看望柳青。

柳青住在西安韦曲长安干部休养所，这是一间普通的宿舍，陈设极为简陋，入秋，室内气氛更加冷清。

矮矮的个儿，佝偻着身子，拄着拐杖被可风扶进房门。啊，柳青！微微驼背，面色发青，清瘦的脸上腮须浓密，步履艰难；瘦了、老了、小了，但一对炯炯有神、亲切和善的眼睛依然明亮和深邃。

柳青打趣地说："我现在是寸步难行！"他呼吸很吃力，喘着气，张大口使劲地用哮喘喷雾器喷雾，每走一步，都要人用自行车推着。他天天下楼、上楼去医院打针。

"你写作任务那么繁重，身体这么不好，为什么不安排好住房问题、治疗问题？"

"咱几个娃，没一个能来照看的，要来，都是临时工……"柳青边说，边费劲地咳嗽，连忙挤握哮喘喷雾器往嘴里喷雾，然后微笑着说，"如今时兴走后门呀！我现在住干休所是名正言顺。我是老弱病残，正合'干休'！"

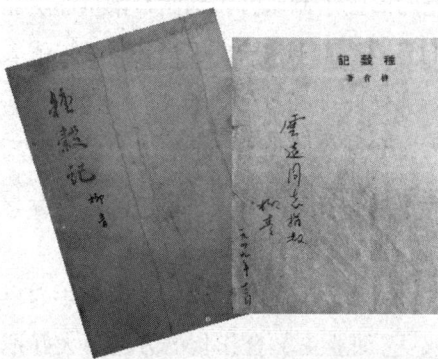

1949年12月，柳青亲笔签名的长篇小说《种谷记》（张永强 供图）

"收到《人民文学》没有？有什么批评意见？"

"没。"

"每期都寄，寄到你所属单位转你，怎么一本也没有收到？"

"这就是风气！"

善于知人论世的柳青，经历了"文化大革命"的"锻炼"，又眼见时下世态的炎凉、人情的冷暖，我预

著名作家柳青 （张永强 供图）

感《创业史》的第二、三、四部里，历史将在他的笔下得到真切深刻的反映。他说话还是那么从容有力，夹带着严峻的幽默。

"希望把《创业史》第二部改定的章节在《人民文学》上先行发表……"

"原来给孩子做了动员，要他们围绕我的工作，把生活安排好，好把《创业史》第二部改下去，想不到病老是来干扰……"说着说着，柳青又喘了一会儿，静了静，然后说，"近年来身体不好，现在看来《创业史》完成四部困难了。前一向想动笔，好不容易和那里面人物混熟了，钻进去了，可是，身体又不行了。"接着是连连不断地喷雾。

又一阵咳嗽，柳青忍着痛苦吐出一口痰，用小杯接住，看了看，无力地说："还得住院，肺心病，痰里带血。"

拜访结束，柳青非要送我下楼不可，经过再三劝阻，他留在楼梯的拐角。

当我们上车时，他从楼梯的窗户伸出头向我们微笑招手。车子开动后，他还站在那里。我想多看他一眼，车子拐弯了。那挥手之间的神情动作，深深印入了我的脑海。

1975年冬季以来，邓小平受到疯狂的诬陷；1976年1月，敬爱的周总理不幸逝世。这一冬一春的险恶境况，是柳青有生以来最痛苦的时期，病情随之恶化。死神随时会来叩他的门！

魏锋：一个月后，粉碎"四人帮"。柳青下了病床，未等沉疴痊愈，即展开

《创业史》的辛勤创作，同意将第二部前13章先行出版，作为向党中央献上的一份心意。柳青来北京了。

阎纲：是啊！1977年酷暑，消息突然传来：为了出版《创业史》第二部上卷，柳青来北京了。我约上周明骑着自行车风驰电掣飞一般地来到中国青年出版社宿舍。

叫门没有人应，我们破门而入。一阵鼾声时起时伏，十分匀称、格外香甜。进屋一看，我们笑了，柳青蜷缩在凉席上，睡得很熟，浓黑的胡须随着有力的鼾声一起一落，我们连喊他几声也没有把他叫醒。

柳青全身是关中农民的装束，褂子对襟，裤腿高挽，脸色稍黑但不发青，胸前放了一把大蒲扇。已经是下午4点钟了，该是午睡起床的时候了，我们决定摇醒他。

柳青坐了起来。

"看气色，你强多了，比去年秋天见你时强多了。"

"去年是去年，今年是今年。"

柳青急忙起身沏茶，还让我俩放开抽烟，说他也抽。柳青抽的是南方一种叫"洋金花"的治哮喘的特制纸烟，不是普通的香烟，而普通香烟哮喘病人是难以忍受的。从吸烟问题上可以看出，柳青的身体大有转机。

我们把新出版的几期《人民文学》交给柳青，问他后来补寄给他的刊物收到没有。他说没有。"挂过号的啊！"柳青叹气："挂过号的也是一样。"

柳青询问文艺界和刊物编辑部的情况，兴致勃勃地听，一边听，一边笑，有时笑得像孩子一般天真纯朴，手里仍然攥着当年那个哮喘喷雾器。

"这个东西你还是丢不开吧？"

柳青指了指桌子底下说："又增加了一位。"这是一个橡皮做的氧气袋。环顾四周，我发现：一张木床，一张三屉桌，桌上是一些药瓶和生活必用品，桌下是那个氧气袋，窗台上放着一部分《李自成》第二卷的清样。一间很小的卧室反而显得空荡。柳青除去维持呼吸、争得劳动时间以外，别无他求。

"去年见你病成那样，真担心四部写不完呢！按你现在的身体和心情，有希望把它写完。你写第一部花了四五年时间，第二部也差不多四五年，总共不到10年。那时你一边生活，一边写作，还有病呀！1972年，周总理就希望你把身体养好，把《创业史》写完。总理多忙呀，还会记着你柳青！为了总理，你应该有这个信心。今后，党中央会给你安排的。"柳青在凝神默想，深深地叹一口气，说："哪怕把第二部改完也好……"叹息自己没有一个好身体，担心《创业史》写不完，说《创业史》第二部上卷即将出版，不到第二部的一半，只是一个心意！第一部的改本年内也可以出来。

"去年到韦曲，你也是在这样的楼房送我们。"

"是的，两座楼的样子很像，过去快一年了！"柳青的精神好多了，不仅询问了文艺界的一些人，而且想知道文艺界更多的事。此时的柳青，又回到这个"界"里来了！

魏锋：同年冬天你又回了趟西安？

阎纲：1977年11月份，我回到西安参加陕西省文艺创作会议，打听到柳青病重住院的消息，王汶石、魏钢焰、杜鹏程都发言了，遗憾的是不见柳青到来，我就去剧院大门口等候。车子终于回来，但柳青没有来。医生不答应："人病成啥样子了，出了事谁负责？"

11月14日上午，会议结束。蒙蒙的细雨中，我到四医大看望似乎久别的柳青。

柳青又瘦了，说话嗓子有些沙哑，陕北口音显得更加浓重。柳青躺在明亮的病房里，鼻子插着氧气管，旁边立着氧气瓶，床头放着中国青年出版社给他买的喷雾器，手里握着哮喘喷雾器。这三种器械像卫士一样陪伴着这个顽强的生命。

"在北京时，你还说精神了……看，又躺下了。"

"大家对你非常关心，可惜没有和你见面。"

"见不成了，写了篇书面发言，刚才定稿，改了无数遍。"

柳青的这篇题为《对文艺创作的几点意见》的文章，是他在粉碎"四人帮"

阎纲先生18年间数次访柳青 （盛万鸿 绘）

以后发表的第一篇文章。文章开头就说，"四人帮"统治中国文艺界是一场大灾难。他从生活、群众路线、美学、党性等几个方面，准确地刺向"四人帮"的文化专制主义。

"告诉你一个好消息。我刚收到刘茵寄自北京的来信，说最近邓小平同志委托中宣部负责人看望了作家姚雪垠。你的条件也会改善，这已经不单单是你个人的问题了。"

柳青没有吭声，沉默一会儿后，重重地吐出一句话："小平同志不容易！"

我与柳青聊起读者对《创业史》的好评和某些看法，说："有位同志激动地说，写农业方面的伟大作品是《创业史》。"

柳青郑重其事地说："任何作品，假若是优秀的，那么，它必定是为群众所公认、在群众中享有最高威望的作品。这种作品是少数，你的作品是香花还是毒草，用不着评论家担心，群众一下就能够确定，群众最快。主要是广大群众。评论家不相信群众的评论，容易引起群众的反感。"他又加重语气说："不要给《创业史》估价，它还要经受考验。就是合作运动，也要受历史的考验。一部作品，评价很高，但不在读者群众中间受考验，再过五十年就没有人点头了。"

他挪到小圆桌旁的旧藤椅上，靠近我，说："我今天觉得很好。"然后向嘴里喷足雾，闭了闭眼睛，片刻之后，神情肃然地说："作品是自生自灭，还是不被遗忘，全部力量都在作品里头；作品以外，任何评论家给你加不上去。高明的评论家，能够发现作品优秀的地方与薄弱的地方，他的分析比较细致一点，提到一定的高度上，让作者与群众更加深刻地认识问题。不过，评论家的影响是暂时的，长远的影响在作品里面。不要像有些人对'样板戏'那样，忽儿往上加优点，忽儿往上加缺点。"

他又说："你们搞文艺批评，不要列一系列书名，给作品排队。说哪本书，就是哪本书，具体内容具体分析，一本一本来，不要拉在一起开书单，好像代表官方，这样不符合文学的特点。也不要'重评'，绝对不是'重评'的问题。'重评'给人的印象是重新评定、重新肯定，别的作品都重新肯定？'文革'以前的都评错了？"

接着，他激动起来，大骂江青，说江青根本不懂艺术："她搞艺术完全是为了推行其阴谋政治！"柳青非常激动。

我劝他不要再说下去。此时，一位女军医进来查房。我退了出来，伫立在病房外等待医生出来。我询问了柳青的病情，央求她说："他是一副硬骨头，了不起的作家……我们把他托付给你们了！"

天阴得很重，雨下得很大……

魏锋：半年后，柳青又来北京，是粉碎"四人帮"之后第二次来北京。人们非常担心他的病。

阎纲：1978年5月的一天，中国青年出版社的王维玲、南新宙先后打电话让我到朝阳医院去，说柳青找我，顺便让带上几期《人民文学》。到了医院才知道，他这次到北京，是有同志设法把他转到北京治疗，并非病情恶化。

"过一天是一天，又拖了整整半年。你是去年11月看我的？"柳青盘坐在病床上侃侃而谈。

"是的。这半年你不简单，《创业史》第二部下卷在《延河》陆续发表了。"

"逼一逼好，逼着你不改不成。"

"《创业史》第二部里有什么新东西？第二部上卷出书后，好像没有发表评论。"

"第二部上卷里有什么新东西也说不来。不要写文章，写文章不到时候。听说你写了一篇？"

"我是想从中学习文学，培养自己的艺术鉴赏能力，写评论文章就是写学习

1978年7月，柳青子女在柳青墓地安葬骨灰后合影 （张永强 供图）

心得。你有什么意见？"

"一部作品出来，要让人把缺点和意见说尽。我的书不能说全好，要分析形象，就作者的意图和形象达到的程度进行评论，不要评价太高。"柳青举了个例子，"有些作品的争论，是思想的争论，而不是文学的争论。有些作品作为传统教育可以，作为文学水平则不高。还有一些作品，经不起问几个'为什么'，一问就问倒了。比如某某人物，他的觉悟、他的仇恨从哪里来的？他把生命拿出来，但他的英勇、他的牺牲精神从哪里来的？从教育来的？从生活中来的？从先天血统来的？光说不行，要问形象达到了没有。我在写作中，所谓的'创作苦闷'，大多来自这些方面。"

柳青忽然问道："有一本叫《战争风云》的书吗？"

"有，是一位美国记者写的长篇小说，受到尼克松的推崇。"

柳青让我给他介绍书中的人物、结构和写法上的一些特点，让我把《战争风云》全部借来给他。看上去柳青在做创作准备，实现在年内修改完《创业史》第二部的计划。

关于《创业史》第二部下卷的构思情况，柳青说："下卷有几章要写县上开会，省委书记出场。"柳青沉浸在艺术世界的遐想中，想到走进1954年合作化时期的蛤蟆滩，他的面部表情活跃起来："写县城，是不想把作品局限在一个村子。当然，要以村子为基础。省委书记是个重要人物，这个人还去过苏联。本来不想让省委书记在第二部出现，但还是先出来了，我怕写不到第三部。这是一个农业社的代表会，全县已经发展了10个农业合作社。会议期间，村子发生变故，一解决，就结束。事故—乱了—吵架—解决—完了。"

又回到上次关于改霞的争论，柳青说："梁生宝和郭振山在合作化问题上的冲突，就是通过改霞表现的。到了第三部，就要明说郭振山破坏人家的婚姻。素芳大哭，是哭旧制度。这个人后来代替欢喜妈当了队长。有个同志自命不凡，要'砍掉'改霞，我说他糊涂，只看政治，不看生活。政治不是两条线，任何时候都是三条线，一个世界，还有不结盟国家嘛！一定的时候，第三条线上的人是多数。"

接着议论了一番《创业史》新版的插图。

柳青兴致勃勃地打开外文出版社新出版的英文版《创业史》，说关于书名的翻译，还经过一番小小的争论呢！

我说："全国文联和各个协会马上要恢复，全国文联即将召开全委扩大会，《文艺报》决定复刊，我已经归队，离开了人民文学。"柳青连连点头，还询问了筹备文联的人选和文艺界一些情况。

陪护柳青的大女儿刘可风听到我们的谈话，高兴地插话道："爸爸近日来精神很好，饭也吃得香，有时看不住，一个人偷偷下床跑了。"

柳青笑了，我大笑不止。看见柳青大口大口吃着碗里的酱肉，我心里有说不出的高兴。这是我第六次对柳青的访问，问答之间，柳青完全是一种主人的姿态，我为柳青重新回到这个"界"而庆幸，为柳青愉快的情绪激动不已。

柳青正吃着酱肉，姚雪垠和江晓天来了。

鹤发童颜的姚雪垠现身说法，证明生命在于运动，62岁不算老，劝柳青增强信心，安心养病，把四部大作品完成。

"比你是不行了！"柳青端着酱肉碗，语调并不灰心。

为了让柳青休息，我和姚雪垠、江晓天依依不舍地告退。在楼道不约而同地说出各人的估计：改完《创业史》第二部，估计问题不大，问题不大。

魏锋：后来呢？

阎纲：1978年5月27日至6月5日，全国文联第三届委员会第三次扩大会议在北京举行，这次会议是在粉碎"四人帮"以后文艺界举行的第一个全国性的会议。通过这次会议，文联、作协、音协、剧协、影协、舞协正式恢复工作。

我参加完这次大会，又去旁听了电影界一个重要的会。当我正要送《战争风云》给柳青时，万万没有料到，不到一个月的时间，6月14日，传来柳青先一天逝世的消息。我的泪水直流。

我向遗体告别，柳青已经瘦成一把骨头。他已

柳青故居 （张永强 供图）

经留下话："我离不开长安这块土地，离不开长安人民，我死后把我送回长安，埋到皇甫原上。"

遵照遗嘱，柳青的骨灰分放在北京八宝山公墓和长安皇甫村神禾原墓地。北京和西安分别举行了隆重的追悼大会，胡耀邦、李先念，陕西省委、省革委会主要负责同志参加了追悼大会。

……

一个干瘦的陕北老汉的形象常常浮现在我的脑海，临终时体重不到50公斤，只有一双眼睛荡漾着生意。

从这个"单个人"的身上，人们看清了一个时代，一个时代的文学。

柳青去世五年后的1983年6月9日上午，我回到长安皇甫村神禾原墓地，连同时任陕西省文化厅厅长方杰、省作协领导王丕祥以及王愚、张素文等22人到柳青墓地献花圈。

沿神禾原南下，是柳青那座破庙故居，屋舍墙院荡然无存，宅基也已塌陷，我站在西南角一丛荒草之上想象着《创业史》怎样在脚下这一小块土地上出世，想象"文革"期间满身伤痕的柳青站在这里喟然长叹，久久地。什么都没有了，荒芜、空寂，空寂、荒芜，半生顿蹇、死后寂寞，噫吁兮嚱，这废墟上的冷寂！五年过去了，柳青的形象还是那样生动。他的一生让人既敬慕又困惑，他的死，我们不管什么时候想起来都十分难过。

告别柳青的墓地，我和皇甫村土生土长的两个高中毕业的女娃一块儿等车，问："知道柳青不？"

"知道。"

"读过《创业史》吗？"

两个女子都摇头，有些不好意思。

魏锋：习近平总书记还几次提到"向柳青同志学习"，为此，中国作协和陕西省委宣传部在京联合召开纪念会。您在会上如何认定柳青的历史价值？

阎纲：纪念柳青，就是为了深刻理解他、继承他。

习近平总书记高度赞扬了柳青深入生活、扎根人民的创作精神，指出文艺创作方法有一百条、一千条，但最根本的方法是扎根人民。他同时强调，追求真善美是文艺的永恒价值。艺术的最高境界就是让人动心，让人们的灵魂经受洗礼，让人们发现自然的美、生活的美、心灵的美。

习近平总书记讲话核心内容是两条：扎根人民、深入生活；发现心灵美，创作真善美。

正是在这两个方面柳青创造了奇迹：一方面，在当代作家中，"深入生活、扎根人民"的模范当数柳青；另一方面，虔诚地"为政治服务"却（同比）写出最好的作品《创业史》的，还是柳青。

魏锋："两个奇迹"概括得好，当时没有哪位作家出其右者。

阎纲：柳青在世的时候，巴金还在世。我当时的印象：巴金是"五四"文学启蒙的产儿，柳青是文学服务工农兵的产儿。

毛主席《在延安文艺座谈会上的讲话》（以下简称《讲话》）旨在让工农兵占领文艺舞台，把颠倒的历史颠倒过来。《讲话》是柳青的"圣经"，柳青是《讲话》最虔诚的践行者。

《讲话》号召："中国的革命的文学家艺术家，有出息的文学家艺术家，必须到群众中去，必须长期地无条件地全心全意地到工农兵群众中去，到火热的斗争中去，到唯一的最广大最丰富的源泉中去，观察、体验、研究、分析一切人，一切阶级，一切群众，一切生动的生活形式和斗争形式，一切文学和艺术的原始材料，然后才有可能进入创作过程。"

我们不妨做一番比照，以上《讲话》所要求于文艺家的，哪一条柳青没有做到？文艺界能数出第二个人吗？

周立波东北土改，始作《暴风骤雨》；赵树理长治办社，厥有《三里湾》；柳青皇甫

1983年6月9日，阎纲与方杰、王丕祥祭扫柳青墓。长安县神禾原上，寂寞的荒冢 （阎纲 供图）

15

村14年，《创业史》新成；罗杨缧继，乃著《红岩》。蒋子龙离开工厂两个月就想得难受，说："我用半天所了解到的生活，一个专程来采访的作家半个月也得不到。作家的生活是靠经常不断地观察和研究，不是偶然碰上的。典型是作家的心长期埋在土壤里所得到的结果。"

柳青像个苦行僧，摩顶放踵沉到基层，很苦。柳青下到基层后，找了一座破庙安家，拉扯一大家子人艰苦度日，吃粗粮，"不疯魔、不成活"，在感情上来一番脱胎换骨的改造，为农民兄弟净办好事。他给社员编写《耕畜饲养三字经》；他见陕北土地干旱贫瘠，"于心不安"，撰写《建议改变陕北的土地经营方针》上呈当局。他调停人事纠纷、家庭矛盾，宁肯自己吃草，不拿群众一针一线，即使犯哮喘看病，日常医疗费也没有报过，稿纸也没有在省作协领过，却怜贫惜幼自己掏腰包资助他们。在困难时期，他竟然把《创业史》的稿酬16000元全部捐给王曲公社建医院，说："我有工资，不需要这些钱。"1961年开始写《创业史》第二部时，柳青向中国青年出版社预借5500元稿费，为皇甫村支付架高压电线、栽电杆费用。

他把自己从里到外变成老农，上北京开会坐软卧，差点被赶下火车。

陈忠实是学柳青的，他亲口对我说："我坚信深入生活是可靠的……生活不仅可以丰富我们的生活素材，也可以纠正我们的偏见，这一点，我从不动摇。"不深入农民，不同农民掏心窝子，柳青敢写4万字的《狠透铁》，而且特别注明是"1957年记事"吗？敢控诉一哄而起的合作化高潮吗？敢在被拳打脚踢、罚跪、抽耳光，要他承认自己是走资派、《创业史》是毒草时非常冷静地说："要承认了，我就不是柳青了！"据刘可风的《柳青传》中父女私房话披露，"四清"时期，柳青甘冒风险面见胡耀邦，大胆质疑"社教"运动的"前十条""后十条"和"二十三条"。胡耀邦同柳青交心，说："柳青同志啊，你最了解农村情况，我完全同意你的看法。"接着说："我也在受审查、挨批判。"最后气愤地说："权大压死人啊！"我们陕西人都知道，胡耀邦1964年11月任代理陕西省委第一书记，到次年6月离开西安，总共200天，其中100天跑调查，100天挨批斗，人称"陕西的百日维新"、历史的悲剧。

"不疯魔，不成活"，经过长达14年在皇甫村一座破庙里切身的观察和体验，经过常年在草棚院同庄稼汉们摸爬滚打痛苦地磨炼自己，柳青终于成为当代文学史上的一座大山，山中林木茂密，储藏着不尽的宝藏。

魏锋：柳青创造的第二个奇迹？

阎纲：柳青以惊人的顽强意志，义无反顾地投身基层生活长达14年之久，首先是做人，然后是写作，着力表现《讲话》所指向的"新的世界，新的人物"，留下划时代的《创业史》。

柳青称颂陕西农民直而尚义的脾气秉性、极富人情味的孝、勤、直、倔，打破艺术构思、叙述策略、心理描写诸方面老套的技法，塑造出梁三老汉、梁生宝、郭振山等新的人物典型。他笔下的自然景物、劳动场景何等真切美妙啊！他对农民向往新生活艰苦奋斗的描绘（例如梁生宝买稻种、砍竹子等），对于传统道德伦理细致入微的刻画（例如梁三老汉为童养媳上坟等）惟妙惟肖，充满了人性深情。他

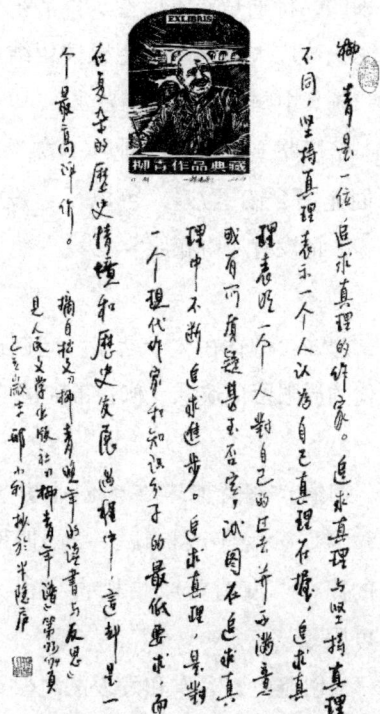

"柳青作品典藏"藏书票。魏锋
创意策划，郭伟利制 **（魏锋 供图）**

将三秦的地域文化、关中方言口语提升到审美的层面，细密冷峻而精确，充满生活情趣，新颖而有意蕴。只要不把《创业史》看作"社会主义高潮"语境下的文学社会史，而是把它看作千百年来受苦的庄稼汉在一种类似宗教精神鼓动下的翻身运动行将到来和已经到来时，其面貌和心理的目击者、体验者和创作个性的表现者，《创业史》就是一部划时代的伟大作品。

只要将个性特色、思想特征和审美意识联系起来进行系统化研究的话，那么，梁生宝、梁三老汉、郭振山、高增福都是艺术典型，《创业史》不会过时，不会速朽。

柳青对长篇小说写作的驾驭能力无疑是第一流的，他把长篇小说艺术推向新的审美层次，其叙事推动之严谨和细节描写之精致，对灾难中人性的表现和对农民劳动的赞美，是那个时期公认的标志性的里程碑，是"文革"前期的巅峰之作。他对现当代文学的贡献，在于继承"五四"以来长篇小说现实主义传统，把

外来的，特别是托尔斯泰、肖洛霍夫等批判现实主义的长篇小说传统拿来，与本土本民族广大群众的思想感情相结合，成就为人民喜闻乐见的民族风格、地方风情和颇具中国气派的长篇范本。

难怪路遥说柳青是他的"文学教父"，把《创业史》读了7遍，陈忠实也把《创业史》读了7遍。可以说，没有《创业史》，就没有《人生》《平凡的世界》，也没有《白鹿原》。

魏锋：柳青在"十七年"间创造了两个奇迹，文学史不会忘记，但是毕竟受时代的局限留下遗憾，柳青最大的遗憾是什么？

阎纲：柳青原定在《创业史》第四部写"全民整风和大跃进，至人民公社建立"，晚年改口说："第四部主要内容是批判合作化运动怎样走上了错误的路。"我时常叹惜柳青死得太早了！要不然，《创业史》第四部的伟大不可限量。

《创业史》写作和发表的时候正是农民饥饿的年代，《创业史》的主调却是为农民失去土地大唱赞歌，教育农民"私有制是万恶之源"，把富裕中农推向路线斗争的对立面。

柳青表示："不从个人角度考虑，时刻记住党和人民的事业。"他曾经亲口对我说，他在文代会上发言的重点是两条，"对党的无限忠诚""向人民负责"。

但是党的事业同人民的事业有时是一致的，有时不完全一致。正如毛主席《在延安文艺座谈会上的讲话》里区分的那样，有"阶级的政治""政治家的政治"，还有"群众的政治"。纵观现代文学史，毋庸讳言，作家头脑中真真切切存在着两种事业如何统一的问题。

柳青皮肉受苦、夫人跳井、臭骂"给狗当狗"的小人，到死以《报任安书》为伴，痛苦反思。他既忠于领袖不动摇，又有与生俱来的庄稼人的血脉，忠于人民不动摇；既服膺两条路线斗争，又体贴大众百姓的生活境况。两个不动摇，世界观同创作方法产生矛盾，此消彼长或此长彼消，双双不敢违逆以至于产生冲撞。悖论产生了：他刻意设置的"典型环境"却与农民最为可贵的传统精神以及恋土情结相抵牾；他扎根农民群众，却未能识破穷苦农民被"形势大好"的时局遮蔽着的真相；他通过"草棚院对立面的矛盾与统一"塑造出先进人物梁生宝的同时，塑造出梁三老汉这样的落后人物，最后，要将梁三老汉改造成高增福、冯有万那样的共产党员，岂料，正是梁三老汉体现了农民勤劳朴素的本色以及在合作化运动行将到来时农民真实的心理反应。

柳青又把两个不动摇合为一体，忠实履行"严重的问题是教育农民"的教导，在皇甫村安家落户，把自己变成老农，同时又以农民教育者的身份出现，以阶级斗争学说武装农民走合作化的道路，同富裕中农对着干，同父亲梁三老汉结怨，振振有词，议论变成说教和口号。

柳青虽然扎根长安县14年，但是刚生活两年多的时间（正处于合作化高潮时期）就动笔写作《创业史》，对于一部长篇小说来说，因距离美产生灵感，难免显得仓促；即便多次修改，甚至于做"重要的修改"，仍是合作化道路（两条路线斗争）的框架，留下遗憾。

柳青的现实主义胜利了，在以革命图解现实的"革命的现实主义"面前失足了。

柳青的经验和教训极具典型意义。

但后来情况有变！柳青特别让我敬服的是深刻的反思精神。他也曾信誓旦旦："作家和艺术家，如果脱离人民群众，去服从'少数政治家的政治'，那就很可能和错误路线搞到一起去。"又说："生活是创作的基础……先懂得生活，然后才能懂得政治。脱离生活，那政治就是空的。"经过多年的实践经验，柳青猛醒了："绝不能把人民驱赶到共产主义。"他刚到皇甫村，正是农业互助组高潮时期，两年后建立初级社。柳青看到中国农村的希望，兴致勃勃地动笔写作

柳青（左二）和皇甫村村民在一起 （张永强 供图）

《创业史》。四年后完成，匆匆上马，来不及好好消化，而且预告要写到"大跃进"和人民公社！经过痛苦地反思，从而改弦易辙，原定的《创业史》第四部写"全民整风和'大跃进'，至人民公社建立"，晚年改口说："第四部主要内容是批判合作化运动怎样走上了错误的路。"——这是反思后理性的升华，也是人格魅力的劲升，感人至深！

柳青的创作经验耐人寻味！那铁骨铮铮的艺术生涯，绘声绘色的现实主义才情，无愧于作家的人格和作家的责任。不能苛求故人，大师谁没有弱点？岂以晚年"重要的修改"之一眚掩大德。柳青依然伟大！

柳青置身于无休止、起伏跌宕的运动中，纠结、无奈、反思、极端痛苦，他宁折不弯坚持下来，肺心病却要了他的命。他死得太早了！死得太早了！要是天假以年，活到"思想解放"的党的三中全会，百般纠结又深刻反思的"晚年柳青"比"晚年周扬"毫不逊色。

时局决定命运，性格决定写作。

魏锋：陕西作家几乎无一例外地继承了柳青全身心深入生活的好传统，您认为当代作家应该向柳青学习什么？

阎纲：学什么？就是习近平总书记讲话的核心内容："扎根人民""讴歌人民"，也就是"发现心灵美""创作真善美"。

贾平凹说过："生活为源泉，这是最明白不过的道理。"陕西作家几乎无一例外地继承了柳青全身心深入生活的好传统。陕西作家生性淳厚，能吃大苦耐大劳，只要有面吃，有烟抽，浑身是胆雄赳赳。他们全身心地沉到乡下，写作也在乡下，深入生活和进行创作一概都在现场。

路遥把《创业史》读了7遍，陈忠实也读了7遍。20世纪80年代以来，贾平凹跑遍了陕南几乎所有重要的乡镇和村庄，说："我有使命不敢怠，站高山兮深谷行。"——无"深谷"哪有"高山"？

固然，"深入生活，扎根人民"是创作的源泉，但是从深入到写出，是一个非常复杂的过程，而创作又是作家的个人劳动。是不是深入人民大众的灵魂？如何判断生活？如何将毛泽东主席的"政治家的政治""群众的政治"，同作家自己独立思考的政治统一起来？又如何通过审美价值的对象化、艺术的典型化，最后成为习近平总书记所强调的具有"永恒价值"的"真善美"？这是一个感性、知性、理性彼此渗透，逻辑思维、形象思维相互交融的极其复杂的深化过程。几十年了，尤其是在简单的指令为政策服务而政策变了味的那些荒诞岁月里，教训还少吗？

我们务必完整地理解习近平总书记的话，把"扎根人民"同"讴歌人民"结合起来，把"发现心灵美"同"创作真善美"结合起来。

一、深入生活不是万能的，它不能代替主体审美的创造，即便深入生活，同吃同睡同劳动，感情发生变化，闻牛粪也是香的（新中国成立初期有作家这样提倡），也不能自动转化为真善美的艺术。

二、不深入生活又是万万不能的，巧妇难为无米之炊，谨防凌虚踏空，以假乱真。作家一定要学柳青。

柳青死得太早了，柳青不死……

柳青依然伟大，纪念柳青，向柳青同志学习！

对话刘可风：父亲柳青一生的"创业史"

刘可风——柳青之女 （刘可风 供图）

魏锋：刘老师您好！柳青是位德高望重、创作严谨的著名作家，是中国当代文学一座突兀的高峰，他的创作志向和精神潜移默化地激励着陕西乃至全国一大批作家，柳青的精神遗产对于中国当代文学，对于陕西作家在文坛的影响不可估量，影响着一代又一代陕西作家，虔诚地传承并践行着到人民中去为人民写作。柳青100周年诞辰您推出这部38万字的《柳青传》，请您谈一谈写作这部著作的缘由。

刘可风：父亲在世时一心想完成四卷本的《创业史》，按照他的计划主要写合作化时期的互助组和初级社阶段，小说的高潮在最后，他要在第四部里完成自己对合作化的全部看法。由于旷日持久的运动和他极度衰弱的身体，终未如愿，失望时曾希望我能对此做一点儿补救。

我1970年大学毕业后来到父亲身边，到1978年父亲溘然长逝，陪他度过了最后的9年，由于家庭情况，以前我对他了解较少，通过9年日日夜夜的交谈，我对他逐渐加深了了解。

1978年，父亲去世前几个月还一直在写作。他修改了《创业史》第二部的前14章，有的章节还重写了。但是，他知道自己的时间已经不多，无法完成这个作品，他落了泪。

一部没能全部完成的文学作品，自然不能系统呈现他的完整思想。面对父亲难以瞑目的遗憾，我只能尽这点绵薄之力，我决心要用我的笔，把他的遗憾落在纸上。

1978年以及1979年一整年，我先后拜访了父亲生前好友，走访了很多历史当事人，做了大量的文字记录。

但当我渐渐深入了解父亲以后，我对他的感情发生了非常大的变化。其实我这本书里有一条线，就是父女从疏远到相依为命的过程。后来搜集材料的过程，也不断填补了我知晓父亲经历的许多空白。经过这很多年，我终于越来越深入地理解了他。

魏锋：您在该书"后记"中提到父亲曾对您说的一番话，读来颇令人震撼。柳青说："女儿呀！你长了我的头脑，血管里流了我的血，但没有我的精神！"他又把自己收藏的一块第二次世界大战时期的碎弹片送给你，并对你说："没有千锤百炼你就是一块废铁！没有钢铁般的意志你会一事无成！"请您谈一谈这部书写作中您印象最深的事和写作的经过。

刘可风：我印象最深的是《创业史》主人公梁生宝的原型王家斌。我去他家的次数特别多，有时在他家里一住近一个月，他一有空就和我聊过去的事情。王家斌身上有很多一般农民不具备的东西，他不识字，但很爱思考问题，顾全大局，公而忘私，让人感动。1990年6月13日，王家斌去世。我父亲是1978年的6月13日走的。这让我觉得很惊异。

由于当时的主客观条件都不允许我开始写作，我便全身心投入职业工作里，把希望寄托到退休后。我虽然日日夜夜都记挂着这件事，但2001年真的退休

柳青和女儿刘可风及长子刘长风
（张永强 供图）

了，却胆怯得不敢拿起笔，一点自信也没有，焦急和畏惧日复一日。进入2003年，我更担忧岁月催人老，才下决心拿起了一生都敬畏的笔，开始杂乱无章、毫无头绪地写有关父亲的往事。这期间到2005年断断续续写了一大堆。这一稿几乎不能用，仅仅把记忆召唤回来了。

2006年，父亲生前的几句话一再敲打我。他曾略带失望，更是激励地对我说："女儿呀！你长了我的头脑，血管里流了我的血，但没有我的精神！"他要求我在克服缺点，决心行动时对自己要狠。他当时随手找出在苏联访问时从马马耶夫岗索要的一块第二次世界大战遗留下来的碎弹片送给我，说："没有千锤百炼你就是一块废铁！没有钢铁般的意志你会一事无成！"2006年，我下了狠心，度过了月夜中写作、日出后休息的三年，写出了有章有节的一稿。此后的几年又系统修改了两三遍。2012年初，我觉得可以定稿了，同时接受专业人士的建议，继续做最后的润色。今年，出版社的编辑调整了全书结构，加工了文字，使书稿内容得到显著提高，终于可以奉献给读者了。

父亲生活的时代有它的特殊性，无论那个时代有多少失误和成功，他们都为国家发展、民族振兴做过探索和奋斗，在接受宝贵经验和教训的同时，我们

应该永远敬仰和怀念为国为民奋斗过的每一个人！

我希望用我的观察和记录，把父亲的一生和他不为人知的一面告诉大家。这38万字，相信父亲的在天之灵会看到。

魏锋：从《柳青传》中了解到，您父亲主动离开北京，安家陕西长安县皇甫村搞文学创作，落户14年。在农村写作很顺利吗？

刘可风：父亲本来是可以留在北京的，但他从来都认为要搞文学，必须到自己的写作对象中去，他的志向是写农村题材，他认为中国是个传统的农业大国，不了解农村，就不了解我国的基本国情。他一开始写了一部短篇小说，反映农民出身的老干部在新形势下面临的新问题、新心理和新表现，这部短篇小说将近1万字，1953年在长安县委挂职当副书记时几近完成，但他觉得没有超越此前发表的《铜墙铁壁》，于是自己点燃火柴，把书稿烧了。这一烧，就是要逼迫自己下决心向新的高度冲击。

初到皇甫村，父亲想过在农民庄户院里找几间空房。但家里人多，影响人家生活，不能长久。在村里盖几间房，盖少了，家里人多不够住。盖多点，当时大多数农民都住草棚，几间瓦房太显眼，不利于和农民的交往，再说手头也没那么多钱。碰巧，在罗湾村和三村之间的半坡上有一座破庙，无人居住。父亲用《铜墙铁壁》剩余的稿费做了一次大整修，留了两间大房，两间小房，其余的全部拆除。院里原来就有几棵石榴树，其间还夹杂几棵桃树。为了雨天方便，房子之间铺上石子小路，小路两旁修了小块草坪。一家老少搬进来，院子里顿时充满生气。邻居们常上来借东西，农民闲了蹲在墙根，抽着旱烟和他说话。不出大门，庄稼院的鸡叫狗吠听得一清二楚。

1954年11月，中国作协要求成立西安分会，陕西省委宣传部要父亲担任副主席。父亲一次次找有关领导，说明自己的写作计划，但他的理由始终不被接受。西安分会成立后，《延河》创刊，从此他的担忧成真，写作不断受到影响，刚进入小说情节，汽车来接他进城。他甚至有一度想另找偏远乡村安家落户。1955年、1956年风调雨顺，农村收成好得让人心花怒放。可是，父亲在创作上却遇到了瓶颈，几年没拿出作品，有人对他逐渐露出了鄙夷的目光："住在一个村子里，长期不出来，能干出啥名堂？""体验生活也有个限度吧，还能长期住着不出来！""那个庙是他的安乐窝，住着享清福哩！"说这些话的都不是等闲之辈，从北京到西安都有。这种舆论日渐扩散，后来连村子里不识字的农民也有了议论："这老汉在这儿休养哩！"

当有人把这些话转达给父亲时，父亲平静地对传话人说："我准备失败！如果都能成功，都不失败，怎么可能？我失败的教训，就是我给后来者的贡献。"

他在农村工作的体验和刻苦写作终于有了结果，1959年，新中国成立十周年前夕，父亲的《创业史》终于开始在《延河》连载。不久，中国青年出版社出版了《创业史》。

2016年8月3日，笔者专访刘可风
（魏锋 摄）

魏锋：从1970年大学毕业到1978年您父亲溘然长逝，您和父亲在一起这9年，几次说到的"躲病"，是什么意思？您遇到过哪些记忆深刻的不平凡的人和事？

刘可风：父亲年轻时得过肺结核，后来又有哮喘，对麦花过敏，每年夏收都要离开关中的产麦区到其他地方躲避，所以称为"躲病"。

1959年《创业史》出版，我父亲1960年差一点就成了"右倾机会主义分子"，1964年"社教"中说他不关心社会上的阶级斗争，只关心自己的写作。"文革"中，父亲干脆就成了"走资本主义道路的当权派"。1972年5月4日，"柳青专案组"送来了父亲的专案结论，否定了所有莫须有的历史问题，他"解放"了，可以光明正大地去北京"躲病"了。

因为《创业史》是由中国青年出版社出版的，到北京后就借住在中青社的宿舍。中青社是团中央的单位，有人几次对父亲说，"耀邦同志从干校回来了，很多同志都爱到他那里坐坐"，建议父亲也过去走走。于是我用自行车推着父亲去了。

父亲从东北回陕西途中，胡耀邦也奉调回晋察冀工作，他们一路同行。从

1972年5月开始，父亲每年到北京"躲病"，都要去看望胡耀邦。不过从1973年到1977年，我没有陪父亲进京。1972年的那次谈话，我记得是从父亲对陕北经济建设的建议开始的，胡耀邦听得非常认真，他同时也非常关心父亲的身体状况，建议父亲给周总理写一封信："有许多人给总理写信，本人不出面，是让儿女出面。"他把头转向我，非常详细地告诉我送信的地址。

信是父亲口述，我记录。信发出去后的第九天，父亲就接到了卫生部的电话，说："首长非常关心你的健康，让我们转达他的问候，并给你安排在京检查和治疗。他已经把你的建议转给了有关方面。"总理这样重视一个普通作家的求助，让我们几天心里都不能平静。

魏锋：《创业史》的创作过程，第一部四易其稿，整整写了6年。直到1960年《创业史》出版，引起了极大社会反响，可柳青拿到稿酬以后，却分文不留，捐了出去。但第二部迟迟没有面世，直到1965年，第二部上卷初稿才在杂志上连载。柳青为什么在晚年放弃了集中精力写作？

刘可风：不是放弃，是没有条件写作，一是运动中，还能写作？二是身体情况。

《创业史》第一部出版后，当时父亲拿到了16000多元的稿酬，全部捐给了皇甫村搞建设，并写信给当地政府特别强调："我希望除过负责干部知道外，这件事不要在群众中宣传，不要做任何文字的或口头的宣扬。如果有人这样做，我认为是错误的。"有人好心劝他，给自己留些以防万一。他说："我写书并不是为了自己，农民把收获的粮食交给公家，我也应该把自己的劳动所得交给国家。"

父亲每次创作长篇小说，都有这个特征——十分拼命。在写作《创业史》时，数度遇到很大困难。记得《悲惨世界》《包法利夫人》《红与黑》《红楼梦》《三国演义》《水浒传》及《文心雕龙》……随时在父亲的案头、床头和手头，他反复对各种有典型意义的文学现象进行对比、分析，并结合自己的创作进行思考。

他在艺术上对自己很苛刻，每写一本书，一定要比前一本有所提高，不然宁可作废。就像我在书中写的，在《创业史》之前，他写了一部反映县里干部组织农民治虫、搞好农业生产的长篇小说。但他觉得没有超越前一部作品《铜墙铁壁》，就把书稿废掉了。

2014年10月5日，陈忠实和刘可风就纪录片《柳青》亲切交谈

（陈忠实文学馆　供图）

因此，在进行《创业史》写作的开始几年里，父亲一直没有作品写出来，当时他的朋友、领导，甚至妻子，都对他这种状态表示了担忧以至怀疑。面对着这种压力，他创作的时候当然更加拼命。

父亲认为，创作不是去模仿别人，而是在别人的作品里学习创作的精神和方法，然后创造性地处理自己的作品。作家要研究自己身处时代的生活和语言。作家写出来的东西，必须要有他所处时代的语言特征。

父亲写小说不是深入生活，而是融入生活。他开始写作《创业史》，很快感到情节的发展在因果关系、逻辑过程上有缺陷。于是，他决定吃透蛤蟆滩的历史，多年奔波在熟悉本地历史的老人间。为了写好农村和农民，父亲数年跟农民在一起，让自己进入农民的角色来写农民。写作《创业史》四易其稿，父亲认为文学作品要让形象自己说话，作者议论越少越好，能删除尽可能删除。

《创业史》在1956年完成第二稿时，父亲认为仍没有达到自己的既定艺术目标——写出人物的感觉。为此，他在困惑中停笔一年。这一阶段他主要的精力都放在了研究各种文学流派的代表性作品中，深入钻研创作的艺术手法。1958年，经过大量研究，他再次动笔，终于写顺了，写作上了新台阶。

魏锋：在当代文学史上，作家柳青有着重要的地位和深远的影响，与赵树理、周立波、孙犁被誉为中国当代作家描写农村生活的"四杆铁笔"，《创业史》成为反映那个年代最重要的作品之一。他身体力行地关注民生、关注现实，落户陕西长安县皇甫村，并在之后的14年里生活在该村，也有人说柳青完全农民化了。在您心目中，父亲是怎样的形象？您如何看待父亲在农村这14年？

刘可风：父亲的作品最可贵的就是鲜活和真实，用人物形象展现时代风貌。他的这种能力，正是来自他实实在在地深入生活，这不是去一个地方住个三五天就能获得的。他深入农村生活14年，当时认为是很平常的一件事，并没有觉得有什么突出。但现在回过头来看，无论对当时还是对现在，确实有一定的社会意义。

父亲的农民化源于两个方面：一方面，他出生于农村，他一生大部分的时间都和农民在一起，写的基本上是农村题材的作品，所以，他融入农民的这种感情和行为是很自然的；另一方面，他的生活经历过巨大变化，进了城，还出过国，当他再回到农村时，为了能够和农民融合到一起，使他们和自己相处感觉亲近，什么都愿意和自己交流，又有一个主动转变的过程。

14年这样在农村生活，是要吃很多苦的，但父亲坚持下来了。有一次，文化部的领导问他："老作家，对于培养新作家，你有什么经验可以传授？"他说："有两方面，一方面我要一丝不苟地写好自己的作品，给青年作家提供可以学习借鉴的东西；另一方面，老作家在深入生活上也要给年轻人做出榜样。"他自己也的确是这样身体力行的。

在我跟父亲接触的过程中，包括我访问父亲作协的同事们，大家一致的感觉是，他的谈吐和思想具有浓郁的学者气质。这时，我们感觉不到他和农民交谈的那种方式，更多感受到的是理性的思考。

父亲是一个作家，同时他也是一个农村的基层工作者。他一生在钻研文学，是下了拼死的决心在创作，但是，如果文学上没有成绩，他对自己的人生也没有遗憾，因为他为人民做了许多实际工作。

在父亲100周年诞辰之际，完成《柳青传》，这是替父亲续写的人生故事，也是我多年来的愿望，希望把父亲的一生、最后的困惑、不为人知的一面告诉人们。父亲在天上一定会看到！

路遥：像牛一样劳动 像土地一样奉献

1985年7月，路遥在铜川鸭口煤矿（作品中大牙湾煤矿原型）体验生活，开始他《平凡的世界》的文学创作（路遥文学馆 供图）

路遥（1949—1992），原名王卫国，陕西省清涧县人。曾在延川县立中学学习，1969年回乡务农。其间做过许多临时性的工作，并在农村一小学教书一年。1973年进入延安大学中文系学习，开始文学创作。大学毕业后，任《陕西文艺》（今为《延河》）编辑。1980年发表小说《惊心动魄的一幕》，获得第一届全国优秀中篇小说奖。1982年发表中篇小说《人生》，后被改编为电影，轰动全国。1988年完成百万字的长篇巨著《平凡的世界》，这部小说以恢宏的气势和史诗般的抒写，全景式地表现了改革时代中国城乡的社会生活和人们思想情感的巨大变迁，还未完成即在中央人民广播电台广播，并于1991年荣获第三届茅盾文学奖。1992年11月17日，路遥因病医治无效在西安逝世，年仅43岁。

　　"其实我们每个人的生活都是一个世界，即使最平凡的人也要为他生活的那个世界而奋斗。从这个意义上说，在这些平凡的世界里，也没有一天是平静的。"根据路遥小说改编的同名电视剧《平凡的世界》，把人们又带到那个特定的历史时期，路遥用自己的经历和笔触塑造了一批通过奋斗改变自身命运的青年形象，让人们看到了孙少安、孙少平这样的奋斗者。这部荣获中国第三届茅盾文学奖的作品，是一部全景式地表现中国当代城乡社会生活的长篇小说。小说以20世纪70年代中期到80年代中期10年间为背景，通过复杂的矛盾纠葛，以孙少安、孙少平两个兄弟为中心，刻画了当时社会各阶层众多普通人的形象；将劳动与爱情、挫折与追求、痛苦与欢乐、日常生活与巨大社会冲突纷繁地交织在一起，深刻地展示了普通人在大时代历史进程中所走过的艰难曲折的道路。截至2018年年底，这部激励亿万读者的不朽经典已累计发行1700万套。2018年12月18日，在庆祝改革开放40周年大会上，路遥被授予"改革先锋"称号。

　　路遥深入生活、扎根人民，将文学创作融入改革开放伟大实践中，用心用情抒写改革开放故事，先后创作了《人生》《惊心动魄的一幕》《在困难的日子里》等作品。特别是他勇于改革文坛风气，创作了长篇小说《平凡的世界》，展现了我国城乡社会生活和人民思想情感的巨大变化，颂扬了拼搏奋进、敢为人先的时代精神，激励了一代又一代青年人向上向善、自强不息，积极投身改革开放的时代洪流，产生了广泛而深远的社会影响。

励志哥路遥永不过时

　　"我几十年在饥寒、失误、挫折和自我折磨的漫长历程中，苦苦追寻一种目标，任何有限度的成功对我都至关重要。"这是路遥在随笔《早晨从中午开始》中写下的话，他将写作作为自己的英雄梦。在他逝世后，人们将他视作一位出身寒微却不屈服命运的人民作家。

　　路遥以坚忍、乐观、永不停息奋斗的姿态面对苦难，这恐怕是读者热爱他的原因。这样的精神，从某种程度上来说，也是我们的民族精神。尤其他的代表作《平凡的世界》反映了从"文革"后期到改革开放初期的中国广阔的社会面貌，展示了中国农民，尤其是年轻人的渴望、追求及不懈努力。而且，书中90%的人物都有原型，小说逼近生活的真实。读者通过路遥的作品多角度解读社会、剖析现实，显然这已经超越了文学本身的意义。

每一位作家都渴求通过作品得到永生，路遥做到了。在路遥去世20多年后，他的小说《平凡的世界》是中国最好卖的经典作品之

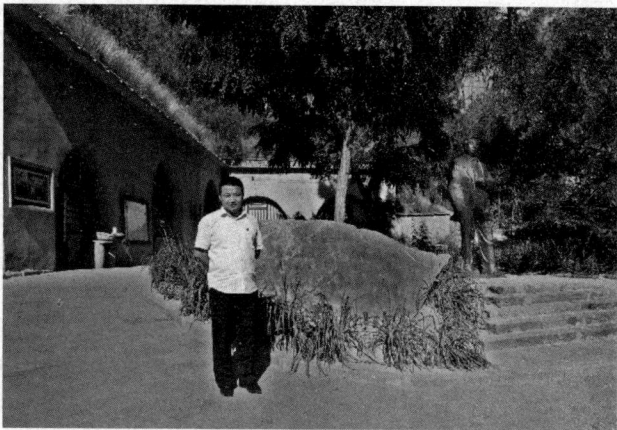

2018年6月14日，笔者再次来到路遥故居探访
（魏锋 供图）

一，人们仍然谈论着他的作品，说到路遥这个名字，会生起无限的敬意。

路遥生前并不荣耀，作品发表之路并非坦途，从1976年大学毕业到《延河》工作，一直到1985年，路遥业余时间一直在创作，但接二连三地遭遇退稿。直到1978年的冬天，他的一篇极具挑战精神的中篇小说处女作《惊心动魄的一幕》得到了作家、《当代》主编秦兆阳的大力肯定，发表在《当代》1980年第3期，这部小说是路遥作品首次在我国大型文学刊物上亮相，并于1981年荣获全国首届优秀中篇小说奖。

路遥有一种巨大的力量，无论顺境或逆境，都能保持淡然的心态，坚持不懈地追求。他在写作《平凡的世界》的时候，并没有盲目追赶当时的文学潮流，譬如伤痕文学，而是更多地在思考文学的价值和生命力；与新潮的文学流派相比，他更喜爱俄罗斯文学，既喜欢托尔斯泰的宏大，又喜欢艾特玛托夫忧伤的抒情。同时，路遥对中国社会的思考非常深远。1982年，路遥发表《人生》，作品深刻地触及了"三农问题"，时至今日，依然不过时。而且《人生》在出版之后，他本可以带着荣誉安逸地生活，不必过劳、拼命地写作，但他却没有止步，相反，他害怕无法超越，觉得"痛苦极了"，直到创作出《平凡的世界》。他的一生，也因此具有了永恒的生命价值。

2015年3月，习近平总书记在全国两会上提及电视剧《平凡的世界》时说："我跟路遥很熟……路遥和谷溪他们创办《山花》的时候，还是写诗的，不写小说。"著名作家陈忠实说："路遥获得了这个世界里数以亿计的普通人的尊敬和

崇拜，他沟通了这个世界的人们和地球人类的情感。"著名作家贾平凹说："他是一个优秀的作家，他是一个出色的政治家，他是一个气势磅礴的人。但他是夸父，倒在干渴的路上。他的文学就像火一样燃出炙人的灿烂的光焰。"阿里巴巴集团董事局原主席马云说："对我影响最大的人是路遥。是路遥的作品改变了我，让我意识到不放弃总有机会，否则我现在还在蹬三轮车呢。"2015年1月，路遥在延川县中学的校友、陕西省作协副主席厚夫撰写的《路遥传》由人民文学出版社出版发行，厚夫说："完成《路遥传》是我的使命，因为路遥的作品提供了鼓舞读者向上与向善的正能量，以及路遥长期主动沉潜到生活中抒写人民大众情感的担当精神，正是当下的作家们应该学习的。"2014年3月，路遥的清涧老乡、青年作家王刚编著出版了《路遥纪事》，他试图通过解读路遥与陕北文化的关系、路遥作品中的陕北方言等，发现一个更丰满、更人性化的多层面的路遥，他希望为读者理解这位陕北"大百科全书"式作家路遥提供全新的角度。2013年3月，路遥在陕西省作协的同事——作家张艳茜出版《平凡世界里的路遥》，为路遥作传。她记得路遥告诫她的话：要努力建设自己，一个人活在世上就是要追求崇高的东西。

对话张艳茜：路遥永远活在平凡的世界

张艳茜，生于1963年，黑龙江省绥化市人。中国作家协会会员。1985年毕业于西北大学中文系，分配在陕西省作家协会《延河》文学杂志社，从事编辑工作28年。出版有散文集《远去的时光》《城墙根下》《从左岸到右岸》，长篇小说《貂蝉》，长篇传记《平凡世界里的路遥》等。曾任《延河》文学杂志社常务副主编、陕西省米脂县政府副县长（挂职）。陕西省政府优秀编辑奖、柳青文学奖、陕西省作协年度优秀作品奖获得者。现就职于陕西省社会科学院。

一个重新回到黄土地上却不甘失败的路遥

"现在大街小巷，人们谈论最多的是路遥的《平凡的世界》。您是否对电视剧很关注？您是为路遥著书立传的第一位作者，您为什么要为路遥写传记？"没顾上寒暄一句，笔者带着一串串疑问开始采访这位路遥曾经的同事、著名作家张艳茜。

"我为路遥作传的过程更像是对一个生命的追溯，我时常被一种巨大的力量感染着。无论顺境或逆境，路遥都能保持淡然的心态坚持不懈地追求，这种精神用伟大形容并不为过。"采访中，张艳茜几度眼睛湿润。

2013年9月24日，笔者采访著名作家张艳茜
（魏锋 供图）

"老实说，我从未坚持看完过一部电视连续剧，这一次，却每晚准时坐在电视机前。有几集在观看当中，泪水禁不住流。这部电视剧的音乐也在吸引着我，不想错过地一次次听：'山，挡不住，挡不住，挡不住云彩；神仙，挡不住，挡不住人想人……'更吸引我的，就是'路遥'用深沉的声音朗诵：'细蒙蒙的雨丝夹着一星半点的雪花，正纷纷淋淋地向大地飘洒着……'"

1985年，张艳茜与作家路遥成了陕西省作协的同事。那时，路遥已经从《延河》文学杂志社调到创作组从事专业创作，并开始写作长篇小说《平凡的世界》。

"刚进入作协，我是《延河》的小编辑，定格在我心中的路遥，最强烈的就是一手拿根黄瓜或大葱，一手拿着馒头，而且是疲惫不堪的形象。到他去世前的半年时间，我家所在小院门前，是院子里所剩不多的阳光照射到的地方。路遥在正午阳光洒满的时候，常常坐在一把藤椅上，闭目养神，享受阳光的温暖。想象一下，就是这样一个天天在你眼前出现的，曾经健康的生命突然间从你眼前消失，对活着的人内心的冲击，就像经历一场突如其来的海啸。"张艳茜强忍着泪水和笔者交流，她说，创作《平凡世界里的路遥》后期，她曾几度哽咽，几度落泪。古之立大事者，不唯有超世之才，亦必有坚韧不拔之志。

"我认为，以顽强的意志，永不停息地追寻下一个更高目标应该就是路遥精神的核心。而路遥的一生，由于创作出了恢宏的《平凡的世界》，具有了永恒的生命价值。"张艳茜说，她为路遥写传记，是很有压力的，但同时也倍感荣幸。

1992年11月17日，建国路83号陕西省作协大院，潮湿阴森。那天中午时分，

以短暂的美丽生命
为人间点亮前
进的明灯

己亥冬月 李炳银

"延安大学路遥文学馆"藏书票。
著名评论家李炳银题词，魏锋创意策划，
郭伟利制 （魏锋 供图）

张艳茜在院中冰冷的水池边洗菜准备午饭，一个同事凝重地走过说："路遥去世了！"

"路遥去世后，有一段日子，我经常恍惚地感觉，他还会再次出现在省作协院子里，依旧沉重而稳步地走着，坐在院子里一把旧藤椅上晒太阳。我还想象着，我会匆匆地走向他，不再怯怯地叫他老师。我会说，路遥，我要重新和你交往。他听了，一定会宽慰地、真诚地、无声地笑，他会说，这也是他渴望的。"采访中，张艳茜向笔者讲述那天的场景，不禁潸然泪下。

张艳茜说："噩耗传来的下午，天空竟然飘起了雪花。早冬的雪花，无着无落。人流在雪花飘舞中不断地涌进省作协大院，我居住的小四合院，挂满了挽联挽幛。路遥的灵堂就设在这个院子的东面空置的房子里。这个房子的隔壁北边就是路遥的工作室，他在那间几乎不见阳光的狭小工作室里，修改完成了不朽的《平凡的世界》。"张艳茜告诉笔者："当路遥放下笔走出他的阴暗潮湿的写作间，片刻的休息时也不忘告诫我，要努力建设自己，一个人活在世上就是要追求崇高的东西。然后，向我推荐他喜欢的哥伦比亚作家加西亚·马尔克斯的作品《百年孤独》。那一天，路遥也是用深沉而真挚的声音，流利而庄重地背诵出《百年孤独》中的段落。他镜片后的眼睛里闪烁着崇敬的光芒。"

张艳茜说，她不仅是在看电视剧《平凡的世界》，而是看到了一个重新回到黄土地上却不甘失败的路遥；一个几十年在饥寒、失误、挫折和自我折磨的漫长历程中，苦苦追寻一种目标的坚忍的路遥；一个不敢享受成功的喜悦，不断地艰难跋涉，在孤独中远行的路遥；一个早晨从中午开始，在省作协院子里左手一根大葱或是黄瓜，右手一个馒头当午饭的苦命的路遥；一个为实现20岁时的梦想——完成一部"规模很大的书要在40岁之前"的伟大的路遥……

"路遥回来了，一个重新回到黄土地上却不甘失败的路遥回来了……"张艳茜喃喃自语。

一次对平凡世界里文学巨星路遥的真实还原

"那时院子里的孩子都很喜欢路遥。我的女儿桃桃，被他训练得有了习惯动作，即使是玩得正投入，见到他走过来，也会马上停止玩耍，大声叫伯伯，然后伸出白胖的小胳膊，挽起袖子，让他'咬膊膊'，左边咬一下，马上再伸出右边胳膊。在孩子们的内心，'咬膊膊'是路遥伯伯馈赠给他们的最好礼物。"张艳茜说，关于路遥的记忆，她每次在接受记者采访时都会想起。

"坚忍、乐观、永不停息奋斗的路遥精神，已经通过其作品融入我们的民族精神中，路遥精神会永远激励着陕西作家。"张艳茜说，她与路遥共事，是路遥的学生，也是路遥的朋友，真实还原路遥生活真相就是复活路遥精神。

2009年，张艳茜着手写路遥传记，她重读路遥的所有作品及研究资料，在完成第一步案头准备工作后，重走了路遥曾经写作和生活的铜川、延川、延安、甘泉、榆林等地，想方设法阅读了路遥的个人档案，还耗费时日重走了一遍路遥辗转陕北的创作之路，循着路遥的人生足迹走上一回，借以感受路遥的生命体验。

"我的文字，也许没有抒写出路遥文学人生的精神高度，但是，我满怀真诚，客观还原了平凡世界里的路遥坎

在1986年陕西省青年创作会上。左起：白描、路遥、贾平凹、和谷 （路遥文学馆 供图）

坷又不平凡的一生，表达了对生命不息奋斗不止的路遥无限的崇敬。"张艳茜说。

路遥去采访一般是什么都不带，逮住一个矿上的工人就聊上一会儿。有人问路遥能记住不？他总说能感动他的事不用记，已经在他心里了。在铜川工作的作家黄卫平告诉张艳茜。阳春三月的铜川，人勤春早，生机盎然。张艳茜第一站是铜川市的鸭口煤矿和陈家山煤矿。下到矿井450米深处，空气里立刻弥漫着煤尘的味道，矿工们的额头、鼻子，以至满脸满身都是煤尘。这是路遥曾经体验生活并创作过的地方，在《平凡的世界》里，路遥笔下的大亚湾煤矿便是以这里为原型的。

张艳茜说，到陈家山煤矿，是为了作家路遥。1985年，为了便于路遥去铜川矿务局鸭口煤矿体验生活，便于他到陈家山煤矿写作《平凡的世界》，铜川矿务局任命路遥为铜川矿务局的宣传部副部长。现在铜川矿务局更名为铜川矿业有限公司，宣传部的干事老张，专门在档案室为她找到了那份发黄的任命通知。

张艳茜不辞辛劳地挨个走访，在采访完鸭口煤矿和陈家山煤矿之后，她又踏上了去甘泉县的路途。

张艳茜继续介绍说，作家白描曾多次介绍路遥写作《人生》的过程："那时十几天不见，他已经不成人样了，桌子上整整齐齐的全是稿纸，而地下有两簸箕的烟头和废稿纸，他总是忘了喝水，满嘴都是燎泡，眼睛也红红的。"在甘泉，路遥曾用21个昼夜创作完成了13万字的小说《人生》。

《人生》出版之后，在全国引起了很大的轰动，那时读者给路遥写的信像雪片一样飞来。张艳茜以亲历者的身份向笔者娓娓道来："路遥的性格和对文学的热爱决定了他鞠躬尽瘁的创作方式。虽然路遥的生命已经结束了，但从精神价值来看，我想他会永远活着。《人生》出版后在全国引起很大轰动，路遥本可以带着这份荣誉，安逸地生活，不必过劳、拼命地写作。但他却没有就此止步，相反，他害怕无法超越，觉得'痛苦极了'。"

路遥在创作《平凡的世界》时，住在一家医院的会议室，晚上写作，白天上午休息，常常无法及时吃饭，大多数时候只是买一个冷馒头，屋子里只有一只老鼠陪着他。把自己的饭吃完后，留半个馒头给老鼠。

那种寂寞是难以想象的。有时候写作到半夜，突然听到远方运煤车的汽笛声，路遥在幻觉中以为有人来看他，便急忙放下笔冲出房子，奔向货车鸣笛的方向时，他才明白，没有人来看他。张艳茜回忆道，路遥多么渴望有人能来看他，

2018年6月4日，张艳茜为笔者创办的"微风读书会"全国读者签名 （李改玲 摄）

寂寞中又渴望着温暖。但真的有人来了，他又会觉得占用时间。就是在这个时期，路遥完成了《平凡的世界》第一部。

……

2013年6月18日，笔者采访了张艳茜。路遥走了22年，陕西省作家协会大院的四合院不存在了。

张艳茜说，高楼竖立在原来的小院之上，已经完全找不到当年的痕迹，历史的一页就这样在地理意义上翻过去了吗？当然，也有不变的，就是人们仍然谈论着《平凡的世界》；说到路遥，人们仍然会生起无限的敬意。

一定要继承以坚强的毅力去实现目标的路遥

"著名作家陈忠实多次公开表示，他很敬佩路遥这位青年人，他感到了一种巨大的无形压力，便决心要奋斗，要超越，于是才有了《白鹿原》。还有，陕西省委书记也在作协会议上提到路遥精神。您认为路遥精神是什么精神呢？"笔者再次采访到张艳茜。

张艳茜告诉笔者，在陕西省作协，或者说在陕西文学界，有一位独特的作

2003年夏天，张艳茜在清涧县的王家堡
看望路遥年迈的母亲 （张艳茜 供图）

家——李小巴，对路遥的创作影响很大。李小巴和许多作家不同，是因为他既是作家，同时还是潜心研究中外文学作品和小说理论的学者。这种兼顾创作与理论的特殊身份，让李小巴的大脑里储存着不少别样的见解。

从1976年路遥大学毕业到延河杂志社工作，一直到1985年，路遥几乎隔一两天就要到李小巴家里去。在李小巴的小书斋交谈，他们很少闲聊天，谈的话题几乎全是文学。路遥每每有创作冲动，或是小说的最初构思，都要找到李小巴，对他讲一遍。李小巴给予路遥的启发和指教，让路遥获益匪浅。李小巴则逐渐发现，路遥不仅有着出众的聪明和机智，而且有着陕北人特有的寓于稚拙的幽默感。路遥讲述的一些艺术细节，时常逗得李小巴发笑。

这段时间，路遥一边在编辑部从事日常的编辑工作，一边审视思考着文坛的动向，在业余时间创作了10篇左右的短篇小说，在全国期刊上陆续发表，没有引起文坛注意，更谈不上有轰动效应，与路遥的期望值相差甚远。此时的路遥并没有表现出焦躁情绪，依然认真地工作，到了夜晚，独坐于一盏孤灯下，烟雾缭绕中，熬夜读书、思考。他要积极寻找自己创作的突破口。1978年的冬天，一篇名为《惊心动魄的一幕》极具挑战精神的中篇小说诞生了，作品却接二连三地遭遇退稿……

"我几十年在饥寒、失误、挫折和自我折磨的漫长历程中，苦苦追寻一种目标，任何有限度的成功对我都至关重要。"张艳茜说，路遥在《早晨从中午开始》中的表述，足以说明路遥是强大的，他没有向眼前的挫折屈服。

路遥也是幸运的。有一天，《延河》编辑部接到一个来自北京的长途电话，是《当代》杂志的编辑刘茵打来的，找编辑部负责人董得理。刘茵在电话中说，路遥的中篇小说《惊心动魄的一幕》，主编秦兆阳看过了，秦主编对小说有些意见，想请路遥到北京去修改，希望编辑部准予路遥赴京改稿。董得理一口答应下来，然后将电话内容告诉路遥，让他立即去北京。是人民文学出版社主办的创刊不久的《当代》杂志的何启治、孟伟哉在路遥这篇小说中看到了有价值的内容，在他们犹豫矛盾中，得到了老作家、主编秦兆阳的大力肯定。于是，这篇小说终于在1980年第3期《当代》发表。

张艳茜说，这篇作品是路遥第一次荣获全国性文学大奖：1979—1981年度《当代》文学荣誉奖；1981年，这篇小说又荣获《文艺报》中篇小说奖和第一届全国优秀中篇小说奖。

"路遥精神，一方面是从路遥的个性去单纯地解析他在创作中表现的精神，我以为，他以坚忍的姿态面对青少年时期的苦难和坎坷，以淡定的心态面对人生的成功和荣誉，这就是一种精神的体现。而以顽强的意志，永不停息地追寻下一个更高目标应该就是路遥精神的核心。另外，路遥精神也是陕西文学在继承传统和创作实践中形成的一种精神。"张艳茜说。正如王西平、李星和李国平在《路遥评传》中说的，它只是聊备一格地被摆在获奖的位置上。在颁奖活动中，聪明的路遥自然发现了人们对他的冷淡，回到西安后，他没有张扬，也没有忘乎所以，而是默默地开始了《在困难的日子里》的修改和《人生》的写作。

"我深切地感到，尽管创造的过程无比艰辛，成功的结果无比荣耀；尽管一切艰辛都是为了成功，但是人生最大的幸福也许在于创造的过程，而不在于那个结果。"张艳茜说。路遥像牛一样劳动，像土地一样奉献，他勤奋劳作、甘于受苦的精神和创作的作品还在激励着无数年轻人从底层不懈奋斗往上走，这就是一种长生和不朽。作为年轻人，一定要继承以坚强的毅力去实现目标的路遥精神，做一位夸父式的勇士。

……

"我与路遥在陕西省作协共事七年，比起他作家的身份，我更愿意把路遥当作一个普通的生命。如果路遥活到今天，他一定会不断突破自己，给读者带来更加伟大的现实主义作品。"张艳茜说。在人们心中，路遥依然活着……

对话厚夫：作家的生命长度由作品决定

厚夫，本名梁向阳，生于1965年，陕西省延川县人。延安大学文学院院长、教授，陕西省作家协会副主席，延安市作家协会主席。著有《走过陕北》《行走的风景》《心灵的边际》《当代散文流变研究》《边缘的批评》等，曾获中国当代文学研究优秀成果表彰奖、柳青文学奖、冰心散文奖等多项文学奖项。用了10年时间准备和写作《路遥传》，该书出版后一直在传记类图书热卖榜中居于前10位，国内众多专业评论家撰文对此给予高度评价，上百家媒体先后予以报道、摘发、连载，中央人民广播电台连播，入选《中国出版传媒商报》之2015年度中国影响力图书推展第一季、中国出版集团2015年第2期中版好书榜推荐图书、凤凰好书榜等。

厚夫在延安大学路遥文学馆 （厚夫 供图）

"作家的生命长度是由其作品来决定的。作为深受路遥影响的作者，我有责任也有义务做好路遥人生与精神的解读工作，给社会提供更多向上与向善的正能量！"厚夫说。厚夫从事写作是因为他和路遥不仅都是延川人，还是延川中学的校友。因为路遥，他才有了文学创作的冲动，他的人生也不断与路遥有着交集——跑到文学讲座会上找路遥，把路遥请到学院做讲座，路遥还曾写信推荐厚夫到延安大学任教……笔者就厚夫的文学创作及他与路遥的人生交集进行了专访。

魏锋：梁老师您好。路遥个人的性格及文化底蕴与陕北的人文环境及土地性格也是一致的。我的拙见，读《走过陕北》就能读懂陕北；读懂陕北，就能读懂

《路遥传》。请您谈一谈，《走过陕北》这部作品中，您最想传达给读者的是一种什么样的概念？这部书的侧重点又是什么？

厚夫：人们常说陕北是信天游的故乡，也是现代史上中国革命的圣地。然而，陕北更是中原农耕文明与草原游牧文明的接合部，是华夏文明的发祥地之一。在这片英雄史诗般的古老土地上，既有人文初祖黄帝教民稼穑的悠久传统，也有治水英雄大禹疏导黄河的伟大足迹；既有几百年来民族对峙时惊心动魄的战争，也有民族交融时期温情脉脉的联姻混血；既培养出普通民众那种坚毅如山、刚烈如火的性格，也锻铸出如赫连勃勃、李元昊、李自成一样的旷世英雄……我的感觉，陕北这块刚悍得能锻造出无数英雄豪杰的土地，它不是个简单的谜面。从古代到现代，这块土地上的景观有其内涵的丰富性和特殊性。也就是说，陕北的延安成为中国共产党人的根据地、中国革命的圣地，它绝不是一个偶然的现象。我知道，陕北是一个非常独特的地理文化名片，具有丰富和深厚的历史文化底蕴。从某种意义上讲，读懂了陕北的历史，也就是读懂了中华民族自强不息的历史，才能正确地把握现在乃至未来。

我的脑海里不断回闪与交叠着那逝去的时代和逝去的英雄，他们如同活着一般，演绎着壮烈的生命乐章，同时也诉说着自己心中的苦恼。我明白了，历史不是一个简单的故事，也不是一言一语可以道破的文化现象，它生动，它丰富，它既让人爱也让人悲。

我的这本《走过陕北》，就是我与陕北历史故址倾心对话的结果。我用我的文化理解，来解读一幕幕生动的历史和那一个个有血有肉的人物。我按照他们在历史上出场的先后次序，用文学、文化等诸方面的线索串联，并进行有机地排列组合，使亲爱的读者们跟着我走过陕北，从容地游历陕北的历史。

魏锋：您长期生活、工作在陕北，那么您觉得作家路遥在创作中，他的创作观受到陕北本土文化的影响，还是其他文化对其创作也有一定的影响？

厚夫：这个问题问得非常好。任何人的文化性格形成都脱离不开具体环境。路遥是我们陕北走出去的文化英雄，他的身体里流淌着陕北的文化血液，他的文化性格与陕北这块土地性格是一致的，身体里拥有进取、担当、大气、决绝的文化基因。所以说，读懂陕北，才能真正读懂路遥。陕北自古是征杀伐掠之地，也是中原农耕文明与草原游牧文化交锋、对峙与充分融合之地。陕北人在先天的文化血脉中就拥有敢于承担和宽容、包容之气，不排斥外来文化，同时又坚持自我品格。司马迁曾在《史记》中言："夫作事者必于东南，收功实者常于西北。"纵观中国历史，有众多的历史现象与陕北有关，古代的李自成推翻明王朝，现代的陕北滋育中国革命。路遥的文学导师柳青就是位拥有史诗精神的现实主义作家。路遥的这种精神，既是其个人魅力的彰显，更与其所拥有的陕北精神血脉紧密关联。

另一方面，路遥深受北京知青文化的影响。"文革"期间，先后有28000名北京知青来到当时的延安地区插队，延川县接纳了近2000名来自海淀区的北京知青，这其中的很大一部分还是清华大学附中的学生。一方面，怀揣理想的北京知青来到当时连基本生存问题都没有解决的延安农村，亲眼目睹了中国的另一面，认识了中国社会的复杂性，并以其柔弱的肩膀扛起了远大的理想，进行最初的人生实践；另一方面，延安本地优秀农村青年通过知青，找到一扇瞭望世界的窗口。陕北青年吃苦耐劳、克己坚忍的性格感动了知青。知青又通过知识、通过文化让本地青年敢于"仰望星空"。具体到路遥，就是这样的。路遥当年交往的好多朋友就是北京知青，如陶正、陶海粟等人。当然，习近平总书记也是其中的一位。

路遥还深受俄罗斯文学的影响。20世纪前半叶，中国人都有苏联情结。路遥青少年时代就大量阅读俄罗斯经典作品，在与北京知青的交往中更强化了他的俄罗斯文学情结。他的人物性格与文学性格中也有深沉、大气、辽远、忧伤的一面，这在他的作品中有呈现。

魏锋：《路遥传》出版后，在很多人看来，您是一位大学教授，路遥是您研究的一个领域。殊不知，您在文学创作与理论批评上都有着极高的造诣。您的处女作、短篇小说《土地纪事》发表于1989年《当代》，学术专著《当代散文流变研究》曾获柳青文学奖，《漫步秦直道》入选人教版中学语文教材……请您谈一谈您是怎样爱上写作的？您与路遥交往中有哪些令人感动难以忘记的故事？

厚夫：我年轻时是个狂热的文学青年。我在《路遥传》的前言里这样写道："路遥是我的文学前辈，我是路遥的追随者，我们都是延川人。我少年梦的展开和人生的飞翔，均与路遥、谷溪、闻频、陶正、史铁生等人的文学引导分不开。"我与路遥是延川中学的校友，我在青少年时代就经常听到他的许多故事，那个时候路遥已到西安工作。还有个原因是我的外公与路遥是忘年之交。路遥年轻的时候，我外公对他多有帮助。这样，我和路遥的交流没有隔阂。我喜欢文学之后，多次到路遥家里去看望他，他也真诚地给予我文学上的帮助。

路遥的《人生》问世后，莫言给路遥写了一封3000多字的信，与路遥探讨高加林的命运

（路遥文学馆 供图）

比如我在西安上学的时候，请他到我们学校做了一次文学讲座，当时引起整个学校轰动，1000多人听他的报告。1990年夏，路遥写信推荐我。他的那封推荐信，虽然不是我到延安大学的直接原因，但非常重要。延安大学对我进行了认真考查，我就来延大工作了。1992年，路遥病重后，我两次跑到医院看望他。当时的情形，至今仍历历在目。

魏锋：您为什么花费时间去创作这部《路遥传》？您认为哪些方面属于公开披露的第一手资料？路遥的家人对于这本书的出版持什么样的态度？在整个创作中，是否得到过他们的帮助和支持？

厚夫：社会上虽然有大量关于路遥的回忆文章，但均是以写作者各自的视角展开的，自然无法谈到全面性、客观性、公正性。我的这本《路遥传》是严格依循路遥的生平轨迹撰写出来的。这部书几乎每个章节均有第一手资料的呈现。核心材料如路遥如何被裹挟进"武斗"风暴，以及如何被卷进一场所谓的"人命案"，以至于日后成为他人生的梦魇，影响到他的性格与创作。面对这些问题，我进行了认真梳理。再如，他在20世纪80年代初，一方面绞尽脑汁地为弟弟当煤矿工人"走后门"，另一方面又催熟了他的代表作《人生》。这些均是我通过他的大量书信的考证而还原出来的，这些都是第一手资料。我是延川人，一方面对路遥由童年到青年时代生活的具体环境非常熟悉，另一方面与路遥拥有相似的文化背景，许多事情能设身处地还原出来。我给你举个简单例子，像《出清涧记》一章中，路遥是怎么到延川的，我要通过合理想象将其还原。虽然文字很简单，但没有现场体验感的人是写不出的。而我就是延川人，闭着眼睛都知道这路是怎么走的，别人就可能想象不来。

我撰写这本《路遥传》时，路遥夫人林达与女儿路茗茗均知道，并不反对我，不反对就是非常大的帮助了。我和路遥的女儿很熟，也跟路遥的夫人林达通过信，我可以很负责任地说，林达看了这本书，给出三个字：很客观。林达是在2015年4月28日晚上给她的闺蜜——曾在延川插过队的著名画家邢仪打电话，说把这本书看了。这是真事，不是我胡编乱造的。所以，路遥家人没有出来批评这本书就是表扬我了。另外，路遥的几个弟弟如王天云、王天笑等，均给我提供过一些资料。

这本书也得益于人民文学出版社及优秀编辑团队的重视和支持。人民文学出版社的退休老编辑刘茵老师得知我撰写《路遥传》后，主动向我约稿。她当年是路遥荣获全国首届中篇小说奖作品《惊心动魄的一幕》的责任编辑，也是我的成名作《土地纪事》的责任编辑，对两代延川作家有恩。她当时虽然已退休，但一直与脚印工作室合作，从事编辑工作。书稿写成后，脚印工作室的老中青三代编辑对我的稿件进行了认真审读，肯定其优点，提出修改意见，我们又反复沟通。我在刘茵老师、脚印工作室编辑的具体指导下，对作品又进行了大幅度删节，主要是删节迟滞阅读的学术性评述，使作品更加凝练，更加适合一般读者阅读。这次大约删节7万字左右，有点像法国雕塑家罗丹砍其雕塑作品巴尔扎克的手臂那样，开始是非常痛苦的，但删节后却是轻松的。我要追求干练，就必须删除那些不重要的枝节。2015年2月28日，刘茵老师病逝，我心里非常难过，长时间向北京方向默哀。一位作者遇到一位好编辑是他的幸运，我有幸在人生起步与飞翔时遇到刘茵老师。刘茵老师追悼会时，我专程赶到北京参加。愿她在天堂里安息。

魏锋：在《路遥传》出版节点上，根据路遥小说改编的电视剧《平凡的世界》也在热播，"路遥"及"路遥精神"再次成为热词。作为一部励志的作品，您认为它对观众能够产生怎样深远的影响？同时，您想在《路遥传》一书中向读者传达些什么？

厚夫：路遥是一位坚持抒写社会变革时期我们普通人生存命运的现实主义作家，他是具有理想标签的理想主义作家。他的作品完整地再现了纷繁复杂的社会现象，真实记录了底层奋斗者的悲欢离合。《平凡的世界》这本书最大的特点，是温暖与励志。文学作品的本质不是华美的语言以及复杂的技巧，而是展现人性的光辉，传递一种精神和力量，让读者产生共鸣。路遥的这部作品就是一部"让我们向上活"的书，这部作品充满力量感，会长久地影响读者。

《路遥传》是中国作协2014年重点作品扶持项目，全书共13章26万字。我花费近10年的时间收集、整理资料，于2010年寒假开始动笔写这部书，用了4年才得以完成。该书披露了作家路遥大量不为人知的往事，还原了路遥的写作时代，展现了他的人生经历与文学精神。《路遥传》就是想把路遥的奋斗精神与文学精神展示给世界，进而影响更多有志有为的奋斗者。

魏锋：十年磨一剑。您长期的学术研究、文学批评与文学创作，写出了"具

路遥与读者在一起 （路遥文学馆 供图）

有学术品格"的传记文学——《路遥传》。这本书出版后不断加印和热销，您也经常被全国各大讲坛邀请讲述路遥精神，说明这部书得到了广大读者的认可。您能谈一谈这部传记成功的原因吗？

厚夫：我以为得益于我长期"两支笔"写作的方式。我的第一个身份是学者，第二个身份是作家。学者的理性确保我这本书的学术性，作家的感性确保这本书的文学性，我在学术理性和文学感性之间找到了平衡点。史传作品的特点首先在于历史性，其次在于文学性，古代写人物要求"不虚美，不隐恶"，我是把路遥放在特定历史时代来加以表现其人生路径，把路遥真实而复杂的人生写出来了，没有过度拔高他。比如在"文革"时期，他是造反派，又如他长期写作对家庭的不担当，这些事实我都写进去了。我觉得这就是一个真实的路遥——可触可感可真可信的路遥，而非一个高大全的路遥。这样，读者认为我笔下的路遥是丰富、饱满与全面的，是形神兼备的，而不是扁平的。这样的人物传记自然也会得到读者的广泛认可。

魏锋：从学术研究到散文随笔，再到传记，这一过程是否代表了您创作上的不同高度？它们有什么质的区别？

厚夫：人在每个阶段都会有其人生高度。我走上一条由文学创作而进入文学研究，再由文学研究回归传记写作这样的文化表达之路，这源于我的人生轨迹。我的基本身份是高校教师，当过助教、讲师、副教授，再到现在的教授。要当一名好教授，必须既站好三尺讲台，更要用硬气的学术立身。我的学术研究基本与我的人生情感与兴趣有关，主要进行当代散文、延安文艺与路遥研究，我在这三方面均有较为突出的成果。2007年出版的学术专著《当代散文流变研究》，就是我研究当代散文的重要学术著作。我关于延安文艺也撰写过大量学术论文，目前正主持国家社科基金项目。关于路遥研究我也有大量论文刊发，还整理编辑过大量路遥研究资料。当然，我还是一个业余文学爱好者，早年因酷爱文学而执着地追求梦想，也创作过一些小说，后来专攻散文。我的散文《漫步秦直道》《我的"延川老乡"：关于北京知青的记忆》等均产生了较大的全国性影响。这样长期用"两支笔"来思考与表达的习惯，使我较为从容地用既学术又文学的方式进行

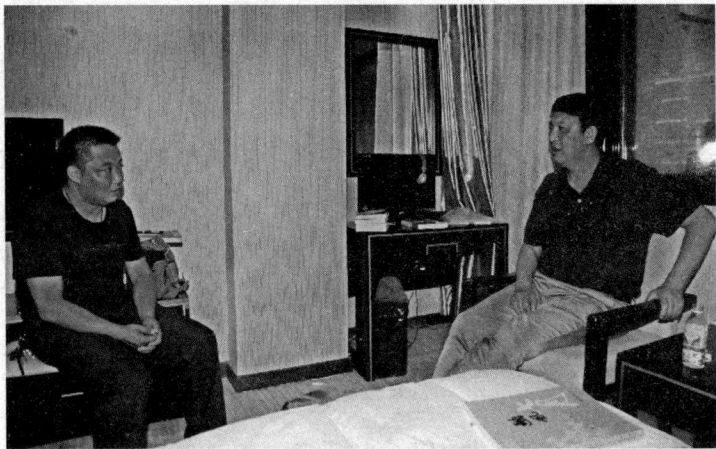

2015年6月11日，笔者采访著名作家厚夫（刘兆华 摄）

《路遥传》的写作。

学术研究与文学创作应该是两种不同的话语系统，学术需要理性与逻辑，创作需要激情与想象。换而言之，学术研究是站立在前人的肩膀上进行的创新，没有长期的学术积累根本无法进行研究；文学创作则更多地需要文学想象力，创作者可以独辟蹊径地开疆拓土。而我的随笔散文则是心灵的休憩驿站，是我学术间歇的一杯香茶或者一杯咖啡。学术研究与文学创作之间虽有区别，但是它们却均需要文化想象力与创造力。长期以来，我在学者与作家之间不断转换身份，形成了"你中有我，我中有你"的复合性写作特点。

魏锋：一个人的成长，离不开阅读熏陶。比如您的多篇文章入选中高考各种形式的试卷阅读题型中或延伸到课外教材，现在全社会都在倡导全民阅读，您认为阅读对一个人的性格养成和成长会起到什么作用？阅读给您的写作带来了怎样的变化？

厚夫：自2014年以来，我国全国人大代表会议的《政府工作报告》中连续三年都写到"倡导全民阅读"。国家在战略层面上推动全民阅读，这是一个非常令人振奋的信息。事实上，一个国家的精神境界与国民阅读水平分不开，阅读应当成为我国国民的一种生活方式。

说到阅读，我的思绪一下子又回到了那遥远的少年时代。我人生的展开与飞翔，均与少年时代最初的阅读分不开。我少年时代酷爱阅读，读过北京知青留下的许多书籍，如《各国概况》《我们的朋友遍天下》《赤脚医生手册》《世界地理》《世界历史》《怎样养鱼》等。其实，当时许多书的内容都似懂非懂，但在那个精神食粮极度匮乏的年代，这些知青书籍自然就成了我的好朋友。书籍给我提供了瞭望外部世界的窗口，同时也使我对文学产生了浓烈的兴趣与爱好。这种潜移默化的作用，一直影响到我后来的职业选择。到现在，读书成为我人生的日课，每天晚上只有翻上几页书，才能睡个好觉。我每到一个地方出差，总是先闻着书香，到书店里逛逛，淘上几本自己喜欢的书。有学者注意到我的散文中有浓烈的书卷气，学术著作里浸透着深刻的人文情怀，这应该是得益于我的阅读与人生情怀吧。事实上，阅读是我的精神底色，写作是我与世界对话的基本方式。

魏锋：您能介绍一下延安大学路遥文学馆的基本情况吗？

厚夫：延安大学路遥文学馆是我校在优秀校友路遥先生病逝15周年之际专门投资修建的。它位于学校著名的窑洞建筑群一排，背依安葬路遥的文汇山，面临窑洞广场，占地约180平方米，馆名由当代文学大家王蒙先生题写。文学馆于2007年11月17日正式开馆，新华社专门发通稿予以报道。

路遥文学馆由序厅、主体馆、音响题字厅以及文学研究室四个部分组成。它以翔实完整的资料、生动感人的展示方法，紧紧围绕路遥"像牛一样劳动，像土地一样奉献"的人生主题，全面而系统地反映了路遥短暂而不平凡的人生历程，以及其辉煌的文学成就。整个馆体设计风格厚重、大气、深沉、向上，馆内陈列从多侧面再现了路遥不断追求的人生精神和文学风采。

路遥文学馆建成后，先后成功接待了全国乃至海外10多万名社会各界人士的参观，接待了中央电视台、陕西卫视、山东卫视等多家电视媒体拍摄路遥资料，也编辑出版了多部高质量的路遥研究资料。学校决心通过努力，把该馆打造成为集纪念、研究与文学交流功能为一体的全国路遥研究基地与全国路遥精神传播基地。

魏锋：作为一名作家和陕西省作家协会副主席，您认为一个作家最需要的是什么？最不能丢失的又是什么？

厚夫：我以为不管普通人也好、作家也罢，首要的是把人做好，把"人"字写好。一个人只有把自己的"人"字写好了，才能堂堂正正地立于天地之间。一个作家的文品与人品形成高度有机的统一，这个作家才能立世长久。记得前两年，延安著名诗人谷溪老师的《谷溪的故事》出版，我在作序时脑海里突然冒出几句打油诗："一撇又一捺，人字最简单。若要立端正，毕生须登攀。""人"字虽然最简单，却要用一生一世的心血来抒写。这就是我的理解。

对话王刚：今天我们为什么要读路遥

王刚，笔名秦客，陕西省清涧县人。陕西百优青年文学艺术家扶持计划入选者，陕西文学院签约作家，西北大学作家班高级研修班学员，西安高新区作家协会副主席。2000年开始发表小说作品，曾荣获2009年度《上海文学》短篇小说新人奖，出版有《路遥年谱》等。

2016年11月17日是路遥逝世24周年纪念日，路遥的清涧同乡、青年作家王刚历经10多年时间，遍访路遥生前好友、同事、家人，广泛挖掘、查阅、收集相关文献、档案、文件以及影像资料，尝试客观地还原一个更加立体、复杂而又深刻、本真的路遥。王刚创作的《路遥年谱》20万字，历时5年完成，是一部记述路遥生平、创作的编年体的图文著作，数十幅路遥生前珍贵照片首度在本书中披露。

笔者独家专访了青年作家、路遥纪念馆研究员王刚，与他一起走近路遥，一起去追寻路遥的足迹，感受路遥"平凡的世

青年作家、路遥纪念馆研究员王刚
（王刚 供图）

界，不平凡的人生"。

魏锋：王老师您好，是什么特别的缘由让您开始研究作家路遥，而且从未间断？

王刚：作为路遥的清涧老乡，我与路遥之间也曾有过一段特别的缘分。2007年，我在榆林市文联《陕北》杂志编辑部获得了一份编辑的差事，单位安排我暂住市文联二楼办公室11号，一住就是3年，办公室也曾是路遥住过的地方。

3年中，我开始慢慢融入陕北，重新审视陕北，我发现了另一个陕北，它丰富、多元——既开放，又保守；既统一，又对立。3年中，路遥常常被人谈起。其中当然有特别的缘由。1983年夏秋之际，路遥带着电影《人生》剧组在榆林选景，选完景后，路遥在榆林小住过一段时间，完成了中篇小说《你怎么也想不到》。

当时，路遥就住在市文联二楼办公室11号。小说《你怎么也想不到》中也留下了一系列颇具榆林地方特色的词汇："毛乌素大沙漠""古长城""防护林""治沙""文化馆"……据路遥生前好友、榆林市群艺馆的朱合作回忆，路遥打鼾的声音特别大，从市文联大门一进来就能听见路遥的呼噜声。他每天早上9点多起床，十一二点吃饭，然后开始创作，一写就是一整天。《你怎么也想不到》完稿后，路遥便离开了榆林，也离开了他夜以继日工作的市文联二楼办公室11号。

我原本就对路遥充满敬意，加之特别的缘分，以自己特别的方式向这位同乡前辈致敬，就成为我的一个夙愿。2011年春节后，我初步确定了本书的写作构想，开始收集整理与路遥相关的公开与非公开的资料与档案，同时翻阅了大量年谱与传记类书籍，希望以此完成自我训练，为写作《路遥年谱》积蓄力量。

魏锋："我几十年在饥寒、失误、挫折和自我折磨的漫长历程中，苦苦追寻一种目标，任何有限度的成功对我都至关重要。"这是路遥在随笔《早晨从中午开始》中写下的话，他将写作作为自己的英雄梦。在他英年早逝后，人们将他视作一位出身寒微却不屈服命运的人民作家。请您具体谈一谈您创作《路遥年谱》是想告诉读者一个什么样的路遥？

王刚：当然，一位作家的日常生活不能简单地与其文学活动相关联，但是像路遥这样一生中充满断层、传奇、争议的作家，其文学创作必然与日常生活状态存在着千丝万缕的联系。

在写作之初，我就给自己定下了非常明确的目标——以编著其生平事迹的方式，尝试理解那个文学语境中的路遥、陕北文化中的路遥，以及人世间最平凡的路遥……我期待《路遥年谱》呈现给读者的是一个更加丰满、真实、多层面、全角度的路遥。可以说，这是我写作《路遥年谱》的初衷。今天，《路遥年谱》出版，我期待这本拙著能为读者了解这位陕北"大百科全书"式作家提供更多、更新的角度，甚至可以为路遥研究者了解路遥的文学资源、创作态度和文学观念提供更丰富的参照。

由于各种原因，现行的当代文学史似乎存在一些淡化路遥及其创作的倾向。洪子诚的《中国当代文学史》，论述了社会主义形态下文艺由"一体化"格局逐渐向多元化发展的这一过程，但或许是由于该书写作时间较早，作者并未对路遥的两部现实主义代表作品《人生》与《平凡的世界》展开论述，而只在书末的"中国当代文学年表"中列出了作品的发表年代与出处。而作为"重写文学史"的重大研究成果之一，陈思和主编的《中国当代文学史教程》，在第13章第4节专门讨论了路遥的《人生》，而对《平凡的世界》的论述却只有寥寥数言。这两部文学史著作可谓经典，但对路遥及其创作的论述却都不约而同地着墨甚少。尽管其中原因复杂，但当代文学史论著对路遥及其创作存在某种"集体忽视"却是客观事实。这在一定程度上反映了20世纪八九十年代传统现实主义文艺作品遭受冷落的现实。

魏锋：一个早晨从中午开始，在陕西省作协院子里左手一根大葱或是黄瓜，右手一个馒头当午饭的路遥；一个为实现20岁时的梦想——完成一部"规模很大的书要在40岁之前"的路遥。他像牛一样劳动，像土地一样奉献，他的作品《平凡的世界》作为畅销书和长销书至今仍占据着各大书店的显要位

著名作家路遥 （路遥文学馆 供图）

演讲中的路遥 （路遥文学馆 供图）

置，通过对那些出身最底层的小人物力图改变自身命运的描写激励了一代又一代的有志青年。《路遥年谱》在路遥逝世24周年之际推出，您认为路遥留给我们最大的文学遗产是什么？

王刚：1992年11月17日，敏感、自卑、贫病缠身的路遥病逝了。这位在20世纪80年代声名鹊起的作家，是那个时代文坛当之无愧的佼佼者。他的作品被广泛传阅、研究至今，他的名字已经成为文坛重镇——陕西文学的标签之一。他短暂的一生硕果累累，但其生前却几乎遭遇了人生中所有的不幸：苦难的童年、饥饿的青少年、不顺利的学业、不顺心的生活、贫病交加……加之个人的英年早逝以及未成年的女儿……他的一生，比他的作品更加传奇。

今天，我们回望路遥，便会发现现实主义没有过时，现实主义文学也永远不会过时，甚至，正如路遥曾经所言："我们和缺乏现代主义一样缺乏（真正的）现实主义。"可以说，路遥留给我们的文学遗产是一个独立的、科学的、超前的文学形式，甚至其价值远远超越了文学本身的意义。

身处劣境却不断挑战苦难、自强奋斗，这是路遥留给我们的精神遗产——路遥的人格魅力与其作品中体现出的时代精神——给予所有卑微人物以勇气和光亮，并让他们知道自己能够走多远。路遥的一生为我们所展示的，也正是这样一种精神追求。这也是路遥逝世多年之后，其作品愈发被无数读者所欢迎的原因之一。

路遥曾在给蔡葵的一封信中谈道："对作家来说，所谓现实，同时也就是未来，也就是历史，因此必须有更具深度的思考，才有可能进入真正有价值的劳动。"阅读路遥，要在大时代中发现他细微的生活。只有发现这些现实的"日常"，我们才能更好地接近作家本身，理解在时代的留白处那个更广阔的"路遥"空间，更加直观地发现这个世界真实的一面。

魏锋：您在研究、创作《路遥年谱》这部书中感触最大的是什么？

王刚：创作这本书的时候，我常常惊叹于路遥对这个世界"初恋般的热情"和他那"宗教般的意志"，他如此热爱着这个世界，爱着他爱的人，却又无力对抗这个世界。他是文坛上真正的苦行僧。无数次阅读路遥，沿着路遥曾经踏过的足迹前行，让我有了一次次与路遥跨越时空的交流，这无疑成为我人生中一次非常重要的自我学习、自我审视的过程。

创作《路遥年谱》，我需要特别感谢的是从未谋面的程光炜先生，他在工作非常繁忙的情况下拨冗作序。感谢路遥的同学、同事、朋友，在写作本书的过程中，我也参阅了大量相关资料，如果没有他们的帮助，很可能就失去了这些重要文献。感谢那些热爱路遥的读者和研究路遥的学者们，正是他们使得这本小书有了非同寻常的意义。另外，还要感谢清涧路遥纪念馆与刘艳馆长对我所做工作的鼓励与支持，策划编辑王水对本书的赏识，责任编辑程帅在编校方面严谨的态度，才有《路遥年谱》的出版。

我要特别感谢的是为这个平凡的世界创下不凡文学成就的路遥。在道德缺失、文学疲软的今天，审视路遥留下的这份遗产，我们不难发现，路遥坚守着的现实主义阵地，正是我们民族精神家园中不可缺少的一部分。正如路遥自己所说："现实主义在文学中的表现，绝不仅仅是一个创作方法问题，而主要应该是一种精神。"

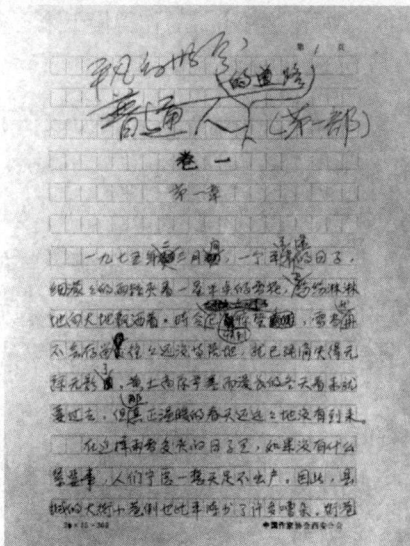

路遥《平凡的世界》手稿影印稿
（路遥文学馆 供图）

路遥用生命恪守的这块精神阵地，使他与他所属的时代保持了一种紧张而良性的关系，而这种关系对今天，乃至未来都意义重大。

魏锋： 现在全社会都在倡导全民阅读，您在工作之余创办的阅读类自媒体"书房记"受到广大读者的青睐，请您介绍一下创办"书房记"的初衷。您认为阅读给您的写作带来了怎样的变化？

王刚： 很欣慰，自媒体"书房记"从2014年创办至今，订户已突破6万人次，加上其他平台订阅数已达100万。我做"书房记"这个公众号的初衷就是想唤起大家的记忆。农耕文化彻底破产，大家已经没有故乡的概念，但是我们的父辈、我们这一代很多人都是从农村出来的，所以对乡土还是很有情怀的。当我们用自己的力量没办法保护它的时候，我们可以记录它，在纸上、移动端上体现对故乡的认知，从文字里能读到故乡、看到过去、看到记忆里的东西。作为出版社的编辑，我结合工作特点，整理新近出版、具有阅读价值的图书，让人们在当下这种快节奏的生活、工作中能静下心来，或者慢下来阅读一篇文章、一本书。

阅读让我安静，让我执着对待一件事。阅读越多，越有一种压力。于是，我重新考量了写作这件事，写作得慢下来，多一点思考，要对得起每一个字，每一页纸。

魏锋： 您创作的主要精力放在了哪些方面？以后是否还有关于路遥研究的新作推出？

王刚： 《路遥年谱》出版以后我会把创作放到小说方面。阅读路遥，让我们发现陕北的一部分，其实陕北还有另外一部分。我在写作《路遥年谱》时，让我对陕北有了进一步的了解，我的小说创作题材也是关于陕北方面的。

研究路遥就是研究一段历史、一个时代的文学风貌、一个区域的文化，所以，路遥研究不是一时兴趣，也不是片段性的。路遥研究，对于我来说是分阶段的，每个阶段都有不同的研究主题，目的是让我们更接近一个本真的路遥。

陈忠实：文学依然神圣

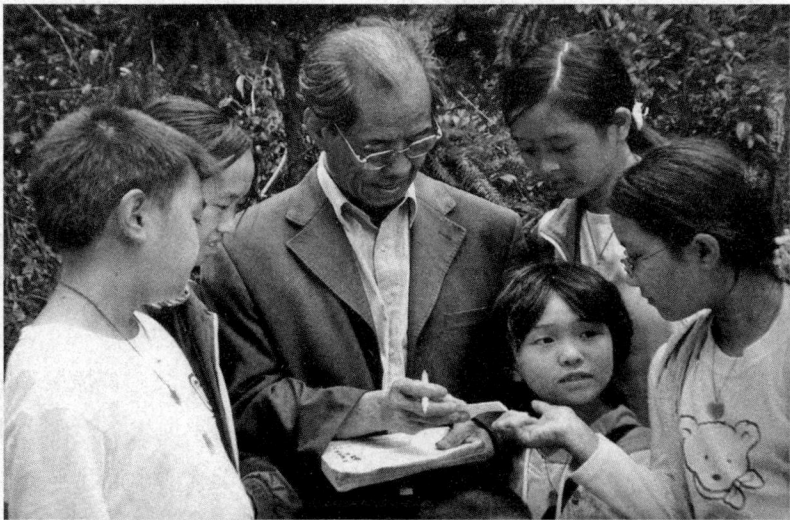

2004年，陈忠实在陕南山区与孩子们 （陈忠实文学馆 供图）

陈忠实（1942—2016），陕西省西安市人。中国当代著名作家。曾任陕西省作家协会主席、中国作家协会副主席。1965年开始发表作品。代表作有长篇小说《白鹿原》，中篇小说《蓝袍先生》《四妹子》，短篇小说《舔碗》《信任》《到老白杨树背后去》，散文《告别白鸽》等。

作品曾获全国优秀短篇小说奖、全国报告文学奖等。1997年，《白鹿原》荣获第四届茅盾文学奖，后被评为"百年百种优秀中国文学图书"（1900—1999），入选改革开放30周年影响中国人的30本书、改革开放40周年最具影响力的40部长篇小说之一等。

1986年，44岁的陈忠实开始着手创作长篇小说，他狠狠地给自己定下了一个惊人初衷："我要给我死的时候，做一部垫棺作枕的书。"他历时6年艰辛创作了这部达50万字的长篇小说《白鹿原》，人民文学出版社主办的《当代》杂志1992年第6期和1993年第1期分别刊载。1993年6月，人民文学出版社出版了《白鹿原》单行本。1997年，《白鹿原》荣获第四届茅盾文学奖。20多年间，《白鹿原》是我们几代人共同的阅读记忆，多种版本再版发行，加上中国香港、中国台湾版以及韩文版、日文版的先后面市，累计发行200万册以上，一直处于畅销和常销之中。

《白鹿原》先后被改编成秦腔、话剧、连环画、雕塑、电影等多种艺术形式，并被收入"百年百种优秀中国图书""中国当代名家长篇小说代表作""茅盾文学奖获奖书系""茅盾文学奖获奖作品全集""中国文库（大学生必读丛书）""人民文学出版社——新中国60年长篇小说典藏"等多种丛书。一部被誉为"民族的秘史""一轴中国农村斑斓多彩、触目惊心的长幅画卷""当代中国文学的里程碑"的文学作品，在中国文坛巅峰熠熠生辉。

西方学者评价说："由作品的深度和小说的技巧来看，《白鹿原》肯定是中国当代最好的小说之一，比之那些获得诺贝尔文学奖的小说并不逊色。"2006年12月15日，2006年第一届中国作家富豪榜重磅发布，陈忠实以455万元的版税收入，荣登作家富豪榜第13位，引发广泛关注。

《白鹿原》这部大书，这部历史之书也在不断尝试着不同的艺术形式。2015年5月20日，由著名导演刘进执导、改编自陕西作家陈忠实同名史诗巨作的电视剧《白鹿原》正式开机，这部电视剧将力求保持原著的庞大容量和原汁原味，更可喜的是，陕籍演员张嘉译成为亮点之一。65集的电视剧更是全方位呈现了一部20世纪初渭河平原50年变

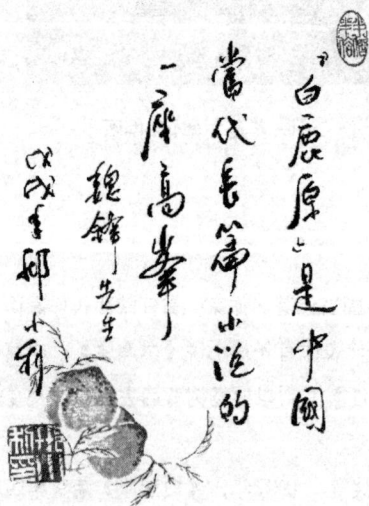

著名文学评论家、陈忠实文学研究专家邢小利为笔者题签手札
（魏锋 供图）

迁的雄奇史诗,第一次以"全景式"的方式与观众见面。

从一名农村中小学教师到中国作家协会副主席;从没有上过大学到著作等身、名震文坛的当代著名作家;从1965年开始发表作品,到长篇小说《白鹿原》巨著问世,多部著作获几十项文学大奖。在文学的道路上,陈忠实坚守着"文学依然神圣"。

笔者编印的《文学依然神圣——著名作家陈忠实与咸阳文朋诗友》

（盛万鸿 绘）

约定专访成了永久的思念

"著名作家陈忠实今晨7:40在西京医院去世,享年73岁。"2016年4月29日,我刚到单位,微信朋友圈几十个人同时在转发着陈老师去世的消息,我无法相信陈老师怎么会走得这么突然,心中无比悲痛,泪水模糊了眼睛。

"中国文坛又一棵大树倒下,一位真正的大家。陈忠实不朽,《白鹿原》不朽!但愿天堂没有病痛,陈老师一路走好。"留言、短信、电话瞬间如潮水般冲击着我悲痛的心,在与邢小利老师短信确认后,我还是不相信这是真的。

"陈老师走了,真的走了……"内心恍惚的我告诉自己,老人家真的走了。我心情悲痛,端详着电脑上陈老师的照片,陈老师曾为拙作《春天里放飞梦想》题词"美丽梦想成就美丽人生"。与陈老师素昧平生,但在我心里,他是一位真

美丽梦想，就美丽人生

致春天里放飞梦想

原下 陈忠实

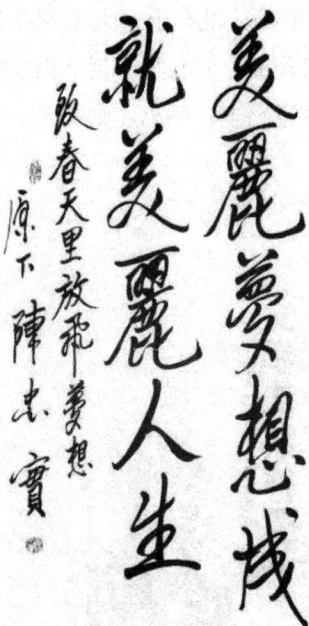

陈忠实为笔者创作的纪实
文学《春天里放飞梦想》一书
题词 （魏锋 供图）

正的名作家，也是一位真正的好作家，正直、热情、大气。从2014年3月开始，我与陈老师在电话和短信中有两年多交往，一幕幕往事浮现眼前。

我最初阅读陈忠实老师作品是在1998年高中三年级，当时面临严峻的高考，阅读课外书依旧是我们聊以解压的最好途径，一部50多万字的长篇小说《白鹿原》，触发了我的文学梦想。参加工作后10多年间，曾两次一字不漏地重读了《白鹿原》，我特意将书中经典的话抄在了读书笔记上，并经常告诫自己，世俗生活再困难，还是要学会多读书，要好好活着。

2013年，我又开始重拾文学梦想，寻找写作突破口，在周末闲暇开始了我的专访之旅。一次偶然的机会，我在网上认识了《中国职工教育》杂志原主编孙磊老师，孙老师语重心长地告诉我："小魏，在你们陕西有一位响当当的作家陈忠实，人品、文品都值得你去学习，杂志从这期给你开专访专栏，有机会争取去采访下陈老师。"自此，我读了许多陈老师的书，也多次到陈老师的家乡白鹿原感受、走访。

2014年3月，我准备出版纪实文学《春天里放飞梦想》一书，我在忐忑不安中发短信给陈老师想请他题词，没想到陈老师立即打电话回复过来："小魏，我抽空把字写好给作协杨毅，你到他那里去取。"为感谢陈忠实老师，我给他又发短信："陈老师好，小魏想来看望您，题词您写好后，方便的话我过来一趟！"电话突然又响了："小魏，好好工作，有时间多去写点专访，不用来了，直接找杨毅！"

一直以来，约访陈忠实老师始终是我心中最迫切的愿望。快到年底，我再次发短信给陈老师，告诉他我的想法，陈老师打电话过来："小魏，多采访一线，过段时间吧！"在2015年1月到4月，我两次又提出采访的想法，陈老师说："我最近身体不适，医生让我不要参加活动，等身体好了，一定和你一起聊聊。"再到后来，得知陈老师患病住院，每隔一段时间，我都会发短信送去我的祝福和问候，且注明不用回复。闲暇时，我通过多种途径采访，撰写了《陈忠实："白鹿原"是我的根》一文，第一访问写成了纪实，等待着陈老师身体痊愈，等待着陈老师审读……

陈忠实老师创作了一部伟大的作品，他伟大的人格品质，做人的朴实以及对年轻人的提携，更是感动着每一位与他有所交往的人。几天以来，我几乎彻夜未眠，天天收集整理一篇篇有关思念陈忠实老师的文章，我唯一能做的，就是让这些思念永久存活在我们心中，以此对陈老师致以深切的悼念和哀思。

"蛰居乡间远离喧嚣燃烧生命耕耘黄土地；胸怀使命肩负责任倾注心血铸就白鹿原。"2016年5月3日，我与妻子带着花圈和挽联，前往省作协吊唁陈忠实老师。在低沉的哀乐中，我在灵前向陈老师遗像深深地三鞠躬，苍天在哭泣，我的内心在流泪，愿天堂没有病痛，陈老师一路走好！

对话邢小利：先生虽已离去，白鹿精魂永在！

陈忠实与邢小利 （邢小利 供图）

邢小利，生于1958年，陕西省长安区人。历任西安市文联《长安》文学月刊理论编辑，陕西省作家协会《小说评论》副主编，文学创作研究室主任。现任陕西白鹿书院常务副院长。出版散文集《种豆南山》《回家的路有多远》《长路风语》等，中短篇小说集《捕风的网》，文艺评论集《长安夜雨》《文学与文坛的边上》《陕西作家与陕西文学》等，以及《柳青年谱》《陈忠实年谱》等。

邢小利与陈忠实共事28年，他历经15年时间写作《陈忠实传》一书，截取了陈忠实前70年人生历程中的22个重要节点，客观地勾勒出一条线索明晰的"路线图"，展现了陈忠实走过的人生之路和文学之路，细致记述了1942年至2011年陈忠实生活、学习、工作、交游与创作情况。邢小利说，陈忠实是从农村业余作者到著名作家的代表，极具文学史意义和研究价值。这本书名为《陈忠实传》，也有"评"。据悉，陈忠实生前看到邢小利写的《陈忠实传》后说："没有胡吹，我很赞赏。"

2016年5月6日，笔者采访了陈忠实唯一传记作者邢小利，请他与大家一起分享写作《陈忠实传》过程中，对陈忠实人生之路和文学之路的心得与体会。

2016年3月4日，笔者和画家李翰迪委托陈忠实文学馆馆长
邢小利向陈忠实先生转送画作《白鹿原骏》（魏锋 供图）

魏锋：据我们了解，您研究作家陈忠实到《陈忠实传》这本书出版发行，历经15年的时间，您能谈谈您在研究中先生对您的研究持什么态度？

邢小利：我写《陈忠实传》，前后用了15年时间。2000年时，我就有写一部《陈忠实评传》的想法。但是先生不赞成。他对写他的一切带"传"字的东西都反对。他认为，"评传"也是一种"传"。他一贯低调，总认为了解他通过作品就可以了，没必要写一本传记。他还有一个理由："传"是个人的历史，"传"的要点一是真实，二是要比较全面地反映一个人。但是，一个在世的作家，做到真实已经很难，人总是要避讳许多东西，不然会惹麻烦；要把一个人全部的真实历史都表现出来，显然更难。见他态度坚决，我也不好多说什么。

但是我一直在收集资料。算起来，收集资料和研究资料，大约用了10年时间。在这10年间，白鹿书院成立了，在我的倡议下，还建了陈忠实文学馆。我掌握了关于先生的大量一手资料，还编了一本《陈忠实集外集》，收集了先生从1958年至1976年发表的所有作品。这些数量不少的作品，先生在出版的近百部文集中，一篇都没有收录。他认为这些作品或者艺术上不成熟，或者作品主题受时代政治的影响有局限。但从研究和了解一个时代的文学的角度看，这个"集外集"很有价值。所以，这本书虽然由白鹿书院内部印行，但广受读者特别是国内一些重要研究机构学者的重视。先生起初对我编这本书的态度不积极，但见了书后，还是觉得惊讶，因为其中很多作品连他也找不见了，一些作品当年发表在哪里他也记不清了，有的作品当年以为被"枪毙"了，却不知

"陈忠实系列作品典藏"藏书票。著名作家白描题词，魏锋创意策划，郭伟利制

（魏锋 供图）

被有心的编辑转投他刊而发表，所以他也是第一次见。但先生把这本书送人时，总要写一句"供批判用"。

2011年，陕西人民出版社决定推出陕西几位重要作家的评传，出版社与先生沟通，也让我和先生沟通。我是一个顺其自然的人，但也觉得有必要跟先生讲一讲我的道理。

我对先生讲，"评传"虽然有很多很强烈的"传"的成分，但还是一种研究，是对作家及其作品的整体性考察、分析和研究。即使研究作家的一部或一个时期的作品，也必须与作家在特定时期的生活境遇、性格、思想、趣味等方面都联系起来进行考察，还要把作品放在历史和时代的大背景中去分析和考量。

先生说："像我这样经历的人很多，农村里一茬一茬的，农民出身，没有念过大学，当个民办教师业余搞点文学创作，而且有的人比我经受的苦难更多。写我没有什么价值和意义。"我说："历史总要选择一个人作为代表或者作为叙事对象，来呈现历史的面貌。在我看来，您就是一个典型代表。研究您，不只对您个人有意义，对中国当代文学史的研究也有意义。"

先生考虑了半个月，终于同意我写，还叮嘱说："放开写，大胆写。"

魏锋：从我们的访谈中，得知您研究陈忠实先生，起初先生不赞成，为什么您还要坚持下来专注于对陈忠实的研究？为什么要写《陈忠实传》这本书？

邢小利：常有人问我，为什么要写《陈忠实传》？我认为，陈忠实是当代文学代表性的作家。我有时甚至觉得，像他这样的作家，也许在文学史上"前无古人，后无来者"。从业余爱好到专业从事写作，他的成长道路和发展过程，极具时代特性。先生是农民出身，自学成才，业余发表习作，略有成绩被作家协会发现后调到省作家协会成为专业作家，受到作家协会的大力扶持和党的精心培养。自学成才、业余写作者古今都有，但受作家协会的大力扶持和党的精心培养的人，则为我们这个时代所独有。因自学成才而调入作家协会的业余作者，也非陈忠实一人，但能在一种集体性的写作环境中自觉认识到自身的思想局限和精神困境，从"我"的自觉到文学的自觉，不断反思，不断剥离，经过几次精神上的蜕变——既有被动的不得已的蜕变，更有自觉的凤凰涅槃式的蜕变——终于完成精神和心理上的"洗心革面"和"脱胎换骨"，文学创作也面貌一新，从而写出了

读者朋友阅读笔者编印的《文学依然神圣——怀念陈忠实先生咸阳纪念集》（**魏锋 摄**）

《白鹿原》这样的代表一个时代文学高度的杰作，则是凤毛麟角。从这个意义上说，先生是"前无古人，后无来者"。认识到先生具有的文学史意义和价值，我觉得为他写评传很有必要。

先生在50岁以前一直生活在农村，即使在40岁以后全家从农村搬到城里，他成为专业作家，也还是要居住在农村老家。他对农村生活极为熟悉，他为人一贯谦虚，但在说到生活体验时，曾把自己与柳青对比。他说他可能在思想认识高度和艺术表现能力上，不敢和柳青比，但在对农村的熟悉和对农村生活素材的占有上，绝不比柳青差。

从写乡村生活的文学特别是小说来看，以鲁迅、茅盾、赵树理、柳青等人为代表的写实派或称现实主义流派是主流。先生走上文学道路，完全靠的是自学，而他所学和所宗之师，前为赵树理，后为柳青。在数十年的创作实践中，先生在坚持现实主义创作方法的同时，艺术上也不断更新，注重吸收和融入现代小说的魔幻、心理分析等艺术表现手法。从文学表现乡村的历史来看，先生的小说创作，既准确地表现了"自然的乡村"，表现了北方大地的乡村民俗风物之美，也真实、深刻地展现了"社会的乡村"，剖析了家族、宗法、政治、经济糅在一起的关系复杂的乡村社会，而其代表作《白鹿原》，更是表现了儒家文化积淀深厚的"文化的乡村"，堪称这一领域的开创性作品和高峰之作。

基于以上认识，2006年年底，由我倡议并策划，得到西安思源学院大力支持，在白鹿原上建起了陈忠实文学馆。算起来，这个文学馆从建立到现在，已经整整10年了。陈忠实文学馆面积有近500平方米，整个一层楼是一个开放的大开间，经过几度改造，精心设计和布置，成为陈忠实有关研究资料以及陕西关中地域历史与文化的专门的收藏与陈列、展示馆。由于先生生前大力支持，不断捐赠各种珍贵资料，再加上文学馆人员的用心和努力，馆里收藏和展示的先生生活和创作各方面的资料非常丰富，先生的著作版本资料更是最全的，其他实物资料和图片资料也非常丰富，馆藏和展示资料经常被有关方面借用。文学馆对外开放，海内外的来访者和研究者络绎不绝，已经成为白鹿原上的一道风景。

魏锋：《陈忠实传》这本书从写作到出版，您用了多长时间？出版前后先生是否支持？您以后还有什么打算？

邢小利：这本书从2011年写到2013年，前后三年。为写这本书，我先下笨功夫，编了《陈忠实年谱》，阅读大量资料，到省委组织部查看先生档案，访问与先生工作和生活有关的一切可以访问的人，当然，也随时询问先生有关问题，以期尽可能地还原先生生命的每一年每一月甚至每一天。在此期间，我应约把《陈忠实年谱》加上为《陈忠实评传》写的少量文字，再加上我多年来为陈忠实文学馆的建立、完善收集和拍摄的图片资料精选，合为一体，2012年10月出版了《陈忠实画传》一书。2013年，《陈忠实评传》写完。

我写完后请先生过目，他仔细看了，改了个别小问题，也提出有些内容可以删去。他对我说："写的都是事实。"但是，这部书没有马上出版。我要对作家负责，也要对历史和文学负责，所以不断斟酌修改。我打磨了两年，又加进了最近两年的一些研究成果。书终于出版了。书名几经变化，我拟的书名是《陈忠实评传》，出版社认为传记的成分更大，便改为《陈忠实传》。

2016年4月29日，陈忠实先生不幸逝世，我悲痛万分。为先生的后事忙得一塌糊涂，睡得很晚，夜里又突然醒来，无法入眠，想起很多关于先生的事。关于先生，许多我知道的都已写在《陈忠实传》里了，当然，也有许多还没有写出来，有许多残稿就存在电脑里。写出来的，有重要的，也有不那么重要的；没有写的，却还有很多我认为是重要的，甚至是特别重要的。随着时间的推移，我越来越认识到，陈忠实是一本大书。关于他的传，我还要续写下去。

2015年11月，陕西人民出版社出版了《陈忠实传》。我还没有顾得上送先生，就有热心人买来送他了。先生自己也买了一些书送人。2016年2月16日，正月十五前，我在海南度假，下午正在酒店前边的海滩上散步，先生打来电话，谈了他读《陈忠实传》的感受："你写的那个我的传，早就看完了。原想春节当面和你谈读后的看法，因为一直在治疗中，没有找到合适的时间，今天电话中简单谈几点看法：一、写得很客观。二、资料很丰富，也都真实。有些资料是我写到过的，提到过的；也有很多资料是你从各处找来的，收集来的；有些资料我也是头一回见，不容易，很感动。三、分析冷静，也切中我的创作实际。四、没有胡吹，我很赞赏。"

《陈忠实传》能在先生在世时出版，让他看到并得到他的肯定，我感到很欣慰。也有人建议我再写一部《陈忠实全传》。其实我回头再来看这本书，还有许多不足，等手头上的工作做完，我准备再继续写，补充完成最终修订本。在此，要特别感谢陕西人民出版社的领导和编辑，感谢他们在此书出版过程中给予的帮助与支持。

魏锋：阅读名人传记，既可以向书本学习，又可以了解某些成功之人的人生

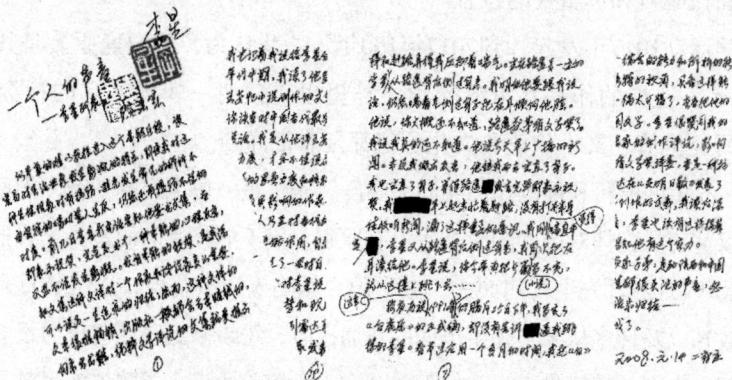

笔者收藏的陈忠实、李星钤印的20页陈忠实手稿
《一个人的声音——李星印象》局部　（魏锋　供图）

经历，读者可以有一举两得的收获。尤其是青少年读者阅读名人传记，不仅可以丰富历史、文学知识，而且可以激发人的志气。目前作为关于陈忠实唯一的一本传记，您认为写《陈忠实传》能对读者产生哪些影响？

邢小利： 陈忠实1965年开始文学创作，迄今已出版《陈忠实文集》《陈忠实小说自选集》《白鹿原》《生命之雨》等100余种著作。他的多部作品被翻译成英、法、俄、日、韩等多语种文字出版。《白鹿原》先后被改编为电影、电视剧、话剧、舞剧等多种艺术形式，是被改编最多的文学经典之一。首先，我个人认为《白鹿原》是近100年来中国新文学的一座高峰，有几组数据可以得知，1997年，《白鹿原》荣获中国作家协会第四届茅盾文学奖。2008年，在由深圳读书月组委会、深圳报业集团主办的30年30本书文史类读物评选活动中，经过全国专家与读者的共同推选，《白鹿原》入选。此次评选的书籍被称为30本影响中国人30年阅读生活的优秀文史书籍，入选书目既考虑其历史重要性，也考量其本身的价值。2009年，《中国新文学大系》5辑100卷由上海文艺出版社出齐，《白鹿原》完整入选"大系"第5辑（1976—2000）。2010年，《钟山》杂志推出30年10部最佳长篇小说投票结果，为盘点30年（1979—2009）长篇小说创作的成就，《钟山》杂志邀约12位知名评论家，从纯粹的文学标准出发，投票选出他们认为最好的10部作品并简述理由，排名第一位的是《白鹿原》。这说明，无论是从文学的标准，还是从各个阶层的读者接受、欢迎的角度，以及从出版史来看，《白鹿原》都在极醒目和极重要的位置。

新文学运动1917年发起，到2017年100年了。我认为，《白鹿原》是其最重要的成果之一。这样的作品在世界文学之林里也是独树一帜的，它的社会认识价值、历史研究价值、文学价值和文化价值都是非常高的。

其次，先生的德行和他的作品在同一高度。先生是一位宽厚的长者，无论生活还是工作都以宽容的胸怀对待。同时却也极有原则，最不能接受的便是为了找他办事而送礼。2016年4月29日先生驾鹤而去，令中国文坛陷入痛惜悲悼，连续数日来，先生的老友、故知以及许多从未与先生谋面的普通读者，纷纷来到陕西省作协设立的追思堂献花鞠躬，告别、哀悼先生。我们下午就在文学馆前边设立了陈忠实吊唁灵堂。白鹿原大学城数万师生和白鹿原周围的村民、市民，纷纷前来吊唁。吊唁后再到馆内参观，进一步了解先生的创作生命。文学馆成为纪念先生的一个重要场所。

2016年5月5日上午，陈忠实遗体告别仪式在西安市殡仪馆咸宁厅举行，铁凝、贾平凹、濮存昕、张嘉译等文艺界人士和西安上万民众前来送别。赶来送别的民众列队徐行，气氛凝重、肃穆庄严，有人手持鲜花；有人手捧陈忠实的作品、照片；也有人低声啜泣，来不及擦去脸上的泪痕。我们可以亲身感受到，所有前来吊唁他的人，都是真诚的，并没有什么功利目的。如此大规模地、自发地、真诚地缅怀，再次证明了文化的力量，证明了先生的作品和思想对社会产生的巨大影响力和震撼力。

先生虽已离去，白鹿精魂永在！这反映了我们这个时代特别是当下社会人们对老先生的一种价值肯定。一方面，这肯定是因为老先生的文学成就。但我们尊重他，不仅仅是因为他的作品，还有他的道德人格。"好人""好老汉"，这个评价我认为是对一个人、一个作家道德人格的最高评价。古人云："太上立德，其次立功，其次立言。"古人对这个问题的认识很精确。人们不是因为陈忠实位高权重或者因为他是名人而尊敬他，而是因为他一辈子的德行给人的一种道德和人格的感召力。

对话李星："咋就让咱把事给弄成了"

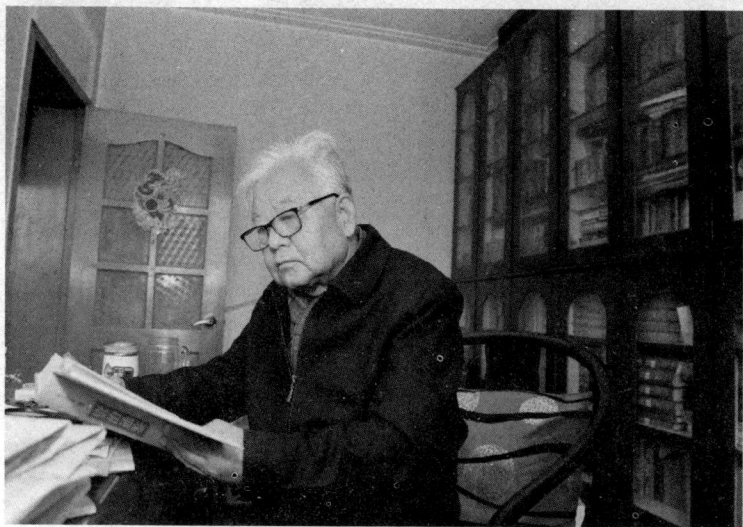

著名文学评论家李星在书房学习、写作 （魏锋 摄）

李星，出生于1944年，陕西省兴平市人。1969年毕业于中国人民大学中文系文艺理论专业。1977年开始发表作品。1984年加入中国作家协会。历任《陕西文艺》杂志编辑，《延河》杂志编辑，《小说评论》杂志编辑、主编、编审，"茅盾文学奖"评委，享受国务院津贴。曾任陕西省作家协会常务理事、陕西文艺评论家协会副主席、中国小说学会副会长、陕西生态文学研究会副会长、陕西图书评论学会副会长、当代文学研究会常务理事、陕西省影视评论学会常务理事。著有评论集《读书漫笔》《书海漫笔》《李星文集》（三卷本），部分作品入选各种专集。荣获第一、二届陕西省社会科学优秀学术研究成果奖、1993年中国当代文学研究优秀成果奖、陕西505文学奖、陕西第六届优秀社科研究成果二等奖、中宣部五个一工程奖等。

李星与陈忠实在陕西省作家协会第五次会员代表大会上 （李星 供图）

著名作家陈忠实对评论家李星极为尊重，作为同代的陕西文坛青壮派作家和好友，《白鹿原》成稿后的第一位读者就是李星。

他们志趣相投，关于文学有说不完的话

1973年，陈忠实在《陕西文艺》发表短篇小说《接班以后》，作为杂志编辑的李星认识了经常投稿的读者、作者——西安市郊区毛西公社的陈忠实。1982年，陈忠实以专业作家的身份，调入陕西省作协从事文学创作。已从事评论和编辑10年的李星与已相识10年的陈忠实走得更近了，两人相识于文学，是可以倾心相谈的文友。

当年，陈忠实主要在灞桥那边创作，很少待在作协。到作协来，肯定到李星家吃饭，西红柿鸡蛋面、糊涂面、烩面片、苞谷糁，有啥吃啥，从不挑剔。有一次，李星亲自上阵给陈忠实打苞谷面搅团，结果买的苞谷面不太好，而且带着苦味，汤也只是葱花青菜汤。当李星把浇了菜汤的一碗"水围城"端给陈忠实时，他也不说话，呼噜噜几口就吃光了，还让李星再盛一碗。"连我这个爱吃搅团的人也吃惊不小。"李星感慨地说，这朋友真是一点不作假。

两个人都从农村出来，家庭境遇相似，都是两女一儿，年龄相仿，志趣相投，坐在一起，关于文学有说不完的话。

"自学成才的陈忠实永远介绍自己是'高中生'，虚荣之心、名利之心他都没有，只有一颗专注人性、专注写作的心。"在李星眼里，陈忠实是一个很严谨的人，创作上做的总比说的多。陈忠实一直在创作上寻求突破，不断地尝试各种文体的创作，尤其是中短篇小说突飞猛进，《高家兄弟》《接班以后》《公社书记》《梆子老太》《康家小院》《蓝袍先生》等中短篇发表，获得了几项文学奖，但并未在人们心中引起质的变化。

进入20世纪80年代中期，经历了短篇小说、中篇小说空前繁荣时期的中国作家们都明白文学竞争将集中到长篇小说领域。1985年和1987年，陕西省作协连着召开了两次长篇小说创作促进会，与会的陕西作家也纷纷投身于长篇创作，贾平凹、路遥等皆有力作出版，对于颇具实力的陈忠实，大家当然都很关注。

"早在1986年、1987年，就有人说忠实在写长篇，一年过去了，两年、三年过去了却仍无动静。"李星说，大概是1988年的一天，他见到刚从乡下返回的陈忠实与胡采在收发室里间说话。因为胡采是当时作协的领导，又是老评论家，李星觉得他一定掌握了陈忠实长篇写作的情况，于是就去问胡采。"忠实这个人，你当然知道总会留有余地，他说开始写了，那起码已写过一半，并比较顺利，甚至初稿都出来了。"说话办事同样稳重的胡采的话，给了关注陈忠实写作动态的李星很大希望。

盼星星盼月亮，1989年、1990年匆匆过去了，陈忠实的长篇仍然不见踪影。

不断鼓励，李星成了《白鹿原》最早的三位阅审者之一

陈忠实继承柳青，又突破了柳青，他的伟大之处在于，他走出了柳青，他的厚重、博大，他的高度、宽度、广度都渗透到了他的作品中，写的是一部民族的心灵史。

李星

著名评论家李星赞誉陈忠实作品手札 （魏锋 供图）

1991年3月10日，中央人民广播电台在早间《新闻联播》中公布了第三届茅盾文学奖的评选结果，路遥的长篇小说《平凡的世界》名列榜首。这天上午，李星和路遥等人都要去参加陕西人民出版社组织的一个座谈会，陈忠实来得晚了一些，坐在隔着李星的一个位置，中间是正在发言的路遥。

"虽然我知道他要出长篇，但迟迟没出来，我也替他着急。在《平凡的世界》获"茅奖"的消息传来后，我便隔着路遥将早晨刚听到的消息告诉他。"李星说，没想到陈忠实的第一反应是："太好了，这是陕西文学的大好事。"

"你的长篇写完了吗？"

"还没有。"

"几年了，你躲在乡下都干了些啥，咋还没有完？"

"不急。"

路遥还在发言。李星又招手让陈忠实俯过头来，说："你要是今年再拿不出来，就从这七楼跳下去。"

于是，陈忠实回家后对老婆说："快擀面，晾干，我背上回老家去。这事弄不成，咱养鸡去。"

陈忠实狠下决心开始创作《白鹿原》的时候，李星又直言不讳地说出了自己的观点："忠实啊，你在写这个作品的时候，一定要把自己的思想解放到不能再解放的程度，抛弃现在知识分子的普遍想法，这样才能写出好的作品。"

陈忠实后来在文章中写道："按农历说，这年（1991）的腊月二十五日下午，我写完了《白鹿原》的正式稿，却没有告诉逼我跳楼的李星。春节过后用一个多月的时间，我把《白鹿原》正式稿又顺了一遍。待人民文学出版社的高贤均和洪清波拿走手稿之后，我把一份复印稿送给李星，请他替我把握一下作品的成色。他和高、洪是这部小说最早的三位阅审者。我回到乡下，预想高和洪的审阅意见至少得两个月以上，尽管判活判死令人揪心，却是急不得的事。"

"我当时对陈忠实的期待是他能写出像浩然的《苍生》那样的小说就好了，谁知一读吃了一惊，陈忠实写出了一部史诗性的作品！"李星说。李星读的是手写复印稿，一个章节订成一本，有一二尺厚。一口气读完了这部力作，陈忠实的《白鹿原》让他非常惊喜。

对《白鹿原》的第一声评论，竟然是非文学语言

过了大约10天，陈忠实专程从乡下回到省作协找李星，想听听李星对此书的看法。进入家属院，拐过楼角，正好看见李星在前边走着，手里提着一个装满蔬菜的塑料袋。"李星！"陈忠实叫了一声。李星转过身，看到是陈忠实，却没有说话。陈忠实向前一步，走到李星跟前，李星只说了句"走，到我屋里说"，转身便走。

"我这人一直脸黑，之所以说我面无表情，那是因为我当时真的挺严肃的。我俩在院子里碰到，我对这部作品太喜欢了，这是个非常重要的事情，必须严肃

2016年5月5日，数千名市民送别文学大师陈忠实。作家红柯在葬礼上高举1992年的《当代》杂志为陈忠实先生送行 （向岛 摄）

地跟他说，否则不足以表达我对他作品的肯定。"李星事后解释说。

但李星见面时的沉默和冷静却让陈忠实内心忐忑不已，陈忠实已经有了接受批评的几分准备。进了家门，李星先把菜放到厨房，依旧头也不回地径直走到他的卧室兼书房，陈忠实跟在后面。"咋叫咱把事弄成咧？《白鹿原》大大超过我的想象，将1949年以前的农村社会写得那么真实，人物塑造得那么饱满，属于一流上乘之作。"李星情绪很激动，紧走几步，猛然拧过身来，瞪着一双眼睛，一只手狠劲地击打着另一只手的掌心，几乎是喊着对陈忠实说。他甚至忘记了请陈忠实坐，自顾自地在房子里转着圈发表自己的阅读感受和看法。

陈忠实不止一次在公开或者私底下颇为得意地说："我后来曾调侃作为评论家的李星，对《白鹿原》书稿发出的第一声评论，使用的竟然是非评论乃至非文学语言。正是这句关中民间最常用的口头话语，给我铸成永久的记忆。越到后来，我越是体味到不尽的丰富内韵，他对《白鹿原》的肯定是毫无疑义的，而且超出了他原先期待的估计，才有黑煞着脸突然爆发的捶拳跺脚的行为，才有非评论语汇的表述方式。"

李星感慨地说："在《白鹿原》创作时我就鼓励他按自己的主张写，尽量解放思想。后来证明，他听进了我的建议，真的突破了自己。不能说因为我的话，他写好了《白鹿原》，但证明朋友间想到一起去了。"

看完《白鹿原》复印手稿后，李星连夜拟了20个问题，而陈忠实连夜

"陈忠实系列作品典藏"藏书票。
著名评论家李炳银题词，魏锋创意策划，郭伟利制 （**魏锋 供图**）

回答他，这些都成为研究《白鹿原》最原始的资料。

"一是评论家会自动找上门来为这部小说写评论，因为这是一部值得评论的小说；二是中国当代长篇小说，在总体思想艺术成就上，10年内恐怕没有超越《白鹿原》的；三是这部小说完全有可能获中国长篇小说最高奖项——茅盾文学奖。"这一天，李星激情满怀地对《白鹿原》表示了认可和赞赏，并预测了《白鹿原》其后的命运。后来，这些预测都得到了印证。

"文学依然神圣"，陈忠实用生命践行了这句话

"忠实不是急功近利的人，做不到的肯定不会说，说了就一定要做到。他的想法就是要创作出一部可以传之后世的作品，以此作品安慰自己几十年的文学追求，寄托他的生命。让人欣慰的是，他成功了。"李星说。李星还告诉我，陈忠实说这个话是在写《白鹿原》之前，像发誓一样。

再好的友谊也会有分歧和隔阂。陈忠实是省作协主席，是李星的领导，在一些事情上，李星并不认同陈忠实的做法，他们也因此疏远过。但令李星感动的是，不管是自己家葬父亲，还是儿子结婚等家事，陈忠实都以朋友的身份出席并帮忙，从未忘记过他。

2015年3月，李星邀请陈忠实参加教育家丁祖诒逝世三周年纪念会。陈忠实说："老丁是个好人，当年我就写过他的文章，现在我身体不好，就不参加了。"李星以兄弟的口气批评陈忠实："这几年你老说自己有病，很少出来活动，我看你好好的，这样不病也闹出病来。""你不知道，你不知道！"陈忠实感到委屈，但又不便明说自己的真实病情。

过了一个多月，突然听到陈忠实患癌住院的消息，半信半疑的李星赶到医院探望。看到昔日的好友躺在病床上，李星后悔自己没有尽到一个朋友的责任，平时没有给予陈忠实更多的关心和理解。李星最担心的是陈忠实因想不开影响情绪而加重病情，他安慰老友："你我都70多岁了，比路遥多活了20多年，现代科学发达，坚持一下就80岁了，也没有多少遗憾了。"

此后的一段日子，李星一直牵挂着陈忠实，两人用手机联系过几次，但陈忠实都不让他去："怕打扰，常牵挂。"后来陈忠实病情加重，李星想再去看望，医生却不让，说他已经说不出话了。

"忠实去世了，我失去了一个亲密的朋友、一位敬爱的兄长，中国文学失去了一个伟大的作家，陕西文学失去了一个带头人。"谈到陈忠实辞世，李星泣不成声，难以自抑。李星说："人格的重量影响作品的重量，有多伟大的人格，就有多伟大的作品；有多高的境界，就有多高的作品。陈忠实的厚重、博大，他的深度、广度都渗透到了他的作品中。他说文学依然神圣，他也用生命践行了这句话。"

对话李炳银：与陈忠实相识交往的36年

2012年11月21日，李炳银回陕，与陈忠实倾情相谈文学

（李炳银 供图）

李炳银，生于1950年，陕西省临潼区人。青少年时在家乡求学，并参加艰苦的农业劳动。1972年5月入上海复旦大学中文系文学评论专业学习，1975年7月入国家出版事业管理局从事出版管理行政工作，1979年1月入文艺报社从事记者评论编辑工作，1983年1月起在中国作家协会创作研究部从事文学研究工作，直至退休。著有《中国报告文学流变论》《小说艺术论》《中国报告文学的凝思》《国学宗师——胡适》等编著近百种。1984年11月加入中国作家协会，1998年被评为研究员。现为中国报告文学学会常务副会长，《中国报告文学》主编，中国作家协会报告文学专委会副主任，全国报告文学理论研究会会长，文学评论家。

1980年，李炳银在评论家王愚的家里第一次见到陈忠实。那时，李炳银在文艺报社工作，出差西安，到王愚家聊天。陈忠实听说他来了，就一起过来聊天。此时，陈忠实其实已经业余或专业创作许多年了，他的短篇小说《信任》1979年荣获全国优秀短篇小说奖，人也已经从灞桥区的一个公社机关调到了城里省作家协会。

"因为我时常称王愚为兄，陈忠实长我8岁，当时就自然地也称陈忠实为兄了。"

2017年4月5日，笔者与李炳银 （魏锋 供图）

李炳银回忆说。再后来，虽然时有见面，但因为李炳银在文艺报社主要负责写实文学、散文等方面的稿件，1983年后到中国作家协会研究部也是负责写实文学的阅读，这样，和写小说的陈忠实深层的交流就比较少。

在1990—1991全国报告文学优秀作品评奖中，陈忠实和田长山合作的《渭北高原，关于一个人的记忆》脱颖而出。李炳银全程参加了这个评奖过程，对于陈忠实在小说创作之外的这个收获感到高兴。

李炳银说："但是，这些对于很多人一生也许都不可能实现的文学目标，在陈忠实来说，却只是一个开始。他倔强地认为，这些已经获得的文学成绩，远不可以使自己满足。他后来说，他一定要用心、用力，用必要的沉默时间，写出一部可以类似成为自己夜晚安睡当成枕头的大作品来。要么，就放弃文学写作，告辞西安回老家养鸡生活。"

经过5年的时间，陈忠实告别了繁华的都市生活，推却了很多世俗的活动之后，躲在白鹿原乡下老家，思故椎心，探世问理，终于写出了通过讲述陕西关中白鹿原上几代人的命运变化，历史地、文学地表达了中国几千年相对恒定的文化社会生活，在20世纪突然遭到各方面的力量冲击后而变得无常无序，从而导致民族历史文化被人为消解，被空置，势显渺茫严重局面的作品。这就是1992年《当代》第6期，1993年《当代》第1期发表，1993年6月由人民文学出版社出版的长篇小说《白鹿原》。陈忠实先生在回忆和总结自己的人生与文学创作道路时说：

时光雕刻者

"回首往事唯一值得告慰的是，在我人生精力最好、思维最敏捷、最活跃的阶段，完成了一部思考我们民族近代以来历史和命运的作品。"

1993年7月16日，由人民文学出版社、中共陕西省委宣传部、陕西省作家协会联合召开了长篇小说《白鹿原》讨论会。李炳银参加了讨论并对《白鹿原》给予高度评价："40年，至少是新中国成立后出现的最优秀作品之一""作品写法从容""这是大手笔大作品"……发言原文如下：

不知冯牧同志说的"一个时期"是个什么限度？10年？20年？我倾向于40年，至少是新中国成立后出现的最优秀作品之一。我是白鹿原附近的人，作品中的人物、故事唤起我对家乡亲切的回忆，既熟悉亲切又有一定的陌生、距离感，说明作者把真实的生活超越了，上升为新鲜。

前些年，"文化小说"很多，但弄不明白是作家写文化，还是文化从作品情节、人物、心理自然流露出来，反正我看许多小说文化是外在的，硬贴上的。《白鹿原》则相反，不是加上去的，而是自然流露出来，更丰富、更有韵味。所谓人物命运，坎坷曲折，也要从生活逻辑中自然流露展现，不是人为地安排。《白鹿原》人物命运坎坷曲折，人物从心理到行为复杂多变，但不是编故事，而是有文化的背景、心灵的展示，对关中地域文化的解析，具有现实主义的力量。

作品写法从容，不像有的长篇前松后紧，写着写着就急于交代情节，叙述故事，而忽略人物，一个劲写下来，这是大手笔大作品。

浓浓的回忆充满着真挚的情怀。有一次，李炳银因事同陈忠实联系。陈忠实虽然年长他8岁，但因为是陕西关中的乡党，又都是文学中的同人，所以都已经是几十年的老熟识了。也许是因为这些关系，也许是陕西人的敦厚性格，相互见了，或是在电话中，李炳银都称忠实兄，有时也就直接叫他忠实了。"不管你如何称呼他，他都是用他那略显低沉沙哑的陕西口音回答你，让人很是亲切和实在。"李炳银说。

"炳银，你现在在何处？"陈忠实谈完事后，关切地问道。

"在北京。"

"你什么时间回西安了，带你到白鹿原上去转转。"

李炳银说，他对这样的邀约十分高兴，一直记在心里。之前，他看到辽宁作家刘兆林和江西作家陈世旭写他们跟随忠实兄上白鹿原尝樱桃、观览白鹿书院，交谈文学的文章，就更加诱发了他上原的情绪。

2012年9月1日，李炳银到华山参加完残疾人歌手陈州登华山的研讨推举活动之后，4日到达西安。因为记着忠实兄的邀约，正好这次有时间，便拨通了陈忠实的电话，看这次是否可以实现愿望。

著名文学评论家李炳银 （赵日恒 摄）

"真的很愿意和你到原上转转，可不巧的是折腾了多年的电影《白鹿原》刚刚获批，将在9月上映，这些日子应付媒体记者和其他相关活动，时间安排得很满。"陈忠实在接到他的电话后，依然是用低沉沙哑的陕西口音欢迎他回乡，但涉及上原的事，他却显得为难了。

"向忠实兄表示诚挚热烈的祝贺，你正在忙的是大事、要事，上原的事待以后再说。"李炳银听到这消息，立即回复道。

"炳银啊，我查看了时间安排，5日晚上有个空间，上不了原，但一定要在一起吃个饭……"过了一会儿，李炳银又接到陈忠实打来的电话。李炳银说，他不想给忠实兄添乱，却实在推却不了忠实兄的盛情，只好答应下来。

回想起来，李炳银为在陈忠实如此紧张繁忙的时候打扰他而感到不安，也为《白鹿原》终于拍成电影并即将公映高兴。这部1993年6月出版、如今仍不断再版的伟大小说在被改编为话剧、舞剧、秦腔等剧目之后，经历很长的曲折坎坷拍成电影，上映的日子却因复杂的原因一拖再拖，这次总算有了一个结果。

李炳银注意到，在西安的不少地方，已经有了宣传的海报，也从不少的新闻媒体上看到了相关宣传报道。像《白鹿原》这样厚重的小说，可以衍生出很多文艺品种，可是人们最为期待的似乎是电影这样的现代传媒表达方式，虽然电影要深刻准确形象地演绎这部小说是很不容易的事情，但如今千呼万唤始出来，毕竟是要给予热烈庆祝的。"后来，在白鹿原走了一圈，足见一部伟大的小说的影响力量。忠实兄因为自己的小说，正在影响改变和抒写延续一个古老地界的文化历史。"李炳银说。

陈忠实将会见聚餐的地点定在陕西省作家协会旁边的雍村饭店，让他约上几个想见的人。李炳银通过朋友李彬约请来书法家、教育家茹桂先生，李彬又约来人物山水画家史永哲先生，还约来一位很有名的秦腔演唱家李锦航和同样将秦腔唱得有滋有味的玉石经营商刘虹霞女士等。

晚上6点半左右，陈忠实如约而至，手里还提着一个纸口袋。放下一看，原来是他特意带来的国酒茅台和包装很讲究的红酒。

"我平常很少喝白酒，但这样的聚会感染了我，我举着满杯向忠实兄诚恳地表达谢意和祝贺。"李炳银说。在陈忠实走进房间那一刻，他和在场的所有人，都感到了一种庄重认真的力量。席间，大家纷纷举杯向陈忠实祝贺电影《白鹿原》即将公映这件喜事，也相互传递着这事的相关消息。

"对于电影《白鹿原》的公映，忠实兄的内心自然有一种欣慰，但他是淡定的、是沉稳的。"李炳银说。这让李炳银回忆起1999年的冬天，陈忠实为他写了一幅书法，内容是陈忠实的诗句："踏过泥泞五十秋，何论春暖与春寒。"已经能够看透历史社会人生的人，自然会像大山一样沉稳、持重，即使在别人很难企及的成功面前。

有了喜事，又有好酒好菜，自然就需要有好音。这时，两位长于秦腔演唱的女士就该上场了。李锦航率先演唱《断桥》《洪湖赤卫队》《秦香莲》，刘虹霞接着演唱《三击掌》，年已古稀、身体尚健的茹桂先生，也应邀又是唱秦腔，又是说快板、讲笑话。陈忠实非常喜欢陕西的地方戏，也即兴地唱起了乱弹《杜甫》和老腔《人面桃花》，唱完之后，两位秦腔演唱专家说他唱的板眼失准，可以称之为"秦腔歌"。因为陈忠实的《白鹿原》话剧和电影中都采用了华阴老腔，他和老腔的艺人们熟悉，就笑着说："我可以介绍自己到老腔班社那里去培训。"大家发出一阵欢笑声。

"与忠实兄相识交往几十年，他的性格坚忍、坦诚、质朴、勤奋。其长篇小说《白鹿原》对中国文学有高峰性的建设作用。如今辞世，对他有不尽怀念。"李炳银在微信看到陈忠实去世这一消息，十分伤痛，很不相信地问笔者是否属实。他怀着沉痛的心情为悼念故友撰写挽联："忠实辞世，原边白鹿抛悲泪；巨著长存，中国文坛忆故人。"

王蒙："阅读经典"不是为了复古

2018年10月13日，王蒙受邀在西咸新区空港新城做"阅读经典"讲座（**魏锋 摄**）

　　王蒙，生于1934年，河北省南皮县人。中国当代著名作家、学者，中国作家协会名誉主席。曾任中共中央委员、全国政协常委、文化部部长等职，被授予"人民艺术家"国家荣誉称号。代表作有长篇小说《青春万岁》《活动变人形》《这边风景》，中篇小说《组织部来了个年轻人》，短篇小说《冬雨》，随笔《老子的帮助》，自传《半生多事》《大块文章》《九命七羊》等。曾荣获全国优秀短篇小说奖、全国第二届中篇小说奖、全国第三届报告文学奖、全国传奇文学奖、人民文学奖、上海文学奖等。2015年，其作品《这边风景》荣获第九届茅盾文学奖。作品被译成英、俄、日等多种文字在国外出版，为当代文坛上作品颇丰、始终保持创作活力的作家之一。

一部讲述青年人学习、生活和爱情的长篇小说《青春万岁》让19岁的王蒙成为中国家喻户晓的作家。22岁的他凭小说《组织部来了个年轻人》，成为中国文坛上颇富争议的作家之一。王蒙的一生经历过数次下放，曾在新疆整整待了16年，甚至还做过一年生产大队副队长，走入政坛，再返文坛，年年出新书，次次妙语连连，是当代文坛上作品最为丰硕、始终保持创作活力的作家之一。创作于20世纪60年代，完成于20世纪70年代的长篇小说《这边风景》获得第九届茅盾文学奖，让81岁的王蒙成为中国文学史上最年长的茅奖获得者。

2018年10月13日，笔者有幸聆听了一场名为"阅读经典"的讲座。

虽已耄耋之年，王蒙先生依然精神抖擞，数十年来，他以自己独特的见解、扎实厚重的古典文化功底和数十载的丰富人生阅历，"转行"为传统文化专家，《老子十八讲》《庄子的快活》《中国天机》等十几部著作不断问世。关于阅读，关于经典，王蒙先生结合生活实践与时代发展，分享了对《论语》《孟子》《道德经》和《庄子》等经典的阅读感受，亦庄亦谐，谈笑风生，思辨调侃，游刃有余。他旁征博引地纵论中国文化的传承与发展，博古通今地阐述中国哲学思想的深厚底蕴和历史流变，勉励大家通过阅读经典，传承、发展并创新中国文化，进一步拓宽精神内涵……王蒙将看似古奥艰深的传统经典名句，以通俗易懂、风趣又不乏犀利、浅显直白的方式进行演绎，化繁为简，古为今用，直击人心，现场不断传来听众热烈的掌声……

阅读经典不是为了复古，也不仅仅是为了怀旧，更主要的是看经典有哪些活力还存在着，我们怎么样使经典的，使几千年前中国最有名的、影响最深的语言、命题、分析能和今天的社会主义现代化接轨

在做"阅读经典"讲座时，再过两天就是王蒙84岁生日，他精神抖擞，侃侃而谈，虽然声音不如过去铿锵，但讲到动情处用肢体配合，引得掌声不断。

《论语》《孟子》《老子》《庄子》是中华优秀传统文化的世界名片。王蒙自幼熟读"孔孟老庄"，他在讲座中以打破常规的名著解读方式，从与现代人关系密切的学习、工作、交际、修养、情感等角度入手，让古代文化先哲学问、典籍古为今用，真正融入当代人的生命、心灵、生活。王蒙说，阅读《论语》，如沐春风；读《孟子》会感到孟子的浩然正气；读《道德经》，强调的是道法自然；而读《庄子》，知道了一个非常新鲜的说法，就是逍遥之游。我们比较一下这些大的经典都是怎么开始的，尽管这并不是所谓的圣人自己编的书，但是你会感觉到非常巧妙，这四本书的开头就给你一种完全不一样的感觉。

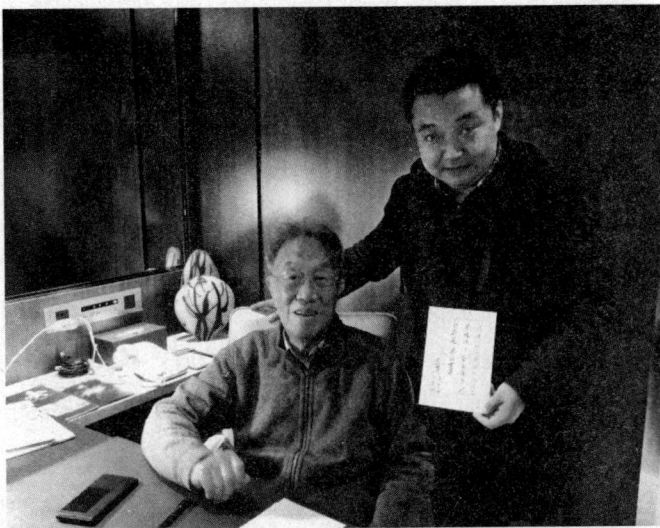

"人民艺术家"王蒙先生为魏锋创办的"陈彦作品研读会"题词 （刘明华 摄）

《论语》作为中国传统文化的代表作，凝结着古代圣哲修身明德、体道悟道、天人合一后的智慧结晶。谈到《论语》，王蒙说："文章开头说'学而时习之，不亦说乎'，那个'说'就是喜悦的悦。'有朋自远方来，不亦乐乎；人不知而不愠，不亦君子乎'。'学而时习之'现在有新的解释，不是指你学习完了以后温习，其意指的是实践，就是学习了以后你要实践。他认为倒不必较真，温习就是温习，学完了多温习不是很好吗？温习也要实践，学完了还要做，也很好。就是小学生你给他讲几句说孔子告诉你学完了以后要多温习，或者说你学到手了，你就要按这个来实现，按这个来践行，这小学生也能懂，而且他说这是最快乐的事。"

王蒙坦言，他自己也认为"学而时习之"是最快乐的事。"第一，在我的人生当中曾经碰到一些处于逆境的情况，很难做什么太多的有意义的事。但是在那个时候还是能学习的，还是可以读书的，还是可以背诵的，还是可以讲很多的知识的。我在新疆赶上了'文化大革命'，在'文化大革命'当中，全国几乎只剩下一本书了，我也学习得非常好。为什么呢？因为我学习的是维吾尔语，《毛泽东选集》天天读，我天天读维吾尔语的《毛泽东选集》。《毛主席语录》我现在会背的仍然是维吾尔语的《毛主席语录》。再说我现在，我告诉大家非常有意思。今天是10月13号，明天是14号，后天是10月15号。10月15号是我84岁整的生日，我儿子还跟我说，说你要说自个儿是73、84，阎王不叫自己去。你要不就说你是83，要不然就是85就完了。反正我这一两天在咸阳、西安好像还不至于发生什么情况。一个84、85岁的人，我身体还是不错的。你们各位看我的样子，也不显得太衰老。但是我能干的事其中有一个，就是还能学习。我视力下降了，我仍然喜欢读书；我听力下降了，我仍然喜欢听广播或者看电视。"

对于"学而时习之，不亦说乎"，王蒙认为孔老夫子是几千年前老祖宗式的人物，他说的话怎么那么可爱，那么能够正合吾心。"'有朋自远方来，不亦乐乎。'朋友来了多快乐啊，这更是老百姓人人都承认的话。孔子没有什么新鲜的，他说的就是你想说的话。'人不知而不愠，不亦君子乎。'别人不太了解你，你自个儿觉得你自个儿很了不起，可人家没那么看，甚至说了你不爱听的话，做了你不爱做的事。由于他不太了解你，不知道你有那么伟大，他不知道你自己想着自己非常伟大，人家没看出你那么伟大，那你也不要生气，这才叫君子。你要一感觉自己伟大，就恨不得所有人见你面都跪下才好，那不是君子，那是小人，是低级趣味的人。

"孔子是一个集大成者，能够把握不同时间，是一个随时调整的'圣之时者也'。孔子辞去鲁国的官职，为了维护鲁国的形象，宁可将责任放在自己身上，'此处不留爷，自有留爷处'的任性其实就是一种将大事化小，小事化无的变通。孔子本人并不认为自己是圣人，他强调自己不是生而知之者，他少也贱（小时家境贫贱），所以多能鄙事。我们无法给圣人下一个定义，认为他们在生理上、智力上、心性上与普通人有什么不一样的地方。从这个意义上说，我们说明白孔子并非圣人，理所当然。孔子的特点就是他说了很多最普通最普通最普通的话，但是他说得那么好，你找不着说得那么好的人。比如孔子的话我最感动的还有一句是什么呢？说'子在川上曰'，他在河边上说：'逝者如斯夫，不舍昼夜。'他没说别的，什么话都没说，而且可以说这是废话。'逝者如斯夫，不舍昼夜'，当然是，你能堵上吗？堵上发水了是不是？可是这一句话里头，他里头表现出对时间逝去的这种重视、这种惋惜，这种对时间宝贵的体会，对生命宝贵的体会。而且他很多没说的话都在这个里头了。所以，你要抓紧时间多干点有意

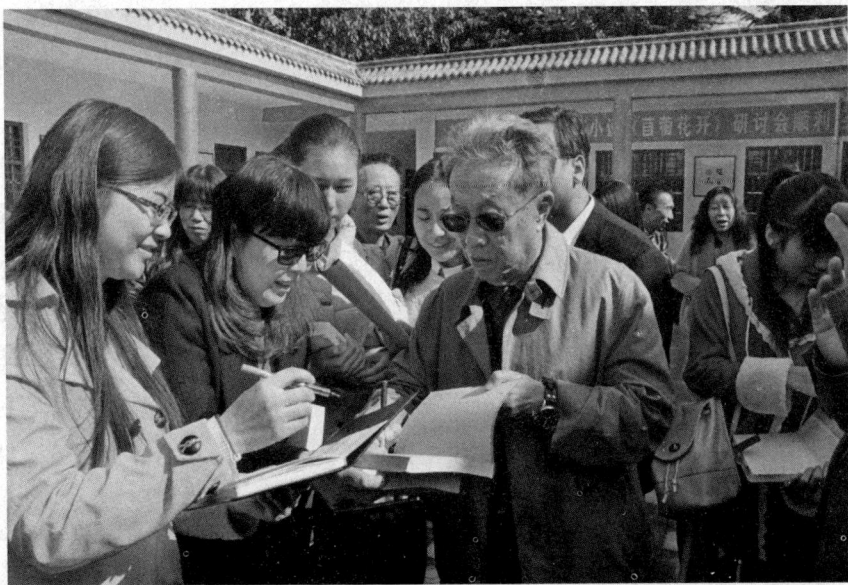

2015年11月1日，王蒙在咸阳为读者签名 （暮千雪 摄）

义的事，你要抓紧时间多看点书，你要抓紧时间多多做点好事，少做坏事，少做穷极无聊的事，少做有的没的事情。所以，他这一句'逝者如斯夫，不舍昼夜'，你一辈子都咀嚼不完他这个话的滋味。"

不赞同黑格尔认为"老子是在黑暗中看清光明中一切的人"是在否认孔子，"孔夫子是圣人，不将就学术成就，只是告诉大家、社会、人应该怎么做"。这也是他被称为"万世师表"的原因

"尤其是孔孟老，他们这么伟大的人，他们的书都很薄，薄得不得了。《道德经》是全世界仅次于基督教《圣经》的发行数量大、版本多的书。可是你把《道德经》放在一块一数，它不到6000字。它只能算一个短篇小说，连一个中篇小说都算不上。但是老子变成了这么伟大的人物，什么原因？"在讲座中，王蒙通过反问的方式讲起了老子。读者朋友有兴趣可以去品读他的著作《老子的帮助》。这部书是对《老子》典型的"我注六经"式的个性化解读著作，王蒙用自身的历史体验、社会体验、政治经验、文学经验、思考历程去为老子的学说"出庭作证"，用自身的

亲见、亲闻、亲历认真地推敲思忖，为老子的"玄之又玄""众妙之门"的理论提供一个当代中国人的人证、见证、事证、论证和反证，由此让读者获得老子给我们带来的智慧、从容、深刻、宽广、耐心、自信、气量和定力。

"黑格尔他看得起老子，但是他不了解孔子。他说老子太伟大了，他最喜欢老子的哪句话呢？'知白守黑'。当然，黑格尔不懂中文，他是看的德文和英文的译本。书中说老子沉浸在无边的黑暗里，然后注视着在光和影下面的那群人的活动。这怎么听着略微有点瘆得慌。'知白守黑'，我知白，我看得清清楚楚，就在光底下，都很清楚。但是我自个儿在黑影里头，你看不见我，你了解不了我，你不知道我是谁。可是我在黑处看亮处看得清清楚楚，你在亮处看黑处看不清楚。所以，这个让黑格尔都服了，说中国的圣人在黑灯影里研究灯底下这批人在干什么，太厉害了。

"可是黑格尔说孔子说都是常识性的话，孔子缺少抽象思维的能力。错了，这是黑格尔傻。为什么呢？黑格尔是学者，是专家。孔子不是学者，更不是专家。在《论语》里头孔子有一句话，说有人问他的专长是什么，他说我有什么专长呢，种地不如老农，种菜不如园丁，比较起来我赶车还好一点。实在要是报专业的话，就报车夫吧。有这么一段，这是孔子拿自个儿开玩笑呢。但是孔子要做的是圣人，他要给全世界（当时认为是天下，因为他不知道世界上有那么多国家），给天下、给各个诸侯国家树立价值标准，树立文明的标准，树立文化的追求。他是圣人，他要为世界定规则，定法度，定礼节，定价值。而且他一定要想办法和各个诸侯联合起来，使他的这些思想能变成实际，他弄得太高深那是不行的。他说自己像丧家之犬一样，因为他游说于各国。但是他很少有机会能实践他的主张。游说各国的圣人是不能够搞得太专业的，更不能搞得太长。比如说他在鲁国还当过几年官，他见到鲁国的君王，说我准备培养你到博士后，你跟着我学七年，头一年学拉丁语，第二年学什么，然后我开始给你讲世界哲学史。那个君王马上就把他轰跑了，君王哪儿顾这个去？

"黑格尔他是按这个学者和专家的状态来要求孔子，恰恰孔子他的最可爱之处，就是深入浅出。详细的、复杂的话往最简单讲，往最简明讲，而且要减少阻力，使任何有正常思维的人都感觉他讲得有道理。

"黑格尔看不起孔子。但是，法国启蒙主义的哲学家伏尔泰就高度评价孔子。因为孔子只用一句话就使伏尔泰特别服气，就是'己所不欲，勿施于人'。因为伏尔泰说一件事情能做不能做，怎么到了孔子那儿说得这么简明，而且不需要宗教。伏尔泰是启蒙主义者，那个时候应该说干什么事都要以宗教为依据。但是这个世界上很多复杂的是非到了孔子这儿，简明、有说服力、亲切，没有让你反感的地方，让你不能不觉得他说得好。这是孔子的特点。"

深入挖掘孟子"民本""仁政"思想对于当下社会的现实意义，将《孟子》激活成一部有针对性、有现实感、贴近你我人生的"新书"

《孟子》是儒家的重要经典，被朱熹列入"四书"。2017年，83岁的王蒙推出了新书《得民心得天下：王蒙说〈孟子〉》，对孟子及其著作进行了深刻的王氏解读与评点，深入挖掘孟子"民本""仁政"思想对于当下社会的现实意义，将《孟子》激活成一部有针对性、有现实感、贴近你我人生的"新书"。

"两千多年前的孟轲的思想，在今天仍然是有启发意义的。他很有个性，他善于辩论，他文思纵横而且大义凛然，他将修身齐家治国平天下诸多问题讲得通俗透彻，同时表达了足够的处世的聪明与应对的机敏。再读三读，渐渐感觉到了孟轲的智慧与可爱。"王蒙在序言部分阐述了自己的观点。在创作过程中，王蒙通过逐一统计发现，《孟

1983年7月，为了宣传《人民文学》和《小说选刊》，阎纲同王蒙一路叫卖到河北正定，在正定县领导和文化局局长贾大山陪同下参观大佛寺修复工程。右起：崔道怡（右二）、王蒙（右五）、阎纲（右六）（阎纲 供图）

子》中，"王"字出现322次，"天"字出现287次，"民"字出现209次，"君"字出现83次，"士"字出现87次。王蒙对于"王"字最多的现象，搬出了自家言论："这是因为他致力于为王者师，谈王论王，也见过、教训过很多侯王，获得过或拒绝过他们的馈赠。"王蒙认为，从境遇来说，孟子比孔子牛气很多，他以自己的文化资源、道德资源，向权力资源与财富资源叫板，义行天下，不畏权与利。

王蒙列举了《孟子见梁惠王》，说道："王曰叟，老爷子不远千里而来，你走那么远的地方来我们这儿，有利于我们国家，有利于梁国。孟子马上给驳回去，'何必曰利？亦有仁义而已矣'。利，为什么一上来讲利益，不讲义呢？这个义也在这个地方。不是讲义气，是讲义理，简单说就是讲原则，治国的原则、做人的原则、做事的原则。

"孟子是一个敢说话的人，而且有些话说得比孔子要尖锐得多。他说话的对象是社会上层人物，即社会精英。社会精英应该对老百姓负什么责任？如何关注民生？老百姓应该有多少宅基地？是种桑、养猪、养鸡，还是养狗？什么时候才能实现50岁以上的人能穿到帛的衣服，70岁的人能够经常吃到肉？那时生产力水平低下，'人生七十古来稀'，普通老百姓活到70岁还能够经常吃上肉，这就是孟子的理想。孟子认为，治国者不能把自己的私利放在前面。孟子是把社会精英个人的美德修养、百姓的生活、政治的成败都联系在一起了。你违背了原则，即使一时得到利益也保不住，你还要完蛋。所以，孟子说他浩然正气，他非常鲜明，他的话是不容反驳的。你要看孟子的很多待遇，他在世的时候比孔子过得好，他走到哪儿都很隆重，接的人、送的人，那都相当隆重。"

"读庄子是一种享受、是一种快活，同时也是奔腾的。奔腾是反映他的活跃，是欣赏他的气势。"在王蒙看来，庄子不仅想象力非凡，而且气势非凡，辩论起来简直就是泰山压顶

2014年，80岁的王蒙推出了《与庄共舞：人生的自救之道》一书，是在与2500年前的庄子对话，但这番对话绝非"我注六经"，而是"六经注我"，这个"我"又并非某一独立的个体，而是当下的现代人。所注之物为何？现代人压力大，心理问题和人生困惑多，由王蒙解读的《庄子》充满智慧和洒脱，《与庄共

1983年9月，崔道怡、王蒙、董得理、阎纲一行（从左至右）为《人民文学》和《小说选刊》组稿四处奔走 （阎纲 供图）

舞》堪称现代人的一针醒脑剂，为心灵有效疏压，帮助人们站在更高的角度重新观照自己的人生。

王蒙说："老子我刚才已经讲了，老子《道德经》一上来'道可道，非常道；名可名，非常名。无名，天地之始，有名，万物之母'。一上来确实把你镇住了，你不服不行。因为他讲的这个道理是什么呢？既是世界本体的概括，也是世界根源的概括，还是整个世界变化规律的概括，这几个东西都在里面。

"庄子跟他们又不一样——庄子一上来他跟你讲故事一样，这鱼有多大，说这个鲲鱼'不知其几千里也'，说'化而为鸟，其名为鹏。鹏之背不知其几千里也'。"

他风趣地说："我回去算了半天，因为古代的里只是比现在长，老秤、老尺都比现在大，不会比现在小。那一里地绝对不会是这么一块地方。要说几千里，我原来还计算过这个地球的直径是多大，地球的圆周是多大。就几千里，它没法飞，它一飞起来，四分之三个地球都盖住了，另一个翅膀都没法放了。但是咱们先不和庄子争论地球的问题，庄子的这个气概，他这种超脱。我读《庄子》，就是他高了还再高，高了还再高，高了还再高。像我小时候读武侠小说里的轻功，我最喜欢读武侠小说的两样，一个是轻功。说轻功是怎么个练习法呢，啪地一下蹦起来了，然后右脚再一点，再一踩左脚，啪地一下又蹦第二次了。我真想练啊，还没等我踩到左脚，我早掉地上了。可是你读《庄子》就有这感觉，已经够高了，庄子说不算，还可以更高。

"没有想象力就没有创新的世界。习近平总书记反复地强调要有创造、创新，包括对我们的传统文化要有创造性的转变和创新性的发展。所以，到了庄子时期有那么大的想象力，你也不能不服。千万不要以为古人比我们笨。古人的工具没有咱们见到的多，技术设备比咱们少。但是他们思考的能力、想象的能力是非常高级的。"

王蒙说："《庄子》里讲过一个故事，说列子已经会飞了，他御风而行，就是驾着这个风。早上8点在北京一看风来了，驾着风出来，下午2点到咸阳，说的列子。可是庄子说列子这不算本事，说'犹有待也'。说他是等着风来了，他才能飞。他说真正要是会飞的话，不用等着风来，风不来也没关系。你只要和大道结合在一块，说到哪儿就到哪儿了，也不用那么长时间。想到咸阳，三分钟到了，想到西安，两秒钟到了。而且不需要任何条件，不需要风，不需要雨，不需要工具，不需要飞行器材，不需要飞机场，也不需要西咸新城，有城没城没关系，我想飞就飞。这是庄子的思路。这个思路我们可以认为他是在那儿想。"

孔子提的"不迁怒，不二过"，对我来说我是尽毕生之力

"孔子还有些最感动我的地方，他说'唐棣之华，偏其反而'，说有一种很美丽的花，唐棣之花，这个花是什么？有人说是海棠，有人说不是，我也不知道它是什么。说这个花'偏其反而'，是什么意思呢？说这个花过去了就回来了。什么意思？在风中摇曳，在风里头摇来摆去。一上来就很漂亮吧，很美丽的花枝在风中摇来摇去。'岂不尔思'，我怎么能够不想念你呢？'室是远而'，你离我太远了。这是《诗经》上的，但是《诗经》上的文字跟这个略有不同。我们在这就不说了。

"这个依我说，就是一首爱情民歌。美丽的姑娘，你像花一样，你在风中摇曳，令我心醉神迷。我想你想你，你在咸阳，但是我在深圳，经常去看你，我买不起飞机票。它就是这么一个故事。

"可是孔子把它提高了，他认为什么是最美丽的花朵呢？人类的美德是最美丽的花朵。所以孔子说'何远之有'，远什么？'未曾想也'，他根本就没想。想了美德，你就有美德吗？你想做好人，非得上咸阳做好人？本地不能做好人？孟子也讲这个，说你施行仁政，你能够王天下，就用王道来治理天下，这是最容易的事了。就是跟'为长者折枝'一样，不是'挟泰山以超北海'。

"为什么要强调他的容易，不强调他的难呢？这里头的学问又大了。因为孔子、孟子，包括老子、庄子都有不同。他们的很多学说针对的还不是老百姓，针对的不是工农大众。他针对的是掌握权力的诸侯和大臣，就是你们要爱护老百姓，你们要做好事，你们要为人民谋福利。这个对你们来说很容易，除非你不想干。他就是这个理论。所以，一朵花，一首爱情民歌，他把它解释成一切美好的东西在于你有没有那个美好的心思。有了美好的心思，就有美好的世界。你没有美好的心思，脑子都是低级的、自私的、贪婪的、腐化的那些东西，那你还上哪儿找美好去？你当然找不到美好，你永远找不到美好。

"我在投影里引用的各种文字很多，今天不可能一一说完。我再随便举一个例子。这不是《论语》里面的，是《史记》里的。说孔子很喜欢曾子，说曾子有个好处，'不迁怒，不二过'。这才6个字，而且其中有两个字是'不'。'不迁怒，不二过'，我怎么觉得人家总结得这么好。

"'迁怒'，就是一件事你碰到点钉子你没弄好，你别把这气往别处转移。单位这次提工资没有你，你回家打孩子去了，这叫迁怒，这种事不是没有。回去看着儿子都觉得别扭。你跟同事关系不好，回去先跟配偶打起来了。'不迁怒'，我觉得这个词太可爱了。咱们有没有迁怒的？我跟各位坦白交代，我有，但是不严重。因为我这个人并不是很糊涂，当我迁怒的时候我知道自己迁怒。如果老伴眼一瞪，说：'你瞎发什么脾气？'我立刻就老实了。

"可是'不二过'这个太难了。二过、三过、四过、五过、六过，八过都有可能。我有很多优点，我不在这儿说了。但是我有缺点，比如说我放东西没有一定的地方。我这方面可以申报吉尼斯世界纪录。因为我丢过三次身份证，丢过两次户口本。你说没事我把户口本往哪儿扔了呢，我把全家翻了一个遍，多少人来跟着我搜，把全家东西都整理一遍，没有找着。最后都是交一份检讨，然后从派出所补上。

"所以，我说'不迁怒，不二过'，孔子提的这个目标，对我来说是尽毕生之力。不迁怒我现在基本做到了，但是基本做到有一个原因，就是我怕老伴跟我瞪眼，不敢迁怒。你敢迁怒，你还没迁怒，人家先怒了。但是'不二过'这点，到现在还没做到头。所以你看孔子他分析的这些东西，中国的学问，中国的经典是经世致用的，他是让你实践的，不是让你在那儿说的。而且他不管什么事，他先让你管好你自己，你自己先做一个好人，你自己从减少一般人常常有的毛病做起。这点我觉得他也是特别有说服力。

"孔子什么事还特真实，他非常诚实，非常真实。比如'或曰'，这个'或'在这个地方就当'有人'。'有人说以德报怨何如'，说别人对你做了坏事，你要给他做好事，用恩德来代替他对你的怨恨。老子也说过这话，'以德报怨'。基督教更宣传这个，他做到没做到另说，他宣传要爱敌人，也够神的了。可是孔子说，不必了，以德报怨太费劲了，太矫情了。说那人给你一个嘴巴，你赶紧给他200块钱，这个太矫情了。他说'以直报怨'就行了。以直报怨就是说你该干什么就干什么，你是一个直爽的人，不要搞阴谋，不要为了报仇就赶紧给他挖坑、设圈套、做局，不要设计，他是这个意思。所以孔子类似的这些说法是非常有意思的。"

孟子里最精彩的故事，是孟子讲孔子的故事

王蒙说："那么孟子我前面讲了，他还是比较锋芒外露的，他讲得非常斩钉截铁。但是《孟子》里有的小故事你听了以后，会觉得太惊人了，你觉得孟子也不是像我刚才说的那么简单，什么事都是一分为二。

"相反地，孟子分析也绝。《孟子》里最精彩的故事，是孟子讲孔子。孔子当官当得最大，时间最长的是在鲁国。在鲁国他当司寇。有一次祭祀的时候送来的熟肉不合格。孔子非常重视对个人的祭祀、死者的祭祀、祖先的祭祀，他认为这是在培养一个人恭敬之心，是一个非常好的活动。祭祀的时候对熟肉的要求最起码要好看。不合格，怎么不合格就不知道了。比如现在山东曲阜每年祭孔的时候弄个大猪头在那儿摆着，比如它少一个耳朵，这是不合格，那就不好看。你祭祀孔子的一个正经猪头都拿不出来吗？甚至于这个猪肉味道、气味不正，颜色不正，所以不合格。那次孔子非常生气，一看不合格，说辞职不干了，帽子都没来

得及摘下来。他祭祀的时候戴一个礼节性的、富有仪式感的帽子。帽子都没摘，他就大喊着辞职，然后就走了。别人就问孟子，你整天说孔子多么伟大，这孔子脾气太暴躁了，说熟肉不合格，你等一会儿，我让他们换去，等半个小时就等半个小时，等一个小时就等一个小时，那还找不来一个好的熟肉吗？或者你要真辞职的话，你把帽子摘下来，然后回去写个报告，闹腾什么啊？你那么伟大的人物，你那么闹腾。

"这个故事太好了。孟子就给他解释，说你们只知其一不知其二，孔子在鲁国，鲁国君王善待他，非常重视他，给他的礼遇非常好。但是鲁国又不接纳孔子的那一套，什么'克己复礼'，什么'道之以德，齐之以礼'，孔子的那些学说、观点，他哪个都不接受，可是又对孔子很好。所以孔子找到一个机会，孔子觉得既然自己不能够苟且，咱俩意见又完全不一样，我为什么还老给你当差？！但是孔子又不想把这个事闹大，不能说我不同政见就走了。因为孔子也要考虑，人家堂堂鲁国的君王对你孔子毕恭毕敬、无微不至、照顾周到、待遇优厚。你一到各个诸侯国家去游说的时候，如果人家给你说孔子不好伺候、脾气大，那你底下的事怎么干呢？所以孔子他是找一个借口，最后宁愿把这个脾气不好的名自己背上，不让鲁国的君王挨骂。他是故意的，既然我的政见在这儿得不到实行，那我找一个机会走。走呢，我找一个技术性的问题。某年某月某日，猪头缺一个耳朵，我脾气大，是不是喝高了就不知道，所以我就走了。这个太妙了，孔子这脑筋真够用，该坚持原则的坚持原则，但是处理起问题来又要使副作用最小化。孟子的解释也

王蒙84周岁生日，在西咸新区空港新城提前收到生日祝福（**暮千雪 摄**）

反映了自己，孟子虽然说话很冲，但不是一个什么事都不管不顾的人。

"还有一次是孟子和齐王讨论这些大官起什么作用。孟子说对于君王做的事，大官要实时给予评估。如果君王有什么差错，大官一定要给君王提出一个解决的方案。齐王问，如果这个解决的方案君王不接受呢？孟子说如果不接受的话，甚至可以换这个君王。齐王脸色一下子就变了，这叫什么话啊。这是后来到了明朝朱元璋看《孟子》时看到这一段。他有个批示，说这个话非常不好，非常恶劣，怎么能这么说话呢。

"我刚才忘了说了，孟子说如果这几个大官又都是王室成员的话，就可以商量把他换掉。齐王面色很不对，孟子说君王您别生气，我只是说一般的道理，而且我说的是王室成员才有资格考虑谁来当王最合适的问题。齐王一看孟子跟他往回捣鼓，态度稍微又放松一点，说要不是王室成员呢，孟子马上回答，不是王室成员，回到宾馆赶紧卷行李，您背上这行李客客气气地告辞，您上别处干去。孔子也多次讲过情况不好的，'卷而怀之'。人家卷而怀之说的不是行李，是说你把你的主张先适当地收缩一下。"怀之"就是你先保留你的不同意见，但是你不要闹腾。说到'卷'，老给我一个卷铺盖的感觉。所以孟子和齐王的谈话叫作'高高举起，轻轻放下'。最后怎么回事？最后你卷铺盖谢过，该鞠躬的该磕头的，你也鞠了也磕了，第二天你弄个毛驴弄匹马，或者找个车、轿子，离开这儿就完了。所以这些地方都特别合情合理。"

阅读和讨论老子，希望传统文化能有创造性地转换

关于老子，王蒙说："老子的有些思路也太绝了。他强调'有之以为利，无之以为用'。就是你所倚仗的是有，你所使用的是无。他举的例子你真是想不到。他说比如一间房子，拿咱们这个房子来说吧，有墙、有梁、有屋顶、有地面，还有屋里面的一些设备，有了这个才算是房子。但是你用的是什么呢？用的是没有东西的地方，就是所谓的空间，你用的是空间。如果这个房是死堂呢，这墙多厚呢？这面墙两丈厚，那面墙又两丈厚，一共长四丈，两面墙都占住了。房里面放货，货已经从地板到了天花板，全是你放的货，那么房子还有用处没用处呢？没有用处了。所以'有才有利，无才有用'。

"老子你真不知道他是怎么琢磨出来的。他说一个罐子也是人，所以一个器

皿也有用，就是因为它有空无的地方。一个锅，锅就是薄片，有个盖，然后里面是空的，这你才能用。他又说轮子，那时候当然还没有轴承这些东西。他说你这车轮，古代都是木头车轮。木头车轮得留一个空心，这空心里头插上车轴，才能起轮子的作用。那个时候大概是抹油，抹上油以后就能转着。如果你中间的车轴不给它留一个空心，车轮插不进去，或者你插进去后是死的，中间没有空隙，这车轮能转吗？所以老子强调什么事都要留下空间，要留下调整的空间，要留下运动的空间，要留下往前推的空间，要留下使用的空间，要留下改造的空间。

"老子还有一些说法，这些说法跟现在用的语言不一样，有时候容易引起我们的误会。他说我有三宝，说的是什么呢？一曰慈，就是我们要爱老百姓。二曰简，就是爱惜名利，爱惜各个方面，不要奢靡，不要动不动拼老命，名才、名利、名心、名气都得省着用。三曰不为天下先，这个'不为天下先'很容易引起误会，就是不敢发明创造。因为你看毛主席最喜欢说的话就是"敢为天下先"，这是绝对正确的。但是老子说'不为天下先'指的不是施政一种新方法，更不是科学技术上的一个新发明。他是指执政者说的话、做的事要让老百姓能明白，能符合老百姓的水平，符合老百姓的需要，符合老百姓的理解能力。因为老子在其他地方又说过，'圣人无常心，以百姓心为心'。老百姓想什么你想什么就对了，你不要自己左一个主意右一个招的。所以，'不为天下先'就是指掌权的人不要说老百姓听不明白的话，不要说老百姓理解不了的事，你尽量要和老百姓的心思靠近。他是这个意思。

"老子还讲过这个，这也不好懂。说'天下皆知美之为美，斯恶已'。说你要都知道什么是美，反倒就不好了。'皆知善之为善，斯不善已'，这是什么意思呢？其实这个很简单。

"清朝有一本书叫《官场现形记》，其中有这么一个故事，就是皇上派钦差大臣到处巡视。钦差大臣来以前，有一个县听说他的特点就是提倡节俭，最见不得的就是你穿高级的、奢侈的、金光闪闪的官服。他要看到那个服装，非得当场就找出麻烦来，把你当场撤职，弄不好都有杀头的可能。于是这个县所有的官员都买了旧官服。因为清朝的官服是有统一制度的，你科长是科长的衣裳，处长是处长的衣服，不能混着穿，也不能穿老百姓的衣裳。所以这个县的旧官服、破烂的官服、扔掉的官服、垃圾堆里边的官服，一下子比新官服还贵。比如一身新官服100元，一身破官服，烂成一团的3000元。到了钦差大臣接见当地地方小官的时候，他一看就跟见到一群叫花子一样，浑身上下都是补丁。补丁时间太长了，有的就开绽了，这露了胳膊，那露了腿；这露个后背，那露个前胸。一群人跟乞丐一样。这是小说里的情节，意指那时候官场的风气。这不是很好玩嘛，这恰恰就是老子所说的'皆知美之为美，斯恶已'。

"还有一个故事，在改革开放初期，江苏一个女孩写的。她写在过去政治运动中抓出来这分子那分子，有200多人在一个农场劳动。这200多人在那里劳动暂时都相安无事，都还挺好的。劳动就劳动吧，每天谈谈劳动体会，劳动人民最伟大，自己犯的错误好好改正。结果这个时候上面突然来了一个政策，说今年你们200多人当中要评表现最好的20个人，这表现最好的20个人会官复原职，回到大城市和家人团聚，恢复原来的工作。这一下子就坏了，这200个人互相成了敌人。我们假设这200个人分10个组，每个组里有20个人。那么每一个组可以评出一个人来。我在这个组各方面的表现，我想来想去我是相当好的。但是还有一个，那个家伙在某件事上干得比我好，你怎么办？我要不找着他一个毛病的话，我肯定留在这儿了，再评就不知道又是哪年了。所以就产生了许多不良的现象。

"这说明什么呢？我们在这里跟大家交流阅读经典的经验，你们听我这么说觉得还可以。如果今天有一个政策，讲完了以后马上从所有人中评出三个人来，提升三级，工资加两万，那还有人听我说话吗？那互相能不矛盾起来吗？所以你太强调一个事的好的时候，如果讲得过了，它会变成坏事。

"有一年我给一批搞财经的民营企业家讲到老子的思想，这最好玩。他们说王老师这个您甭多讲，我们最明白这个。什么叫'皆知美之为美，斯恶已'，就是说股票已经连红20天了，我们一看，全拥上去了，拥上去造成泡沫，最后崩盘完事，这就叫'皆知美之为美，斯恶已'。

"当然，老子他有故意抬杠的地方。事情没有那么严重，但是他老是跟人家反着说话，你说美点好，他说丑点好。《列子》里也有这个故事，说几个人到一个小地方，一路艰辛，后来赶到天黑了，找到一家小旅馆就住进去了。旅馆的老板有两个老婆，古代这种事也不足为奇。一个非常漂亮，但是老板对这个漂亮老婆的样子非常不喜欢；另外一个相当丑陋，可是老板对这个丑陋的老婆态度特别好。列子就问，说好美、好漂亮是人之常情，一个男人哪有喜欢丑女人的，你为什么这样？这个老板就说，你不知道她老认为自己漂亮，又是闹气，又是撒娇，烦死我了。他说这个丑的，人家老老实实，知道自个儿长得也不怎么样，我说什么是什么，家里活也干，什么都谦让。我宁愿跟这个丑的在一起，不愿意跟那个漂亮的在一起。所以一个好像很普通、很低级的故事，但是它反映了中国人对于如何做人、如何做事的种种想法。"

庄子也有很符合生活实际的一些精彩发现

讲《庄子》，王蒙引出故事："你死活也想不到的，这是唯一的我看这四个人里头讲市场和经济的。惠子跟庄子说，你说的那些大话、空话一点用处都没有，你说的话就跟种了一个大葫芦一样。葫芦这么大，你拿它舀水吧，水缸都放不下；你拿它当建筑材料也不行。庄子就说，你见识小，你从小方面来看一个东西的用处，真正大的用处你就不明白。葫芦太大了以后，你就当船，你到太湖去玩。然后他就举例子，他说当年宋国有人会做润肤剂，润肤剂用了以后到了冬天手不裂。宋国有这个润肤剂，所以他的洗衣行业特别发达。过去洗衣当然不是在洗衣机里洗，是在河里洗，拿棒槌捶，放点皂角这么洗。这样到了冬天的话，你要是没有那个润肤剂，手就都烂了。他说他这做得特别好，而且这里头有知识产权——秘方，你想学做这个润肤剂他绝对不告诉你。

"可是这时候出来一个人，这个人来找搞润肤剂的宋国人，说我现在买你这个润肤剂，我给你百金。百金是多少我也不知道，反正挺多。你想想百金就这么大的一百块，也很大了。我们就假设，比如他说过去洗衣服，这些妇女一年一共能赚一百万元。可是过来一个人，说我给你2亿，你把这个秘方给我就行，我要的是知识产权。然后他把这个秘方掌握了以后，就献给了吴王。因为吴国正要和越国等好多国家打仗，打仗的话吴国那儿水并不多，他要往南边打，越打到处都是水。水泡着脚，水泡着手，以北方人的皮肤根本就受不了。所以，他拿了这个方子以后造了大量的润肤剂，吴国大胜。那么这个献秘方的人功劳太大了，裂土封侯，给他分了一块地，让他在那儿当诸侯。他成了诸侯贵族，一下子命运改变了。

"这是靠什么？靠知识产权，靠商业。所以中国古人的思路也很绝，你看庄子他整天说那些神神道道的事，但是也有很符合生活实际的一些精彩发现。"

诸子百家的这些人，有些是没词找的词

王蒙喝了口茶，又兴奋地讲了起来。他说："我再给大家讲两个。因为没有人这么说过，这只是我个人读书的时候，有一些想法跟别人不一样。我认为有些很有名的故事，反映了当时诸子百家的这些人，有些是没词找的词。各位，《庄子》里有两个故事，一个是说庄子带着他的学生到了一片树林。他就告诉大家，说你看这棵树长得最丑陋，木材最没有用，也不结果，味道也不好；劈柴吧，上面全是疙瘩，你劈柴想拿斧子劈都不行的。要是这棵树留下了，别的有用的好树肯定全都没有了。证明一个人不要怕自个儿没用，没用反倒更踏实，你没麻烦。说完这话，晚上庄子和他学生到了一个朋友家里，朋友计划给他们做点饭吃，就问自己的小管家，说咱们宰只鹅给我的贵客吃吧。小管家说咱们现在就剩两只鹅了，宰哪只。有一只特会管事，又管看家，又能够鸣叫。我是亲眼看见过，你们大概都知道吧，鹅也可以当狗一样养着，可以看家，而且很厉害。我在新疆的时候，伊犁的苏联领事馆就养鹅。说另外一只鹅它光睡觉不管用。主人就说当然把那只没用的鹅宰了。然后庄子的学生就问，老师你今天早上告诉我们，说没有用才安全，可是今天晚上人家把没用的先宰了。庄子说，一个人应该处在有用与无用之间。各位觉得庄子高级极了，我觉得庄子是没词了。

"因为这个世界上的事情本来就是具体情况具体分析，有些事因为有用反倒麻烦，有些事因为没用就变成了牺牲品，这当然都有可能嘛。

"还有一个最有名的故事，这个故事你从审美的角度看完美无缺，但从逻辑上看就是胡说八道。庄子和惠子走在河边，看到好多鱼，庄子说这鱼是多么快乐呀。惠子就说子非鱼安知鱼之乐？你又不是鱼，你哪知道鱼是高兴的呢？庄子说子非我安知我不知鱼之乐？你又不是我，你怎么知道我不知道鱼的快乐？这故事非常好玩。你想，秋天在水边上走，两个人聊一个毫不相干的问题，它不管得出什么样的结论，于人于己都没有害处，所以这是一个很美的故事。他们心情很不错，在这没事斗嘴呢。但是庄子用的这个辩论的方法是不可以的，这叫循环论证，就跟下象棋一样，象棋最后怎么样呢？我这卒往这一攻，你这老将偏着走一下，然后我卒又往这边一走，你又回来了。咱俩就这么来回地斗吧，这个只能算

平局，不允许有这种下法。

"辩论也不能这么辩论，因为如果这么辩论，子非鱼安知鱼之乐？这是甲方说的。乙方说，子非我安知我不知鱼之乐？甲方又说了，这时候乙方完全可以用同样的逻辑回答，子非我安知我不知鱼之乐？这个甲方又可以回答，子非我安知我不知子不知我不知鱼之乐？咱们这么练下去吧，一直说到2018年10月13日，一直说到西咸新区管委会这来，他还说不完呀，一句话可以说2000年呀，是不是？它说不完呀，这怎么能说得完呢？所以这也是没词找的词。"

孟子特推崇孝，而孝的故事里头最诡异的、最奇特的就是讲舜的故事

"还有伟大的孟子也有没词找词的时候。因为孟子特推崇孝，而孝的故事里最诡异的、最奇特的就是讲舜的故事。说这个舜呀，他爸爸是个后爸，后来好像又变成后妈了，既是后爸又是后妈，又都讨厌这个虞舜，而且设计了各种方法来残害虞舜，什么方法呢？虞舜上地窖了，他们赶紧把这个口给堵上，幸亏还有小道，虞舜从那小道走出去了。

"虞舜有一次上房顶干什么活，他弟弟跟他后爸就把梯子撤走了，也是冒了很大的危险，虞舜才活了命。虞舜想尽一切方法向他这个后爸尽孝，可是没有用，逼得虞舜跑到远处的田野里头失声痛哭，我觉得相当诡异，而且他这个后爸已经接近或者已经是刑事犯罪了，是不是呀？他有杀儿子的意图。

"有一个地方就更诡异。在《孟子》里头有一个人问孟子，如果虞舜的爸爸杀了人怎么办？你们猜孟子怎么回答，说杀人抓起来。晚上天黑以后虞舜应该偷偷地拿钥匙把监狱的门打开，然后逃到海边，虞舜也不要再当皇帝了，带着他爸爸安度晚年就行了。"

王蒙大声讲道："哎呀，可能因为我是1934年出生的，我要是公元前出生的也许会相信这个故事，这故事简直胡说八道，这么伟大的人物也有这么胡说八道的时候呢。但这个说明什么，世界事物在发展当中有各种各样的变化，但是也难为孟子了，孟子他还能有什么主意，他既要主张孝，又要树立虞舜做孝的这个榜样，但是他又不能说杀人可以，所以他给虞舜出的主意恶劣到极点，他是无辙，

是被逼无奈。孔孟老庄也有被逼无奈的时候，也有不知道说什么好的时候，也有没词了强说的时候，但是都太不容易了。要是换作咱们遇到这更不知道说什么了，留下的后患肯定更多。"

王蒙在讲座中不休息，喝了口茶又开始了："刚才说了这么多，我只是举一些例子，说明古人对各种问题的思考有他特别精彩的地方，也有些不够精彩的地方。我再举一个例子，孔子的门徒，就是列子讲孔子的故事。他问孔子，你认为颜回这个同学怎么样？孔子说，颜回这个学生在仁爱的点上比我强多了，他处处都表现出他对他人、对生命的这种珍惜，比我强。他又问，你认为曾子的表现怎么样？孔子说，曾子呀，在勇敢上比我强多了，什么事都敢往前冲，有时候我都没有他那个冲劲；他说你认为子贡这个人怎么样？孔子说，子贡在外交上、在各种场面、各种礼仪活动上，他的表现比我强多了，他温文尔雅，一举一动都是最佳状态；还有一个叫子长的呢，说子长这人办事之仔细比我强多了。这个门徒就说，老师你这么说我就不明白了，颜回仁爱比你强，曾子勇敢比你强，子长仔细比你强，子贡外交、礼仪、举止比你强，那你怎么还做他们的老师呢，他们应该做你的老师呀？

"孔子就笑了，说问题在哪儿呢？颜回知道如何去仁爱，但他不知道有些人有些事不能仁爱，你用仁爱解决不了；曾子知道什么事要勇敢，要往前冲，但他不知道有些事不能冲，不能往前赶，不能够硬碰硬，硬碰硬你只能把事搞砸；子长知道什么事要仔仔细细、认认真真，但他不知道世界上有些事不能太仔细，宜粗不宜细；这个子贡是滔滔不绝，又会说话，但他不知道有些时候不能说话，你笨一点才好，你那么会说，那么会摆造型干什么。因此，即使这四个人全部的优点没搁在我身上，我仍然是他们的老师。所以中国人的这种辩证的思维，过犹不及的思维，既不能这样又不能那样，既不能太左了也不能太右了，既不能太冲了也不能太蔫了。"

一部5万字的爱情中篇写得我是要死要活的

王蒙说："无论是读老子、庄子、孟子，都是一种学习。阅读经典是一种享受，阅读经典是对我们的智慧的一个开始，阅读经典我们要能够消化它、理解它，

2013年11月，王蒙先生和单三娅女士新婚，给阎纲送喜糖（阎纲 供图）

要能够使我们的智慧、我们的心术也变得更完善。"

谈到中国文化是从经典中走出来的，作为现代作家应该从哪些方面注意，才能从中国走向世界？王蒙风趣幽默地说："中国走向世界呀，这个我也搞不清楚，但是应该说就改革开放以来这40年，中国已经有相当多的作品翻译成了外文，引起了国外的各种重视，也获得了国外的各种奖项。所以我就觉得，我们还是尽量把自己的作品写好，写好了，走多远，达到什么样的规模，它就会自然而然地有作用，你要专门为了说是出去迎合的话反倒不是最好的办法。尤其我们干过一些傻事，我看《参考消息》上都报道过，七八年前在纽约，有个图书博览会，中国去了3个中年作家，而且都是在国内很受欢迎的作家。中国人花了好多钱把他们的作品都翻译成了英文，然后摆在那个博览会上宣传，有读者来了就送出去，很少有人要，你连这书卖10美元都没有信心，谁看你的书呀。所以走向世界要写得更好，你写的自个儿都感动得不行了，这个作品走向世界也有好的效果，不必想得过多。"

对于文化自信中道路自信、理论自信、制度自信的意义以及社会主义文化的内涵，王蒙说："一个国家、一个民族、一个执政党、一个政府的道路方向、理论论证、制度制定，取决于他们对于国情与民心的判断，取决于他们对于历史经验的总结与认知，取决于他们对于世界大势与自身追求的评估，取决于他们的价值观、人生观、世界观、思想方法、集体无意识。一句话，取决于文化传统、文化发展与文化驱动。

"十九大报告提出，中国特色社会主义文化，源自于中华优秀传统文化，熔铸于党领导人民在革命、建设、改革中创造的革命文化和社会主义先进文化，植根于中国特色社会主义伟大实践。其实，革命文化也离不开传统。在中国，既有'王侯将相宁有种乎'的传统，也有'多行不义必自毙'的判定。而社会主义先进文化更与世界大同、天下为公的传统政治理想相呼应、相贯通。中华传统文化的活力在于自强不息、与时俱进、见贤思齐，'苟日新、日日新、又日新'的观念正好与中国特色社会主义的现代化道路相对接，与改革开放的发展相适应，成为一种凝聚力与前进的能量，能够面向世界，面向未来，面向现代化。

"今年夏天我写了一部5万字的爱情中篇小说，写得我是要死要活的。写小说所得到的那种心潮起伏的感觉是你写什么都没有的，如果说我不想写了，我肯定就不写了，我也听到过不止一个人，包括比我小20多岁的人说，写小说就跟娶媳妇一样是年轻时候的事呀，过了40岁怎么还写小说呀？我说这人太没出息了，40岁就娶不上媳妇了？我80岁还娶媳妇呢！所以我说一个人老不怕，第一如果他还能写小说，第二如果还能娶媳妇，他活得仍然是有质量的……"

讲座互动环节，84岁的王蒙依旧精神矍铄，风趣幽默。王蒙称自己仍然精力旺盛，对于写作没有什么特别的奥秘，因为每个人写作的情况确实是不一样的，有的人写得长，有的人写得短，有的人一辈子就写一本书，也很伟大，不能说人家只写一本书就不好。"曹雪芹就写《红楼梦》，而且《红楼梦》还没有写完，是不是？毛主席说它是多半部，半部《红楼梦》，可是你谁能跟曹雪芹比呀。"

王蒙注重身体健康，谈到养生，他说："养生我没有什么特别的，主要因为我年轻时身体非常差，而且被人嘲笑，我在这儿说也没关系，你们也不会误会我有别的意思。我从小聪明但身体差，别人包括领导就说估计这个孩子能活30岁，于是我非常悲伤，我就做到——什么恶习都不敢沾，一切不健康的习惯都不可以有，不多吃、不少吃，基本不喝酒。抽烟呢？譬如戒烟，'文革'当中抽过一点，'文革'一结束我立刻就不抽了。我抽烟的时候，每天都说不能让自己有瘾，我得练，怎么练呢？这一整天我就只抽这一根烟，到最后我做到了一整天只抽半根烟，这样我随时可以戒掉。告别一切不健康的生活习惯，你就会比较健康，这是我的体会。"

梁衡：叙大情大理 写胆识文章

2016年11月14日至17日，梁衡先后深入咸阳汉阳陵博物馆、茂陵博物馆等实地考察。图为王永杰现场讲解（魏锋 摄）

梁衡，生于1946年，山西省霍州市人。长期从事新闻工作，曾任光明日报社记者、国家新闻出版署副署长、人民日报社副总编辑。著有新闻三部曲《记者札记》《评委笔记》《总编手记》及《梁衡新闻作品导读》，散文集《觅渡》《洗尘》《把栏杆拍遍》《千秋人物》等，科学史章回小说《数理化通俗演义》，写作研究集《毛泽东怎样写文章》《我的阅读与写作》，政论集《官德》《为官沉思录》《干部修养谈》等。曾荣获青年文学奖、赵树理文学奖、全国优秀科普作品奖、全国好新闻奖和中宣部"五个一工程"奖。

他曾说过，他不是一个严格意义上的作家，但是，他的作品却入选各种教材，也是影响学生和读者最大的作家之一。写作以来，他从没有经历过退稿，从《光明日报》到《人民日报》，每篇文章的发表都会引起读者热议，并被转载。他的一篇数千字的政治人物散文，足以抵得上一部几十万字的人物传记。他就是梁衡——国家新闻出版署原副署长、人民日报社原副总编。

2016年11月15日，梁衡来咸阳职业技术学院参加首届西北文学奖颁奖典礼，咸阳日报社记者王永杰和笔者就阅读梁衡散文的一些体会以及散文创作等相关问题采访了他。

我有一种孤独感，环顾左右，粉丝很多，同道者无

魏锋：梁老师，季羡林先生称您的文章为"政治散文"，而您也的确写了很多非常震撼人心的有关政治人物、历史人物的散文。请问，您是如何看待季羡林对您的这个称呼？您又是如何理解政治散文的？

梁衡：季老在世时我常去看他，谈政治，谈写作。这是季老给我写的一篇《序》里的说法，在社会上广为流传。政治散文是政治题材的散文，它以政治事件、政治人物为写作对象。我承认，我写的是政治散文，当然我不只写政治散文，还有其他题材的散文。比如，1982年就入选中学课本，现在还在使用，影响较大的《晋祠》，就不是政治散文，是山水散文。我前期是写山水散文的，只不过后来发表的政治散文影响大，好像政治散文成了我的标志。这与写这个题材的作家不多也有关系。

从古至今，中国最好的散文几乎都是政治散文，比如《出师表》《岳阳楼记》，包括后来林觉民的《与妻书》，梁启超的《少年中国说》，鲁迅的《为了忘却的记念》等。20世纪五六十年代，魏巍、秦牧、方纪等都有一些好的政治散文。但是很可惜，现在写政治散文的人少了。这与一些作家远离政治、回避政治有关。这样做两方面都受伤，政治也吃亏。因为没有作家关注，政治的健康发展就少了一种助力。政治主张没有插上文学的翅膀，普及效果就差，很难为普通大众所理解。作家也吃亏，不能站在政治这个巨人的肩膀上，作品的重量就上不去。现在，我们应该正视这个问

2016年11月15日，首届西北文学奖颁奖大会隆重举行。梁衡的散文《一个尘封垢埋却愈见光辉的灵魂》获散文大奖。图为梁衡发表获奖感言

（魏锋 摄）

题，关注政治题材的作品。文学界不是总喜欢说《百年孤独》吗？我也有一种孤独感，环顾左右，粉丝很多，同道者无。写政治散文的人还是没有，可能是因为有一点风险。或者，不愿意费力去挖掘那些分散的尘埋的资料。当然你孤独、超前，就更受到读者的关爱和尊敬。

借鉴新闻理念，我的散文很注意受众感

魏锋：读您的那些关于历史人物、政治人物的散文，常常会让人热血沸腾，其中闪现着人格的力量，无论是写张闻天、瞿秋白，还是写毛泽东、周恩来、邓小平，您总能给人许多新鲜的东西。这些伟人，其实大家都很熟悉，要写出新意，可以说非常之难。但您写他们，总有新的角度，总有新的史料，而且还总有您独特的哲理思考。我不知道那些资料您是从哪里来的，为什么总是您在发现？

梁衡：我谈两个问题，一个是资料从哪里来，一个是从哪里切入。我的资料

都是公开的。许多人以为我身份特殊，在上层，掌握了什么秘密，其实没有。只是我在阅读的时候带着问题读。如果你关心这个人物，就会注意他的资料。平常大家都讲读书，其实阅读不只是读书，对写作，特别是散文写作来说，读报纸、杂志更重要。因为你要贴近读者，这些资料新鲜。我的大部分资料来自报纸杂志。一个学者、作家会通过书、报、刊三个层次来积累信息。我在新闻出版署工作过，曾兼第一任研究室主任，研究过这三种出版物的性质。它们有不同的定义或者说是定位：报纸最快，是散页的连续出版物；杂志是成册的连续出版物；图书是独立成本的不连续出版物。图书和报刊的区别是不连续。不连续就不是最新的，信息量及新鲜度也不一样。可能与其他作家不同，我更多地阅读杂志文章，很多人不注意这个问题。比如瞿秋白的资料就是最先在香港的杂志上刊登的，我们转载，然后我读到的。还有张闻天、周恩来等一些领导人的资料都是先在报刊上读到，然后再从图书中深入求证。报刊是社会焦点，是读者视角的晴雨表，也是最新信息的来源。

一个作家的写作有两个基础，一个是大量的阅读，一个是深入生活。我们过去只强调了生活，阅读这一点强调得不多，因为一个人的生命最多也就百来年，再多你还能活多久？生命有限，生活有限。那么，更多的资料从哪里来？靠以前知识的积累，靠阅读。关于这一点，我有一本专门的书《我的阅读与写作》。

第二个问题，怎么切入？老题材要有一个新切入点，从哪里去找？从读者的视角，大家关心的角度去找。比如我写张闻天的《一个尘封垢埋却愈见光辉的灵魂》，已经发表6年了，但现在仍然在网上传，说明读者一直都在关注。过去没有作家碰这个题目。作家作品成立不成立，主要看读者的关注度。我搞多年新闻工作，后来又在大学兼新闻学博导，研究新闻理论。过去有一个老的新闻定义"新闻是新近发生的事情"，是陆定一说的。我提出一个新的定义——梁氏定义："新闻是受众关心的新近发生的事实的信息传播。"这里比原定义多了三个要素：受众、信息、传播。特别强调"受众关心"。作家不大注意这个，不像新闻人有那么强的受众感，强调抒发个性。我的散文很注意受众感。

新闻叫受众，文学叫读者。我们都反思"文革"，谁能回答了这个问题，读者就关心，而且要用文学语言。搞小说的人讲典型性、人物塑造。散文不能虚构，但实际上散文也在挖掘矛盾冲突、人物命运。我挖掘的人物都具有悲剧性，就是这个人物和时代的冲突、碰撞。写瞿秋白，就写他坦荡的心灵，还有高贵的人格，这就是切入点。

任何写历史都是在写现实

魏锋：您有一篇散文《假如毛泽东去骑马》，体例很特殊。整个文章完全就是建立在一种假设上，当然，这种假设是依据历史背景、人物的性格特点，有很强的逻辑性，是一种符合逻辑的想象。作为一篇散文，您认为是可以想象的吗？

梁衡：先声明，我是反对散文虚构的，否则和小说还有何区别？20世纪50年代曾有一篇名散文《第二次考试》，其实是小说，选入课本，带了个坏头。这方面我曾有专门的论文。但现在还是有作者在投机取巧，虚构散文，借小说的情节离奇、自由来冒充散文情节，欺骗读者。这有点像虚假新闻，假事当真事报道，欺骗受众。读者一旦看破，就会很失落、难过。这是一个写作理论问题，研究不够。

我这篇《假如毛泽东去骑马》明确告诉读者是一种猜想。标题就讲明"假如"，不会被误会为小说。现在不是讲跨文体写作吗？其实我写的时候没有想到怎么跨，我写这篇文章的时候，虽然是在写"假如"，但有非常严谨的材料。毛泽东要骑马走江河，是我在六七年前就看到的一些资料。毛泽东至少三次说到他一定要骑着马顺黄河、长江走一遍，这都是有具体时间的，分别是1959年、1960年、1961年。1964年夏天，毛泽东和他的警卫部队已经开始适应性地训练，已为他选定一匹小白马（转战陕北时他骑的也是一匹白马）。这个假设没有像小说那样去虚构，它是一种政治推理。当年，我写这篇文章的背景是，老百姓对毛泽东有一种普遍怀念，怀念毛泽东在国际上面对强敌不屈服的一面，想起他说的帝国主义和一切反动派都是纸老虎。任何写历史都是在写现实。而当时我们的外交很软弱，老百姓有意见。外交部常收到群众来信，寄一包钙片。这篇文章能够成立，能够引起共鸣，就是文章撞击到了读者心中的那个点。当然，作者拥有的材料以及作者的胆量同样重要。文章发表后，反响强烈，上面也没有说什么，中宣部的领导还常问我要新作。

魏锋：文学中的政治人物都特别敏感，一般人不敢涉及。您不但涉及了，写得还很到位，这些文章都是公开发表的，这是不是与您作为人民日报社副总编、新闻出版署领导有关？如果让一般人去写的话，这些文章会不会见报？

梁衡：现在都讲软件、硬件。从软件来讲，先说我的文章内容，内容要站住脚，站住脚才能发表、流传开来；站不住脚，编辑就给你毙了，等不到更高层批评。到现在为止，编辑没有扣过我的文章，上面也没有说什么。我从没有遭遇过退稿。作家要有一个正确立场，要能用历史唯物主义和辩证唯物主义来分析解读事件、人物、问题，作家的立场必须是正确的、科学的，要站在历史进步和人民的立场上。

从硬件来讲，写作和发表的平台很重要。我的文章几乎都是在《人民日报》《光明日报》《新华文摘》等主流媒体上发表的，少数也是在主流文学刊物《中国作家》《人民文学》《北京文学》上发表的，从未在非主流刊物上首发文章（当然，他们转载很多），作品影响大与这个硬件有关。作家的身份也是文章的一部分，也是一种硬件。你要用你的作品创造出你的权威，赢得媒体、读者和社会的信任。人家愿意发，愿意看，愿意传。

我宁愿把一本书的材料压缩成一篇文章

魏锋：读您的文章，我有一个很强烈的感觉，就是每一篇文章都是经过认真思考，大量阅读，拥有十分丰富的资料之后才动笔。所以，几乎每一篇文章，一开头就感觉不凡，让人一读就放不下。您是如何做到这一点的？哪一篇文章您酝酿的时间最长？

梁衡：《大无大有周恩来》这篇文章前后跨越了20年。周恩来是1976年去世的；1978年，中国历史博物馆第一次办周恩来遗物展览。我那时候在太原工作，专门坐火车去看那个展览。从1978年开始收集资料，到1998年发表这篇文章，整整20年。这中间有个变化，我工作调到了北京，到了新闻出版署，接触的资料就更多了。这篇文章很受读者欢迎，一直到现在，每年1月总理去世的日子，还有报刊在转载。写瞿秋白的那篇《觅渡，觅渡，渡何处》，前后是6年。《跨越百年的美丽》发表后入选教材，从小学六年级一直到大专院校、师范院校等13个教材版本都在使用这篇文章。这篇文章从积累素材到成文，也有十几年。因为居里夫人的背景资料是我在1984年创作《数理化通俗演义》时熟悉的。1998年镭被发现100年的时候我发表了这篇文章。当时我在新闻出版署工作，那时候，中央部委每天有个传阅文件的夹子，文件上有领导的批示。那天我看到李岚清副总理给时任教育部部长陈至立的批示，大意是今年是居里夫人发现镭100周年，宣传一下居里夫人。这个批示放在一般人看完也就完了，我就琢磨能否写篇文章。于是，我就写了这篇《跨越百年的美丽》，发表在《光明日报》上。从1984年到1998年，其中从收集资料到写出文章前后也有十几年，所以这个时间没法算。其他的文章，就更没法计算时间了，但一般每篇文章的写作也得三五年或更多。

梁衡为笔者倡导的"微风书公益"题词

（魏锋 供图）

我跟季羡林先生聊天的时候，给他讲林则徐在新疆的故事。新疆我去过多次，采访林则徐当年在新疆的事，讲得老先生眼眶里转泪花。他问我，你为什么不写成一本书，写成《林则徐评传》？我说，我宁愿把一本书的材料压缩成一篇文章，它比一本书流传更方便。这和我小时候的阅读习惯有关，我小时候读书就是背，背《古文观止》《千家诗》等。所以我认为文章有两类，有给人看的文章，有给人背的文章。我追求后者。不求那么多，求少而精，所以我慢慢积累资料，然后写成两三千字的文章。当年我在《光明日报》发表的文章几乎都被选入教材，发一篇选一篇，所以文章还是要精。现在中学课本里的《夏感》只有666个字。多年不在《光明日报》发文了，去年发了一篇《难忘沙枣》，又被用到北京市的中考试卷中。

写作多用刻刀，少用锉刀

魏锋：梁老师对文章的严谨态度是我们大家需要学习的。现在有些人去到一个地方泛泛看一下，就可以洋洋洒洒写很多，您用近20年的时间累积材料，就为写一篇散文，让我们看到了您对写作的严谨和认真。我注意到，您的文章，非常善于运用数字，那些数字背后常常是您严格的考证和大量的阅读，而不是随便一个资料的引用。所以那些数字本身就很有力量，又很有温度，而不像其他一些文章，一用数字，就让人感觉好像是会议资料或者经验材料。请问，对于在散文中用数字说明问题，您有什么个人体会和经验？

梁衡：数字的运用在散文中一般是忌讳的。有一种说法，文章中多一个公式，就少一个读者。但数字也不是不能用，就看你如何用了。文章里面的数字应用得好，可以提高阅读的真实感，也可以充实文章内容。我在指导报社的新闻编辑时曾说：作为编辑，要多用刻刀，少用锉刀。好多编辑把文章里面的具体数字和一些棱角删除掉，为保平安，这样就把文章个性锉掉了，更重要的是读者印象不深。数字在文章里面用得好的话，读者的印象会非常深刻。这些数字从哪里来？就是要作家留心去找。比如写张闻天那篇文章时，在庐山上，毛泽东、彭德怀、张闻天三个伟人居住的别墅，我实地用脚步丈量了一下，相距99步。就在这99步里，曾经住过三个伟人，发生过一场大的争吵，并由此改变了党和国家命运。这个数字就会给大家很深刻的印象。当然，数字要用在关键的地方，用得好是画龙点睛，用得不好是画蛇添足。这有点像导演如何把握电影里的接吻镜头，要十分小心。

提倡写大事、大情、大理

魏锋：我个人对散文的理解是散文是情的产物，很多写散文的人都会写到亲情、爱情、友情。您写张闻天、周恩来等，不少地方让人看了很震撼，感动得落泪，说明您的情感非常丰富，也非常饱满。但是我发现您很少写亲情、爱情、友情、儿女情等，您是在刻意回避这些吗？

梁衡：我曾经提了一个观念，叫作"提倡写大事、大情、大理"，这是我的散文观。作家要写这三个大的东西，这样你就站在巨人的肩膀上，站在了制高点上。我写毛泽东、彭德怀肯定比写农民工题材沾光；我写中国历史走向，写真理，写光辉，肯定能打动好多人。亲情可以写，但是这种情必须上升到大情的层次，假如我有一个非常动人的爱情故事，我愿意把它贡献出来，与大家分享，可

2016年11月15日，笔者与梁衡先生（魏锋 供图）

是我碰到的这方面的题材不多。其实，我是写过的，有一篇《你为什么得不到爱》，写《康定情歌》作者悲伤的身世，很感人。类似的还有不少，但大家只注意我的政治散文。说明还是政治题材影响大。

另一方面，现在社会上小情泛滥。20世纪80年代，冯牧老先生在一次座谈会上批评当时流行的小女子散文，说给孩子换一块尿布，也要写3000字，这种作品太多了。作为作家，我在主动导向，写大情大理。还有一种不好的现象，社会老是炒作个人隐私，这些东西不好，小报搞这个是为了追求发行量，文学搞这个就俗了。

魏锋：您的许多文章入选中小学课本，您是现代作家中作品入选教材最多的一位，这当然会影响到更多的中学生写作，也影响到他们的思维方式。如果让您给现在的中学生写作提一点建议，会是什么？

梁衡：文章写作有两个基础，一个是阅读，一个是生活。学生在校园里主要是阅读，他们还没有丰富的生活，但是可以先做好阅读储存。我们中国教育有很好的传统，古典作品就是背诵，它有两个好处，一是阅读了内容，二是训练了语言。左宗棠一生读了大量的书，他对新疆、甘肃和祁连山那里的山川地貌研究得很透彻，后来一有机会，他就完成了平定西北的大业。毛泽东在上学时期，在墙

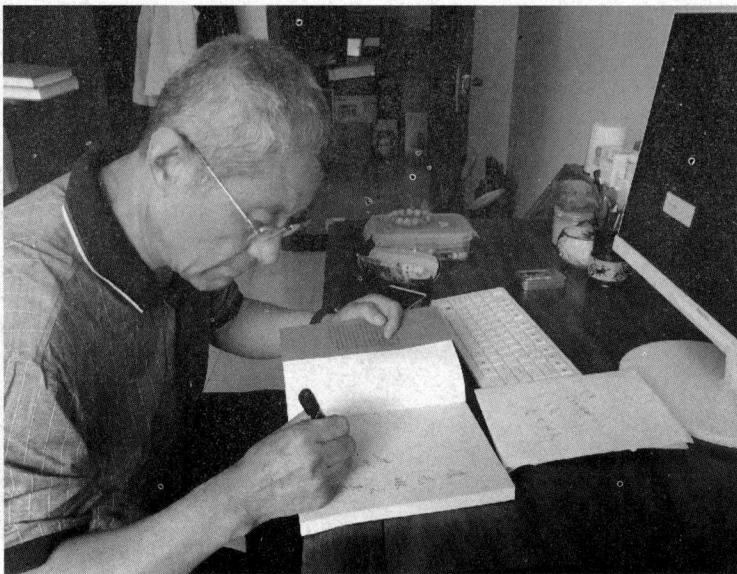

梁衡为读者签名 （史江民 摄）

上挂一张地图，研究世界。在学校里强调读书是非常有必要的，作家也要重视阅读。文章是有规律的，要研究要探索，现在的一些年轻人什么都敢说，无知者无畏，这是要吃亏的。基本规律在那里摆着，你不知、不懂，没有读到，走到一定时候就走不动了。还是要大量阅读，特别要多读经典。

消息不能散文化

魏锋： 我最早接触您的文章是《晋祠》，那时我是一个刚毕业的大学生，教书。后来我是一名记者，又读您的《没有新闻的角落》。对那本书，还有每一篇新闻背后的故事和体会，我读得很认真，也读得很兴奋。那虽是一本新闻作品以及采访体会集，但我感觉那完全就是一本优美的散文集。我知道，您曾经也是一名新闻记者，又当过人民日报社的副总编辑，还当过国家新闻出版署副署长，您是如何看待新闻中的散文笔法？您觉得可以像写散文那样写新闻吗？您的很多像散文一样美好的新闻作品能够发表，除了质量之外，是否和您当时的身份有关系？如果是别人这样写，能否发表？您对新闻散文化笔法怎么看？

梁衡：先说明一下，我发新闻作品时还是个小记者，普通记者，所以发新闻作品与身份无关。到新闻出版署后，我只写新闻理论、管理理论方面的文章，不再写新闻稿了。

新闻有个老问题：枯燥，不耐看。那么怎么解决这个问题呢？正路子是加强稿件的新闻性，内在的信息量；邪路子是从形式上做文章，把新闻散文化，以为读者就爱看了。当然，你如果将新闻小说化、戏剧化，读者可能更爱看，但这些路子行不通，因为它已不是新闻，读者反而不爱看。这是大的写作原则、原理问题。

其实，新闻写作散文化是新闻老前辈提出来的，那一代战火中成长的新闻人一般没有接受过系统的文学理论、新闻理论、修辞原理训练，这可以理解。我在新闻出版署工作期间，《新闻出版报》曾就新闻能不能散文化，有过长达半年的讨论，最后请我写一篇结论文章。我的观点是新闻不能散文化。写了一篇《消息不能散文化》，指出新闻和文学的10点不同。最主要的不同是新闻是消极修辞，文学是积极修辞，从陈望道先生的《修辞学发凡》的原理说起。从这个大的分野来看，新闻是不能散文化的。但新闻可以借鉴文学的典型性，借鉴文学的语言，

梁衡在汉阳陵采风 （魏锋 摄）

达到鲜明、生动、准确。

写一棵树前后用了10年

魏锋：这次颁奖活动在咸阳举行。我注意到，近年来您对大树、古树比较有兴趣，也写了这方面有影响的文章，而且您写过的一些地方成为景点，可以给这个地方带来旅游效益。您也来过咸阳几次，有没有在咸阳发现一棵可进入您笔下的树？

梁衡：我也想给咸阳做点贡献，但是这太难了。全国的古树很多，但我需要的是有人文故事的古树，所以我创立了一门新学科，叫"人文森林学"。这门学科主要研究人与树木的文化关系。我要写的树，它不仅要古老，更要负载真实的历史人物、事件，就是通过树木这个角度、这个载体来写人类的历史。我把它叫作"树史记"。我在咸阳曾经选中两棵，但资料不够，写不成，还在找。这和写人物一样，要有耐心。过去我发表的19棵人文古树的文章，写一棵一般要3年，最长的《左公柳》前后用了10年。

魏锋：谢谢梁老师。

贾平凹：用责任和生命为时代和社会立言

著名作家贾平凹 （魏锋 摄）

　　贾平凹，生于1952年，陕西省丹凤县人。毕业于西北大学中文系。现为中国作家协会副主席、陕西省作家协会主席。著有长篇小说《浮躁》《废都》《秦腔》《古炉》《山本》等，作品被译成英、法、德、日等文字，在国外出版30余种。曾荣获美国美孚飞马文学奖铜奖、法国费米那文学奖、法兰西文学艺术荣誉奖、第七届茅盾文学奖、第四届华语文学传媒大奖等国内外奖项40余种。

"60年里有过黑夜里流泪，见过彩旗和鲜花，也见过黑暗和荒凉的时候。曾为自己写出某个作品而兴奋、得意过，也为写不出自己向往的作品而焦躁、烦恼和无奈过。我这60年也是个可怜人，敏感、呆板、孤僻，骨子里又倔得很，做事情又比别人慢一点，常常和人吵架，回到房子里才想刚才应该怎么吵。无论未来我能走到哪一步，我现在觉得我还有写作的饥饿感和强烈的冲动。"在许多人眼里，著名作家、茅盾文学奖得主、陕西省作协主席，被誉为"鬼才""怪才""奇才"等的贾平凹功成名就，是命运的宠儿。然而如人饮水，冷暖自知，贾平凹不止一次地在不同场合吐露自己的肺腑之言——人生60年的无奈也许只有自己知道。

在文学的殿堂，贾平凹始终保持着旺盛的创作热情，坚持自己的创作方向，在文学殿堂摄取属于自己的文学资源，一步一个脚印，笔耕不辍、雄心勃勃的他追寻着文学梦想，问鼎创作的价值高地。正如采访中贾平凹所言："我虽然现在60多岁了，生活节奏和三四十岁是一样的，除逢年过节和外事活动外，每天早晨老婆把我送到书房，一直到晚上12点以后才回去……"

这就是贾平凹，一位用责任和生命在文学征途上为时代和社会立言的当代著名作家。

在文学这条路上，贾平凹做到了深入生活，做到了潜心创作；在文学的马拉松上奋力疾跑，勇敢、真诚地坚守着对文学的虔诚

贾平凹说，文学是一个品种问题，作家就是这个时代生下的品种。作为一个作家，本身就是干这一行的，在写作过程中，付出你所有的心血，有责任、有义务写这个时代，写自己的想法，对这个社会发出声音，用生命去写作，为时代和社会立言。

64年前，1952年农历二月二十一日，贾平凹出生于陕西省南部的丹凤县棣花镇。父亲是乡村教师，母亲是农民。"文化大革命"中，家庭遭受毁灭性摧残，他也沦为"可教育好子女"。1972年偶然的机遇，"天上掉馅饼"，峰回路转，他作为一个农民的儿子，从商州农村进入西北大学学习汉语言文学。此后，一直生活在西安，从事文学编辑兼写作。1973年，他的处女作小说《一双袜子》在《群众文艺》发表。1977年，带着时代烙印的第一部小说集《兵娃》出版。

贾平凹为笔者"文学陕西梦，陕西文学梦"系列专访题词（**魏锋 供图**）

1978年，创作小说《满月儿》走红，获得第一个全国文学奖项。更重要的是，1978年，文学评论界开始关注这位叫"贾平凹"的陕西作家。《文艺报》刊发了诗人邹荻帆最早研究贾平凹的评论《生活之路——读贾平凹短篇小说》，处于创作旺盛期、只有20多岁的他开始被关注。胡采、阎纲、费秉勋等作家、评论家从不同角度写的贾平凹的评论文章如雪花般频见于全国各大文学媒体。

"对于我来说，人生的台阶就是文学的台阶，文学的台阶就是人生的台阶了。"贾平凹曾在《我的台阶和台阶上的我》中这样写道。独具个性的他用敏锐的眼光观察、感受着生活，至今创作了千万字百余部著作，每年都有不同版本的图书上市，作品版本有300余种。作品入选大中小学教材，改编成戏剧、电视、电影等多达20多种艺术门类。

文学创作对贾平凹来说，就像是磁场中强大的磁铁，不管是美誉还是批评，贾平凹始终关注着平凡人的命运，坚持着自己的文学创作，默默植根于秦川大地。尤其是近年来，花甲之年的他几乎每两年创作一部长篇小说。不到一年的时间内，一路飙红的贾平凹在创作暴涨期推出长篇小说《老生》，单行本推出后市场紧俏，小说荣获2014年度《当代》长篇小说奖、第六届中国图书势力榜年度十大好书等多个荣誉称号……

2015年岁末年尾，文坛惊爆新讯，距离《老生》出版刚刚一年，贾平凹又推出长篇小说《极花》，全书共15万字，新年首刊《人民文学》首期杂志，单行本由人民文学出版社推出，创作的灵感来源于发生在一个老乡身上的关于拐卖与救赎的真实故事。关于《极花》，贾平凹这样说："虽然事情已经过去10年了，我一直没给任何人说过，但这件事像刀子一样刻在我心里。每每想起这件事，就觉得那刀子还在往深处刻。"1993年，贾平凹创作的《废都》在经历了出版、被禁、解禁后，开始走向世界。2015年1月份，美国著名的汉学家葛浩文翻译的英文版《废都》由俄克拉荷马大学出版并在美国首发……

在文学这条路上，贾平凹做到了深入生活，做到了潜心创作，勇敢、真诚地坚守着对文学的虔诚。

一个人要和社会有亲近感，一个作家要和笔墨纸砚有亲近感，始终保持那种艺术的感觉……

2015年12月中旬，从雾霾中走出的西安天空晴朗，空气清新，满街道的市民走出来享受着冬日的暖阳。笔者再次冒昧如愿约到著名作家贾平凹，在城南书房，对7月29日的采访进行了再补充。早在两年前，笔者在翻译家胡宗锋、罗宾·吉尔班克博士的邀请下第一次与贾平凹先生见面，第一次正式约访加本次补充采访共大约5个小时，采访中的贾平凹先生没有架子，亲切随和，平易近人，用地道的商州口音与人交流，一位用责任和生命在文学征途上为时代和社会立言的人。

"唉，今天浑身发疼，昨天下午到今天还没吃一口饭，想吃点东西，肚子胀得不行！"2015年7月29日下午，贾平凹冒着酷暑，带病在城南书房第一次接受我们的采访。

"在50岁到60岁这10年中，我觉得写得多些，特别是到了50岁以后，我觉得才能够了解一些事情，能写一些文章了。实际上，50岁以前吧写得不好，50岁以后写了几个长篇，从《秦腔》开始，《高兴》《古炉》《带灯》《老生》等，这些作品自己还是比较喜欢的，相对来说，长篇写得多一些。其他人说我，怎么年纪大了还越来越能写。我不主张人们称我为文坛劳模，作家就是一个行当，本身就是弄这一行的，自己觉得还能写，就多写一些。写作中，个人有个人的情况，有人写得多

贾平凹在稿纸上写了几十年，产出几千万字。他的手，握笔的两根手指关节处，微微有点变形，还有厚厚的茧（木南 摄）

些，有人写得少些，这是很正常的情况。"对于写作，贾平凹有自己的见解。

贾平凹说："创作主要源自两个方面，一是作家本身起码要对这个时代关注、了解，不能和这个社会脱节。有好多人年纪大了和这个时代开始脱节，基本上就不关心这个事了。我虽然现在60多岁了，生活节奏和30岁、40岁是一样的，一天忙忙碌碌的，也疲劳，但是在忙忙碌碌中总想把自己感觉的东西写出来。因为作者对中国社会一定要有个把握和了解，这个社会到底是怎样一个社会，这个社会应该向哪个方向发展，了解这些才觉得有东西要写，要么就觉得没啥写。另外一个方面，手中的笔和纸有一种新鲜感，人上了年纪以后，有时候就懒得不想动弹。有时候想动弹，笔下感觉就没有了。一个人要和社会有亲近感，一个作家要和笔墨纸砚有亲近感，始终保持那种艺术的感觉，要不文章就写成一般性的记录了，这也是不对的。若这样下去，总有一天自己这种感觉会慢慢消退，到那个时候就写不成了。"

"除逢年过节和外事活动外，每天早晨8点老婆准时把我送到书房，一直到晚上12点以后才回去……"贾平凹说，"身为陕西省作家协会主席，仅一年时间到北京参加各种活动十几次，肯定影响创作。在这种情况下，我要尽量保证自己的写作时间，这样不免得罪了不少人，说我架子大，其实是没有时间见或者应酬。

我尽可能在有限的时间，每天钻在书房潜心创作，只要不参加活动，就可以创作，至于写得怎么样，起码是个态度。

"潜心创作不可能当一个好丈夫和一个好父亲，为家里做的事情特别少，接送女儿上学、开家长会，甚至有时候生病住院都没时间去……"贾平凹一边一根接一根地大口抽着烟，一边向笔者表述了自己创作小说的过程，"创作上我真的能静下心来写作，平时事情特别多，能不参加的尽量不参加，毕竟时间是有限的，一部长篇总得一个字一个字地写，尤其到50岁以后写长篇，一部长篇写三稿甚至四稿以上，这都不是从原稿上写的，都是从头开始写。写一部10万字的小说，超过30万、40万字都是我写出来的。年轻时写得快，改得少，随着年龄的增长，老是觉得这样不满意，那样不满意，写得相对来说还是慢了一些。"

文学是一个品种，作家就是一个行当。平心而论，我做到了潜心创作，写了一些自己想写的或自己能写的文章，表达出自己的一种声音……

"到了60岁之后身就沉了，爬山爬到一半，看见路边的石壁上写有'歇着'，一屁股坐下来就歇，歇着了当然要吃根纸烟。女儿一直是反对我吃烟的，说：'你怎么越老，吃烟越勤了呢？'正如《老生》所言：自己吃了40年的烟，加起来可能是烧了个麦草垛，而这部《老生》就是这么多年的烟熏出来的。

"现在我是老了，人老多回忆往事。"

创作《老生》缘起于3年前的春节，贾平凹回了一趟棣花镇，除夕夜里到祖坟上点灯，户口本上写着他生于陕西丹凤县的棣花镇东街村，其实是生在距东街村12公里外的金盆村。"能想的能讲的差不多都写在了我以往的书里，而不愿想不愿讲的，到我这花甲年龄了，怎能不想不讲啊？"贾平凹说。对于书中所涉及的历史背景与人物事件的考证与真实性，他也看过一些资料，也在民间走访过，加上小时候就常听老人们讲，有些当然是戏说，有些则有鼻子有眼，总之都引人入胜。有了故事源头，他就开始了认为得心应手的创作，没料想到中途异常滞涩，曾中断数次。其间，他又开始反复研读《山海经》，思考写历史怎么能写成文学。60岁的贾平凹经过一段时间的研读，便开始尝试一种"民间写史"的方式，拿起笔第四遍写《老生》，其间没有中断，三个月过去了，到2013年的冬天终于完成。贾平凹在之后的大半年时间，还是把它锁在抽屉里，没有拿去出版，也没有让任何人读过。

"此书之所以起名《老生》，或是指一个人的一生活得太长了，或是仅仅借用了戏曲中的一个角色，或是赞美，或是诅咒。老而不死是为贼。这是说时光讨厌着某个人长久地占据在这个世界；另一方面，老生常谈说的是人老了就不要去妄言诳语吧。"贾平凹说。为啥写《老生》？到了他这个年龄的人，容易对历史感兴趣，对社会感兴趣。当然，对文学来说，有人主张纯虚构，有人主张关注一些社会问题，这两个方面都有道理。贾平凹坦诚地告诉笔者，他还是坚持创作自己感兴趣的题材。《老生》是他第一次尝试"民间写史"，是一部在构思和前期准备上"最纠结""特费劲"，写作时"最随心""最顺畅"的小说，且字数是近年来最少的。这些最主要的是他关注社会，因为自己毕竟是平民老百姓，虽然在省城西安工作，但平时都在下面跑，对社会问题及中国传统文人关注的那些大事情有责任意识，这就是作家的使命感在里面。"在我一生中把我所了解的东西

"贾平凹系列作品典藏"藏书票。魏锋
创意策划，郭伟利制（**魏锋 供图**）

记录下来，把这个时代写下来，当然在写的过程中，不是一种报告文学，是小说，是小说的写法。《老生》基本上写了百年来的历史，这些历史是我小时候常听老人讲，或者是自己看到的，或者是自己经历的一些事情，也有自己亲身走访过的一些，这些都只能作为参考，毕竟咱是写小说嘛。我以自己的想法，以自己的声音把它写出来，重点写人在历史中的命运，写人情世态，或是大起大落，或是平凡寻常。我没想到《老生》这本书出来影响这么大，也没想到反响这么好……"贾平凹说。

采访中，贾平凹一边起身沏茶、递烟，一边和我们聊着有关《老生》出版前后的一些事情。贾平凹说："书中的唱师贯穿主线，其年龄模糊，大概活过了百岁，年龄最老，他是个老生，从戏剧角色里看也有'老生'，很苍老的感觉。而具体到各个故事里，人名也取一个'老'字和'生'字。选择2014年3月把这部长篇拿出来与读者见面，是因为这天是3月21日，也是农历的二月二十一，我的又一个生日，算是给自己的寿礼。我经常讲，文学是一个品种，作家就是一个行当，你只能写这个时代的品种，对待这个时代是怎样一种看法，个人有个人的看法，有个人的独立思考，写自己想写的或自己能写的文章，表达出自己的一种声音……"

作家就是这个社会、这个时代一个小小的职业，个人把个人的事情办好，尽自己所能搞好创作

"中央有想法抓文艺工作，召集一批作家、艺术家召开文艺座谈会，体现了国家对文学艺术的重视，是一件非常好的事情。作家吧，就像在运动场上跑步的运动员一样，不断有人呐喊加油。如果运动场上跑得一片肃静，那肯定影响运动员的速度，这也是国家和整个社会对文学艺术的关心，激励作家继续创作……"采访中，应笔者提问，贾平凹聊起了自己参加北京文艺座谈会的事情。贾平凹回忆说："那段时间会议较多，接到开会通知的时候，只知道是文艺方面的会议，到了北京被安排去人民大会堂参加会议，才知道习近平总书记要到人民大会堂做重要讲话。"

贾平凹回忆说："会议结束时，习近平总书记与大家一一握手交谈，还问我最近有没有新作，我说刚出版了一本叫《老生》的长篇小说，他说：'好啊。你以前

贾平凹先生已出版的16部长篇小说 （木南 摄）

的书我都看过。'"参加文艺工作座谈会，贾平凹深刻的体会就是文学创作必须接地气："习近平总书记提出的中国梦，他站在领导人的角度要把这个国家带到富强的地方，实现中华民族的伟大复兴，这是个大方向。作为每一个人，作为咱普通人来讲，就是把自己应尽的义务尽到。你既然生活在这个时代，你能为这个社会、这个国家出多少力就出多少力，你能完成啥任务就完成啥任务。就说各行各业，炸油条的把油条炸好，修自行车的把自行车修好……作家就是这个社会、这个时代一个小小的职业，个人把个人的事情办好，尽自己所能搞好创作。"

贾平凹说："写作也就是说公道话，用作品给世事说公道话。《带灯》虽有些艺术加工成分，但写的是现实生活，这些素材都是我采访的事实，书中每个人物都有真实的原型，没有编造。40万字花费3年时间写完……"创作《带灯》的素材来源于一位深山中的乡镇女干部的短信讲述。他曾多次收到莫名短信，短信以诗般的语言讲述自己的生活感受与工作故事。起初贾平凹没有注意，也没有在意，短信读后随手删除，后来发现这位女干部语言生动、故事有趣，就渐渐以笔抄录，于是就有了创作一部反映乡村现实题材小说的想法。

贾平凹说，在山里前不着村后不着店，吃饭喝水都成问题。这位负责又善于工作的女干部，把他领到与自己最亲近的乡民——各个村寨的"老伙计"家里，让他结识了好多农村的朋友。在小说中他也收录了一部分乡镇女干部的文字，也有一部分是虚构加工的。贾平凹坦言："创作《带灯》的过程，也是整理自己的过程。"

贾平凹采访后回到西安，这位乡镇女干部坚持每天给他发短信，说其工作和生活，说其追求和向往，也说其悲愤和忧伤，似乎什么都不避讳，还定期给贾平凹寄东西，比如五味子果、鲜茵陈、核桃、山梨，还有一包又一包乡政府发给村寨的文件、通知、报表、工作规划、上访材料、救灾名册、领导讲稿等，有一次可能是疏忽了，文件里还夹了一份她因工作失误而写的检查草稿……如《带灯》中描述的一样，山里的村民朴实、可爱，生活比较散漫，与外界联系很少。

"你是我在城里的神，我是你在山里的庙……"作为《带灯》小说的女主人公，这位万般辛苦地为国家在基层乡镇服务百姓的女干部，从小说"短信"中看得出，她具备一些文学天赋，但贾平凹不希望，也没有鼓励这位有文学天赋的乡镇干部去圆文学梦，因为"她是没有被世俗污染的一个人，如果不是追求这些理想的东西，她的心灵很可能会麻木，混同于一些乡镇干部去跑个官、弄个钱，可是她偏不……"贾平凹说，"生活在这个大时代里，作家与社会已经是血肉相连，无法剥离，也就决定了文学必然要形成的品种，自己是因命运写作的人，写作多年后，就有了责任……"

对这个社会发出自己的声音，用自己的想法把它记录下来，把它写出来，这就对了

从《浮躁》《废都》到《秦腔》《带灯》《老生》，在纠结矛盾中，有贾平凹对现实的热望，有贾平凹的担当，有贾平凹精神深处的使命和责任。他高度关注农村社会，关注草民命运，以一个被拐卖女孩的遭遇，创作了16万字的长篇小说《极花》。

从字面上理解，"极花"是一种草本植物，抑或像他小说中的丑石一样，抒写家乡的一种植物来表达自己的寓意。交谈中，笔者和贾平凹的话题又落在了目前媒体最为关注的长篇小说《极花》上。

"写作是个大消耗，这本书在上次你来采访的时候初稿就写成了，这个故事的雏形就是写《高兴》的时候听来的，这是发生在老乡身边的一个故事。之后我也不间断地在走访了解有关故事，10年多没有动笔去写……"贾平凹说写《老生》时，就有了写这部小说的想法，真正动笔写《极花》，是在2015年夏季。

"极花"在冬天是小虫子，因睡眠而死，夏天却变成草和花，村人用它仿冒冬虫夏草去卖。贾平凹更多的聚焦点在关注凋敝的农村，以此交代背景。贾平凹

著名作家贾平凹为笔者担任执行主编的《泾渭情》杂志题写刊名、寄语（李改玲 摄）

主要是写一个人——被拐卖的妇女胡蝶。贾平凹说："《老生》出版后，一些媒体朋友会问我下一步有没有啥新的创作方向或者打算，我告诉他们，作为作家，肯定每时每刻在想着创作，具体创作哪些方面，或者涉猎哪个领域，我没有向任何人说过。"在创作《高兴》时，一个在西安打工的老乡的女子被拐卖到山西，警察解救她的那晚，贾平凹和孙见喜两个人守在电话机跟前，直到半夜了那边打电话来说解救成功了，他们正往山外跑呢。他后来才知道详情，当地人撵呀打呀，那比电影情节还紧张。"这件事像刀子一样刻在我心里，一想起来，觉得那刀子还在往深处刻。"贾平凹说，"《极花》的重点不是写警察怎么解救，这种案件在中国有太多太多，别的案件可能比拐卖更离奇和凶残。我关注的是城市怎样地繁荣着而农村怎样地凋敝着，关注的是怎样去挖掘当地人的生活状态、精神状态。"

"我虽然在城市里生活了几十年，平日还自诩有现代意识，却仍有严重的农民意识，即内心深处厌恶城市，仇恨城市。我在作品里写这些收破烂人厌恶城市，仇恨城市。我越来越写不下去……"贾平凹说，自己是乡村的幽灵，在城市里哀号。农村的凋敝值得注意。一般而言，有四条线共同在村子起作用，政权、法律、宗教信仰和家族。但随着社会发展推进，这些都在日新月异中发生着变化。庙没有了，家族关系淡了，法律也因为地方偏僻而显得松弛，各种组织又不健全，这些导致了农村的无序，大量的人往城市拥。在这过程中发生了好多奇特的事。政府是很重视新农村建设的，但农村里没有了年轻人，靠那些空巢老人和留守儿童去建设？这不现实。在一些农村看到集中盖起来的漂亮房子，但那些地方基本上是离城近，自然生态好的。稍微偏远些的村子，是没有那个能力的。没技术、没资金的男人仍"剩"在村子里，靠地吃饭，靠天吃饭，却无法娶妻生子……贾平凹创作的这部作品乡土叙事风格个性十足，依旧体现他长于风物描写，文化地域与古意结合的特色。

谈及对哪部作品满意。贾平凹说，越是到现在这个年龄，越是觉得创作的作品这样不满意，那样不满意，写得相对慢了一些，《秦腔》以后的作品没有特别满意的，毕竟都是自己写的。写的时候满怀信心，下了好多功夫，至于满意不满意，写得好不好都是读者来评判，自己处在糊涂中，不知道哪个好。当然，对于他来说，只是在努力地去关注这个社会，对这个社会发出自己的声音，用自己的想法把它记录下来，把它写出来，这就对了。"我不可能写别的故事，写自己不了解的故事。"他说。

每年都要走许多的乡镇或者农村，在一种说不清的牵挂中了解百姓生活。因为不同时期的关注，就会产生不同的兴奋点，也可以说为小说创作迸发出了灵感

40多年来，贾平凹笔下诞生的数百万字，总以一位作家的悲悯情怀，关注着社会最底层的农民兄弟姐妹，为一批小人物的命运、生存而呼号呐喊。

"创作和构思的时候，甘肃的定西、榆林的绥德和横山这些地方我有意识地都去过，也去过咸阳北部的彬县、淳化、旬邑，在那里见到好多农村女性的现状。以前听到拐卖妇女儿童的事觉得都很远，身边发生了，才意识到这个严重的问题。日常有亲戚带着小孩来看我，送他们走时，我都会反复交代一定把娃管好。"贾平凹说，"我多年来都有一个习惯，每年都要走许多的乡镇或者农村，

笔者与《废都后院：贾平凹的"后院"生活》作者鲁风和贾平凹先生（张小花 摄）

在一种说不清的牵挂中了解百姓生活。因为不同时期的关注，就会产生不同的兴奋点，也可以说为小说创作迸发出了灵感。"贾平凹还介绍说，创作《带灯》时，他决定深入山里去采访这位在综治办工作的"匿名"乡镇女干部。这位乡镇女干部带领贾平凹一行走村串寨，足迹遍访渭北、陕南和河南、甘肃等地，有时钻进山沟里，有时去给特困户办低保，有时去找上访户。在采访的日子里，贾平凹还了解到这位女干部掌握了好多种偏方、药方，帮衬着村里看不起病的困难户，后来这些验证过的药方也写进了小说。

"题材和写法决定了内容会短一点，起初打算创作40余万字的小说，写着写着，感觉小说中的胡蝶在唠叨，完全听她自言自语。她在说，又好像周围有一个人，她在对那个人说，那个人是谁？是读者，是社会。她说完了，故事也结束了，16万字是我长篇小说创作中比较短的一个。"贾平凹说。

采访中，笔者也在思索，当下的农村或从农村走出来的城里人都会深有感触，进城、进城，只有进城才能改变一生，甚至几代人的生活都会改变。现如今很多农村年轻人外出务工，农村凋敝现象严重，只剩下老弱病残幼。家庭条件稍微好的孩子，通过完成学业改变人生；家庭条件不好的，稍微有点能耐便进城务工，在城市的辅道艰难地打拼着，希望有朝一日融入希望的生活。年富力强的男女都出去务工，尤其女孩子进城就不回来了，没有能力的男人蜗居家中，导致农村的婚嫁彩礼一路攀升，尤其是一些贫困山区从最初的几万元涨至目前10万，甚至十几万元的现象屡见不鲜。有个别农民把嫁女作为改变贫困生活的手段，使一大批年轻人因彩礼而"婚不起"。长期以来，农村适婚青年男多女少的结构性失衡，导致"天价娶妻"现象在多地农村频发，"买媳妇"诱发拐卖，一些女孩子从城市被拐卖到山区，过着十分悲惨的生活。

采访回来不到半个月，笔者通过《人民文学》2016年第1期，反反复复阅读了《极花》和后记全文。《极花》中，一个年轻漂亮的女孩子胡蝶被人贩子拐卖到贫穷落后的乡村，起先拼死抵抗，当警察及父母想方设法将她解救回去后，由于媒体宣传解救成功的新闻，人人都知道老乡的女儿遭人拐卖过，胡蝶不再出门，不再说话，整日呆坐着一动不动。经不住社会的压力，父母急于将她嫁人，以避免众人闲论……渐渐地，胡蝶有点"爱"上了这个偏远、闭塞、穷困的山村，想念山村里愚昧、自私、粗野，但不乏憨厚、本色、朴实的邻里乡亲，包括把她买来、给她带来屈辱和痛苦的"丈夫"，她也越来越放不下儿子"兔子"。半年以后，胡蝶竟然背着父母跑回了被拐卖地。在这部作品中，贾平凹笔下的胡蝶，经过受害者的噩梦与奇遇相伴的身心之旅，成为有寓意的剪纸、有寄托的"极花"。

当前国家高度重视农村工作，推动农村发展，缩小城乡差距，也让农民平等地参与现代化进程，共同分享现代化成果。呈现在眼前的这部《极花》，贾平凹并没有站在鲜明的立场上批判社会。反复阅读和揣摩，或许我们能真切地感知小说中的"胡蝶""兔子"……寓意着生命的美好，寓意着对未来充满期待与希望。《极花》期待的是什么？我想，这也正是农村及亿万农民和农民工的期待。

一个作家肩负着社会的责任，作家使命或者说文学志向就是关注这个社会，反映这个社会……

"作家肩负着一定的社会责任，写到一定时候，就自然而然要为这个时代、社会尽一份责任，把能量发挥到最大，必然不能与社会脱离，必然要有一种使命感、责任感，有一种担当在其中。作家的使命是要关注现实，要对社会抱着很大的感情，研究社会的走向，感知社会的焦虑、忧患。这不是嘴上说的事情，要真正操那个心。你对社会的研究越深，对社会的发展有越深的关注，你就对社会往前面怎么走有一个超前的预期和把握。"贾平凹说。他在创作的千万字百余部著作中，无论长篇还是短篇，乡土小说还是市井小说，每一部作品的创作过程都十分艰辛。

"我习惯了写它，我只能写它，写它成了我一种宿命的呼唤。我是乡村的幽灵在城市里哀号。"生于农村、长于农村的贾平凹从商州到省会西安，在文学创作的40多年间，他带着对农村最真实最真切的体验，善于挖掘人的灵魂深处的悸动。他带着自己真挚的感情，站在灵魂的高度，痴迷地热衷于农村题材的写作，一次次地切入当下，直击现实，把真实的人和事用文学形式表达出来，讲述着中国的农村故事。作品的价值不在于其文学价值，而在于其撼动整个社会的价值。

微风读书会
ID: weifeng279965337

饭是给自己吃的，是生命的需要，书也是给自己读的，是生命的需要。

贾平凹

贾平凹寄语笔者倡导发起的"微风读书会"项目活动，鼓励坚持下去，为"城市阅读生活圈"贡献力量（**魏锋 供图**）

《高兴》讲述了刘高兴等来自农村、流落都市的拾荒者的故事；《带灯》以樱镇综合治理办公室女主任为主角，写中国农村当下基层的现状；《老生》描写发生在陕西南部山村的民间故事，写出了一首20世纪中国的"悲怆奏鸣曲"……生动传神的贾氏乡土小说，已经成为中国当代文坛的商标。

"作为一个现代的中国作家，生活在这个时代是必然要关注现实的，不关注是不可能也写不出作品的。要真实地展现中国人的生存状态、精神状态，并进行真实地、准确地、全面地呈现。在这个呈现过程中不是一种调侃、戏谑，而应该投入巨大感情来写，要把真实表达出来，才可能把这个时代表达出来。"贾平凹说。身处中国社会的改革浪潮中，他对大时代下乡村生活与人们思想变迁中表露出来的问题洞察深入，情有独钟。他坚持创作自己感兴趣的题材，将自己对农村城市化暴露出的种种问题和怪象的思索融入每一部作品。

贾平凹说，一个作家肩负着社会的责任，作家使命或者说文学志向就是关注这个社会，反映这个社会，在创作中，全神贯注地付出所有心血，用生命去写作……既然生存在这个时期，而且这个时期是在一个特别丰富、特别复杂的年代，自己就应该多写一些，把这个时代表达出来，以自己的声音表达出来。当然，自己也是这样，感觉身上扛着沉甸甸的责任，总是希望把作品写得好一点，能不能写好或者说写到哪里，能不能达到那种愿景，是另外一回事。起码内心还是希望写一些好的作品出来。

"我有使命不敢怠，站高山兮深谷行。风起云涌百年过，原来如此等老生。"谈到他给《老生》一书封底写的打油诗，贾平凹解释说，"这个社会、这个时代赋予我的使命就是写作，不停地写，这个'老生'并不仅仅指的是书里的'老生'，说的是我作为一位作家的使命，是我在创作顺手的时候，好像有别人借着自己的手在写，完成它就是我的使命，我有责任用文学的方式去记录历史。"一般人认为他创作一部小说用一年或者两年，实际上每一个长篇的写作过程非常辛苦，创作的时间跨度都在三年多。创作中，老觉得有东西要写，就把它写了出来。一部新作品写出来，放半年，上刊物或者出版也需要半年时间，有时候还往后拖半年，另外一部小说的创作又开始了，一本书的诞生时间跨度加起来也就三年多了。贾平凹说："除了开会、活动以外都是在创作。写书就像跑步一样，不能说谁打击你，你就跑不动了，需要有人鼓劲。我每次写长篇的时候写一首诗，给自己拧劲，不停地给自己鼓劲，不停地给自己喊加油。"

在文学创作中，付出所有心血用生命去写作，埋头写自己的作品，自己写作品证明自己

贾平凹不用电脑，创作依然只靠一支笔。"个人觉得坚持手写有意思，虽然慢了一点，但方便，创作时笔和稿纸相融的灵感在。"谈到电脑写作，贾平凹毫不掩饰地说，"完成一部小说创作，用坏上百支笔已习以为常了。原来想过用电脑，但我小时候没学过拼音，开始学电脑就要用拼音，学不会就不用电脑了，现在写的作品仍旧请人用电脑打印出来。我个人觉得，手写能保存原稿，电脑写作就保存不了原稿。实际这个问题无所谓，哪个顺手就使用哪种方法。现在社会新生事物不停发生，也不一定马上就要随风变成那个样子。电脑毕竟是个工具，年纪大了，个人也感觉无所谓了。整天用电脑写作，眼睛就不好使唤了！我也经常念叨，一生写多少字是有定数的，电脑快，写完就没啥写了。电脑手写板写出来的字，看起来难看一些，再说长时间用电脑，就不会写毛笔字了。"贾平凹谈笑间，很形象地举了一个例子：以前人都吃手擀面，后来有了压面机，压面机又方便又快捷，省时省事，大家都说好。吃上一段时间的机器面，大家就不爱吃了，还是喜欢手擀面，道理是一样的。

"文学创作与影视创作是两码

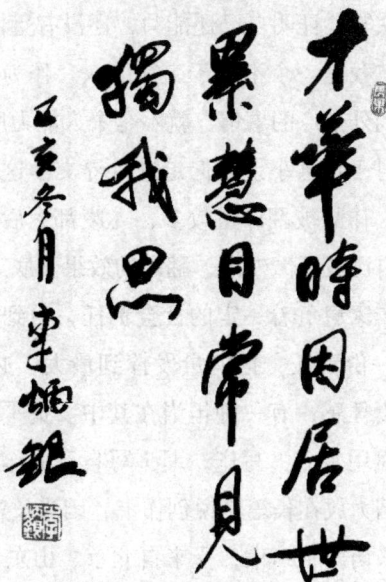

"贾平凹系列作品典藏"藏书票。著名评论家李炳银题词，魏锋创意策划，郭伟利制 （**魏锋 供图**）

事，影视传播面比较大，有些作品影响不大，但通过影视传播后，反而把作品宣传了……我没有精力，也没有涉猎过。"贾平凹谈及作品被改编成电影或者电视剧，似乎并不感兴趣，"我的长篇小说，谁要改就改去！到目前，我的小说改编剧本，有的去向我都不知道，先后改编了六七部，有些拍得好，有的拍得一般，有些拍出来我都没有看到……"

在世俗和繁忙的工作之余，贾平凹仍然持续不断地保持着旺盛的创作欲望，潜心文学创作，用生命为时代和社会立言。"人一生做不成几件事，我唯一坚持了的可能就是写作。到现在的年龄，觉得写作有一种随心所欲的东西，尤其在长篇创作上。我也能慢慢悟出一些东西，然后就把自己想到的、思索的表达出来。"贾平凹感叹说，"文坛是一个比较残酷的名利场，淘汰率特别高，现在回顾当年和我一起在全国获奖的那些作家，大多数都已不再从事创作，自己一直坚持写作。

"有时候吧，觉得自己现在是个老汉，跟20多岁的小伙子一块写，有几次获奖表达自己的心情，我都觉得不好意思。从另外一个方面来说，自己能和年轻人在一块写，证明自己还能写，还没有落伍，写作是生命的需要。

"我是一个不善于交往的人。作为一个作家，我首先要把自己的作品写好。至于向外推广的事情，就不是个人能力所能达到的了。"

对于自己小说如何走进世界文学这个大局中，贾平凹说："《废都》问世之前后，作品被翻译得较多，《废都》后来被禁，翻译的作品少了，我只能守株待兔，自己也不懂外语，翻译的效果到底怎么样也说不清楚。"

作家肩负着一定的社会责任，写到一定时候，就自然而然要为这个时代、社会尽一份责任，把能量发挥到最大，必然不能与社会脱离，必然就有一种使命感、责任感，有一种担当在其中。贾平凹始终认为，写作是作家的使命，付出所有心血用生命去写作，埋头写自己的作品，自己写作品证明自己。现在他主要还是把精力放在长篇小说创作上，因为长篇能反映这个时代、这个社会。

采访即将结束，受来自北京、山东、上海"贾迷"、藏书友的委托，笔者请贾平凹给多本"贾著"签名。贾平凹把我们送到电梯口，他谦和、热情的态度令我们难忘、感动……

凯莉·安·朗恩:
把中美伟大的友谊传递下去

2016年9月21日,美国斯诺研究专家凯莉·安·朗恩女士(中)
和陕西翻译协会常务副主席马焕玉(右)、副秘书长张雨金(左)
在中文版《海伦·斯诺评传》首发式上 **(魏锋 摄)**

　　凯莉·安·朗恩是世界上第一个为海伦写传的人。《海伦·斯诺评传》也是迄今为止世界上唯一一部研究海伦·斯诺生平的评传。全书由"海伦的教育背景""延安印象""经典成就""思想转变"等11章组成,加上前言、鸣谢、后记、注释等共计24万多字,配有35张珍贵照片,图文并茂,对海伦研究和中美关系研究的同人们来说,是一部难得的参考资料。这部《评传》的出版具有一定的收藏价值和研究价值。

　　凯莉·安·朗恩女士现任美国科罗拉多州立大学副校长,从20世纪90年代初开始研究海伦·斯诺,耗时10年完成这部《评传》。据悉,1993年9月,凯莉来西安参加"工合国际研讨会",会后只身前往延安重走海伦当年的足迹。陕西翻译协会马焕玉副主席当时是《人民日报》海外版的特约记者,在凯莉从延安返回西安后采访了她,采访报道《第一个为海伦写传的人》刊登在1993年12月16日《人民日报》海外版上,文章还配发了凯莉当时在延安的照片。

25年前，时任美国科罗拉多州立大学副校长的凯莉·安·朗恩，在教学中有关中国艺术和人文科学的课题引发了她和她的学生的兴趣；她的学术激情也开始了一个全新的方向。1990年，她已经读过许多有关中国"五四运动"的书籍，对鲁迅、丁玲、茅盾等作家非常熟悉。一次偶然的机会，凯莉从图书馆发现一本《西行漫记》，从这本书中她知道了海伦·斯诺，这位可以载入史册的伟大女性、这位当时还健在的高尚女性。从那时起，凯莉·安·朗恩从教授那里得到了海伦的地址，两年间三次从美国西部专程赶到东岸的麦迪逊小镇，看望85岁的海伦女士。

1991年夏天，凯莉随美国富布莱特教授旅游团首次访问中国。此后漫长的时光中，凯莉开始了对埃德加·斯诺和海伦·斯诺在中国的研究。她的热情与诚恳终于让海伦向她打开了心扉，披露了许多深藏海伦心底的秘密。当凯莉第一次把写海伦传记的想法告诉海伦时，海伦热情地鼓励她："干下去，快点开始。"凯莉在动笔前，还走访了许多海伦的亲朋好友，查阅了大量珍藏在杨伯翰大学、胡佛图书馆的历史资料。遗憾的是，1997年海伦去世时《海伦·斯诺评传》还没有出版。2017年，终于由美国科罗拉多州立大学出版社出版。

2016年9月，《海伦·斯诺评传》作为北京出版社"国际名人看中国"丛书之一，由翻译家马焕玉、张雨金合译，第一次被译为汉语与中文读者见面。9月21日是国际和平日和海伦·斯诺生日，凯莉专程从美国赶来中国西安参加"两个斯诺的中国情结"国际研讨会，《海伦·斯诺评传》也举行了首发仪式，凯莉与翻译家马焕玉、张雨金共同在新出版的中文版扉页上签名留念。

随后，笔者通过西北大学外国语学院教授、硕士生导师高淑玲老师，独家专访了《海伦·斯诺评传》作者，美国科罗拉多州立大学副校长、海伦·斯诺研究专家——凯莉·安·朗恩。

魏锋： 凯莉·安·朗恩教授您好，您作为一名20多年研究海伦·斯诺和埃德加·斯诺夫妇二人的资深专家，希望通过《海伦·斯诺评传》这本书带给读者哪些启示？

凯莉·安·朗恩： 谢谢你们对海伦研究工作的关注、关心和支持！更要感谢马焕玉和张雨金教授的辛勤付出，《海伦·斯诺评传》中文版能够在这个特殊的日子首发，我非常高兴。

20多年来，正因为有无数个人和机构的支持，我得以有时间发展自己的兴趣，投身于对那些访问过红色中国并撰写过有关中国著作的美国女性的生平研究。

海伦·斯诺和埃德加·斯诺夫妇二人，通过10多年在中国生活的经历，对中美两国之间的关系产生重大影响，而且这种影响还会继续下去。他们所参与的，并为之所做的一切努力，包括1935年的"一二·九"运动、中国的合作社运动，以及他们创作的有关中国革命

2016年9月21日，笔者与凯莉·安·朗恩
（魏锋 供图）

的一系列著作，给我留下了深刻印象。尤其是埃德加·斯诺著名的《红星照耀中国》一书，海伦的《红色中国》《中国的工业合作社》与《近代中国妇女》在内的一系列著作，印象深刻。而埃德加·斯诺在中国西北部共产党营地生活的经历堪称一次破冰性的旅程，同时也成就了这些作品的问世。之后海伦也想一同参与旅程，但遭到国民党封锁。根据埃德加的陈述，最为戏剧性的是海伦在未抵达延安之前就见到了朱德，非常及时。

作为一位历史学研究工作者，我的兴趣点在于我们如何能一步步走到今天，以期对此有一个更加深入的理解，对各个层面原因的研究有利于帮助我们弄清楚周边的挑战、机遇与一系列变化形成的原因。对于过去的唤醒并非简单意义上的故事重复或再现，而是为了利用过去来立足现在，因为我相信过去拥有变革性的价值，过去是一种开放性的解释。

我希望对海伦的研究要回顾过去，立足现在。将研究的新方向和重点放在国家之间友谊的培养上，并形成跨越时间和地点的共同体。尽管各种关于20世纪中美关系的著作仅仅提及海伦的名字、引用她的文章或者描述一下她这个人，但我在这本著作中，竭尽全力地聚焦这位让人着迷的美国女性人生中重大的事件和贡献。我希望《海伦·斯诺评传》这本书能从另外一个视角促进更深一步的讨论和

研究，因为这是一个跨文化交流中非常重要的时段。

魏锋：您是怎样认识海伦·斯诺的？请您具体谈一谈您与她之间的交往。

凯莉·安·朗恩：第一次引起我注意的是"尼姆·威尔斯"这个名字。在那时，我参加了美国国家人文基金会赞助主办的"现代中国社会批判作家"研讨会。当时，我正在研究中国"五四运动"的书籍，对鲁迅、丁玲、茅盾等作家都非常熟悉。在研究中，一条交叉引用将我的目光定向到"尼姆·威尔斯"的著作《现代中国妇女》上。经过多方了解，我知道尼姆·威尔斯的真实姓名是海伦·斯诺，是一位居住在美国东岸的麦迪逊小镇的80多岁的女性。

"在20世纪80年代，已经80多岁的中国作家丁玲访问美国时与她的老朋友海伦·斯诺重逢在麦迪逊小镇。当时海伦·斯诺也80多岁了，她站在门廊里，戴着一顶毛泽东戴过的帽子，向丁玲招手……"她们之间的这些奇特关系激起了我的好奇心，渴望去探究究竟是什么原因使得这位女性如此重要，以至于一位中国的著名作家专程去拜访她。

在我给海伦写信和打电话介绍自己到最终去看望这位非凡女性之前，我已经阅读了她大量的著作。

记得是10月的一个下午，海伦坐在垫得又高又厚的扶手椅上，向我回忆她的一生，而我则在她的一旁一边提问，一边做笔记。当她提到那些过往成功的美好回忆时兴致盎然，却对曾经的失败哀婉痛惜。从上学起，她就感觉自己是"致力世界美好的某种权力的工具"。之后，谈及晚年的一个忧虑，她心酸地说，她不想让自己像"盐溶在水中一样"地消失。她有时将自己描述成一座"通往未来的桥梁"，有时却说自己"孤独地站在世界的尽头，不属于任何地方"。在那次采访以及其他采访中，我遇到的那位女士会咄咄逼人、大声责骂，有时还会大声地纠正我所说的话而让我吃惊，然而，她也展示了脆弱和温和的一面，更有值得聆听的故事。

她的故事是关于一位美国女性的故事。作为刚刚开始研究历史的学生，我认为她的故事值得探索，先后多次走访了许多海伦的亲朋好友，查阅了大量珍藏在杨伯翰大学、胡佛图书馆的历史资料。

受自己主观意识的影响，当我第一次把写评传的想法告诉海伦时，海伦热情地鼓励我："干下去，快点开始。"这位80多岁的老人好像认为我可以为她提供一条途径，去弥补那些让她成为历史镜头之外的局外人的错误……

遗憾的是，1997年海伦去世时，《海伦·斯诺评传》还没有出版……10年后的今天，中文版能够在这个特殊的日子首发，我要感谢马焕玉和张雨金教授的辛勤付出。

一些学者、机构对海伦的研究有助于建立起一个事实，那就是海伦·斯诺是一个很有影响的女性，她的生平值得我们抒写，她的作品揭示了众多当代跨文化交流模式方面的内容。

魏锋：直到今天，在对中美新纪元研究论述中，海伦·斯诺仍然被忽视或者没有受到公正的对待，也有许多对她的负面评价。您是如何看待海伦·斯诺这一生的？

凯莉·安·朗恩：纵观海伦·斯诺这一生，极为有趣。因为她用实际行动证明了一个人在自己一生有限的时间内应该去做什么。她冒了一定风险，因为她有自己独特的信仰。她把自己认知中的美国价值观如民主、新闻言论自由以及保障人民的权利等带入中国。她的理想在中国得以重塑再生，因为在这里她认识了分工合作。

海伦开始参与北京学生运动，自那以后经过不懈努力，最终使他们夫妇留在了共产党所在的西北营地。海伦一行打破界限，追寻限制性运动，并保持信息对外流动的通畅，她的行为当真勇敢，做了一件勇敢的事情。她和其他伙伴放弃舒适、健康的生活环境，冒着潜在的、有可能威胁生命安全的风险来更多地了解他人，并与外界分享他们的消息。这是一个戏剧性的故事，这肯定也是我们过去的学术兴趣焦点所在。当然，海伦也把目光投向了在今天依旧值得我们关注的其他问题上。同样，当代的研究为我们如何重新看待旧故事提供了许多思路。

近来有学者指出，个人的作为应该在一个社区内，而这些社区的思想和利益已经超越了各自原有的位置。事实上，海伦·斯诺和埃德加·斯诺的互动是介于中国范围内的一个更广泛的群体，包括外国人和中国人在内。他们对外所传达的故事旨在帮助中国形成一个超越自身的社区。他们所写的报道有助于形成理想的共鸣，从而影响美国人和中国人的固有观念。通过报道，引起了美国公众对中国革命的同情和支持。与其他人一起，他们在战争期间为中国的抗战提供了尽可能多的美国支持。在他们的努力下形成的文字性和虚拟化的社区逐渐扩大了他们工作的影响力，这一影响力可以延伸至今天。

魏锋：北京大、中学生数千人举行了抗日救国示威游行，反对华北自治，反抗日本帝国主义，要求保全中国领土的完整，掀起了全国抗日救国新高潮。作为在北京的侨民团体，斯诺夫妇和其他外国人加入了北京学生运动行列，为苦难的中国大声疾呼，唤起人们与日本帝国主义斗争！您认为他们的行动对当时的时局有没有影响？

凯莉·安·朗恩：斯诺夫妇参与了北京学生运动，并通过这些与中国的西北部有了联系，在世界历史长河中，在这样一个国家民族瞬息万变的时代，他们无法想象到从事的活动所产生的深远影响。

北京是一个学者和学生聚居之地，是汉学家的家园，是美国领事馆工作人员居住之地，他们中的大部分人，居住在距紫禁城不远的西交民巷。在初到北京的日子里，埃德加和海伦就住在这里。身处这些外国精英的圈子里，海伦表现得很活跃，她逐渐和一些很有影响的西方精英相识，埃文斯·卡尔逊上校就是其中之一。卡尔逊在二战中，把"工合"作为他率领的美国海军陆战队的"战斗口号"。还有卡尔逊的妻子埃菲尔·柯芮，甲骨文研究学者卡尔·弗格及其夫人奥尔甘·朗，奥尔甘·朗写过不少中国家庭和社会的文章。还有美国建筑学家弗莱德，基督教牧师、古生物学家泰雅尔·夏尔丹。在那里，斯诺夫妇的生活入不敷出，压力很大，于1934年1月搬到海淀区，与很多著名大学为邻，一到那里，海伦又迈出了大胆的一步。她就读于燕京大学且在汉学上成绩斐然。她和大学生保持着密切的联系，逐渐站在中国学生的立场上，理解了中国的形势。正是在这里，她和所接触的学生建立了持久的友谊，成为她有价值的财富。这些中国知识分子和大学生，被称为"激进主义者"或左派知识分子，他们在重要的政治和社会问题上，看法颇为尖锐、激进。斯诺夫妇的观点和这些学生一拍即合。在"一二·九"学生运动期间，他们的住所成了中国学生和外国人交流的中心。

1935年的学生运动，表达了那个时代日益明晰的一种思潮——变革的时代已经来到。埃德加和海伦加入北京学生运动的行列，反抗帝国主义的侵略，反对政府对日本的妥协屈从。作为在北京的侨民团体，斯诺夫妇和其他外国人，很担心日本人在北京伤害学生。他们支持在校园里展开学生运动，因为他们认为，这是国民觉悟和爱国主义的表达，深信他们的行动在正义的一方。海伦发文抗议蒋介石政府的政策，支持她的学生朋友。由于海伦的努力，学生运动的领袖

美国斯诺研究专家凯莉·安·朗恩女士（右三）和陕西翻译协会常务副主席马焕玉（右四）、副秘书长张雨金（右二）两位合译者共同在新出版的中文版《海伦·斯诺评传》扉页上签名　（魏锋 摄）

们更深切地认识到法西斯独裁在中国的危险性。

魏锋：海伦在学生运动中所做的一切，对您在研究中有哪些启示？

凯莉·安·朗恩：作为科罗拉多州立大学的副校长，每年秋天，我很高兴欢迎一批又一批新的中国学生和学者来到我们的校园。如今已有超过500名中国学生在我校就读，大约10年前我们只有63名中国学生。想象一下，埃德加和海伦怎么会想到会有成千上万的中国学生在美国西部的大学校园里自由徜徉，而不远处就是埃德加和海伦出生的地方。在他们的时代，年龄相仿的学生们逃离北京，在中国西北部的一个营地找到志同道合的同伴，寻求到安全的避风港。

这批学生与20世纪30年代参与学生运动的年轻人拥有同样的精神——渴望被倾听。他们有着自己可以实现的梦想，并且在他们的国家乃至全世界形成影响。我不知道在科罗拉多州立大学有多少年轻的学生知道海伦·斯诺和埃德加·斯诺。他们应该会有兴趣知道这两人自很久以前便已作为重要人物存在。他们是拥有美好愿望的中国人民与美国人民共同努力的受益者，他们能够看到国家之间的友谊对未来是至关重要的。

当我迎接这些渴望知识、有点紧张又思乡的年轻人时，我很欢迎他们来到我们这个大家庭中。我很惊讶他们愿意融入一个新的文化，拓宽自己的视野，并为

了建成更美好的世界而努力。在这方面，他们紧跟在早期旅居者海伦和埃德加的脚步之后。到目前为止，这些学生不仅改善了他们自己的生活，而且还提高了我们的生活。

如同这些喜欢冒险的学生一样，斯诺夫妇踏上的是他们永远无法预测的道路，他们只是跟随内心的选择，做他们想做的事情，在他们的生命里渴望着让世界变得更加美好。斯诺夫妇二人不知道他们帮助年轻学生做出选择、隐藏和保护左翼艺术家、帮助寻找和翻译中国故事出版、在政治和军事动乱期间访问中国的部分地区等行为，不仅永远改变了他们的生活，也改变了我们的世界。

斯诺夫妇在他们那个时代以及后来，都成为中国历史故事的重要一部分。当代学者已经看出，中国、美国、澳大利亚、新西兰、加拿大和许多其他国家的人正以尽可能的互动方式走到一起，从而对中国产生影响。当然事实上，他们也为中国所改变。斯诺夫妇和那些存在于他们社区中的人们都发生了变化，成为跨文化的代表。

在许多方面，我们今天所生活的世界与斯诺夫妇的世界大有不同。我从科罗拉多州的直达航班飞到西安，可以在6天内返回。而斯诺夫妇的交通工具主要是船、汽车或步行，耗时几个月，行程几万公里。今天我们的通信水平大大提高了，斯诺夫妇在当时用的通信工具是报纸、扫盲杂志、邮件服务、电报和无线电，正是这些帮助他们更广泛地了解到当时发生了什么，并允许他们跨越时间和地点分享信息。

在一个社区内，人们可以拥有共同的激情与奉献，他们愿为共同的事业而尽其所能，斯诺夫妇创建的友谊，把个人联系在一起，在和那些远离他们的公众分享自身故事的同时，也引起了公众的关心、同情以及支持。他们的工作甚至为那些永远不会在现实时空中相遇的人创建了联系。跨文化的国际性友好社区，哪怕是经历火灾逆境的锻造依然存在，可以说它是今天让我们共聚于此的先驱。

魏锋： 受中国学生运动的影响，海伦写下了不少颇具影响的文学作品，在研究中您认为艺术对历史叙事的重要性有哪些？

凯莉·安·朗恩： 事实上，海伦亲眼见证了诗歌、书法和音乐作品等强大的

2016年9月21日，西北大学校长郭立宏（左三）和美国海伦·斯诺文学托管会会长谢莉尔·比绍夫会长（右二）在西北大学"两个斯诺的中国情结"国际研讨会上，共同为陕西省斯诺研究中心揭牌 （魏锋 摄）

传统力量，即使她当时身处于恶劣环境之中。她对文学的力量有着浓厚的兴趣和热情，想通过文学作品让他人产生共鸣，赋予同情，并在无形中告知我们对人类过往的经验应当如何理解。艺术在埃德加·斯诺和海伦·斯诺的生活和工作中无处不在，其中不乏趣味，引人注目。他们认识到艺术能够利用共性将我们聚集在一起的可能性，这是中美友好青年学者们所关注的中美关系的一个重要主题。

海伦于1936年在中国西北部共产党的营地里的这一段经历，令她认识了各种文化艺术和表演技巧，并且这些技能都可用于娱乐和教育方面。她还写了不少颇具影响的文学作品，她经常用英文笔名尼姆·威尔斯和汉文笔名"雪海伦"撰稿，其中有她写的长诗《古老的北京》。诗歌以悲伤的情绪表达了由于日本的侵略，北京丧失了它的传统和特色，号召人们起来反抗压迫。这首诗一经发表，立刻受到学生的热颂。用诗歌评论时政，反映出海伦日益觉醒的政治觉悟，表达了她作为作家日益成熟的潜质。另外，她的作品聚焦学生运动，成为中国人和外国听众之间一个十分重要的通道。

即使在严肃的革命工作中，人们对于他们所传达出的美的艺术也赞不绝口，因为他们拥有一个共同的信念。

魏锋：您在撰写《海伦·斯诺评传》过程中，曾多次来到中国，对海伦在文学和人文领域方面进行探访。在研究或探访中，中国对您最大的吸引是什么？

凯莉·安·朗恩：中国对我来说，首先吸引我的是其文化和艺术表现形式。自20世纪70年代，恢复高考以后的中国，经历了与美国之间长期的文化隔阂后，我对探索文化群体，体育运动员、音乐家和演员的故事产生了极大的兴趣。

在高中教学时，我用艺术和人文学科的课题来引起我的学生对中国的兴趣。待我有机会在"三一"学院学习社会抗议活动中的中国文学时，我的学术激情转向了一个全新的方向。我努力学习汉语，并在1991年第一次踏上了去往中国的旅行。在随后的10年中，我曾5次来到中国。我在康涅狄格州的吉尔福德市认识了海伦，她的故事随之引起了我对历史的浓厚兴趣，并作为我博士论文的主题。通过阅读《中国现代女性》，我从中了解到丁玲在文学方面的贡献，这使我开始了自己的学术探索之路。艺术在我多次的中国之旅中扮演着极为重要的角色，很大程度上也是今天我站在这里的原因。

艺术在讲述和传扬海伦的故事中发挥了重要作用。许多人都参与其中，付出努力，并向人们展示了艺术可以帮助我们更好地实现自我的方式。他们也是历史记录的一部分，Eric Hyer、Dodge Billingsley和他们的同事们认识到纪录片的力量，这是一种以新闻和文学的方式讲述实际事件的媒体，并创造出《见证革命》这一作品。

在犹他州锡达城，市长和公民为海伦举行了生日庆祝活动，竖立了一座由一位中国艺术家创造的并作为礼物赠送给该城市的海伦雕像。

Shawna Mendini和他的南犹他大学同事Keith Bradshaw、 Kay Andersen也以戏剧、舞蹈和音乐等不同方式纪念海伦。《海伦之梦》这一跨文化的作品把演员和观众相联，创造了在同一个场景下，新的友谊之花在我们两国人民之间盛开绽放的景象。

当然，这一切都离不开西北大学斯诺研究中心安危教授的不懈努力，通过讲述在历史创作中斯诺的故事，并利用博物馆展品来激起我们所有人的灵感。这些努力的结果促成了"斯诺研究中心"在中国西安西北大学的成立，它可以成为新一代学者对过去故事的延续与发扬。

魏锋：海伦·斯诺是一位未被充分关注的伟大女性，她对中国革命做出了很多贡献，她是架设中美人民友谊桥梁的先驱。近年来，中美各研究机构在斯诺研究领域每年都有大量成果推出，对海伦·斯诺的成就与事迹也在不断地挖掘和推出，您认为对于中美两国之间的友谊有哪些促进和帮助？

本文采访得到了西北大学外国语学院教授、硕士生导师高淑玲的帮助支持。图为海伦研究专家凯莉·安·朗恩与高淑玲合影（**高淑玲 供图**）

凯莉·安·朗恩：海伦虽然离开了亚洲，但没有停止为中国人民的事业而奔走努力，也没有停止促进两国人民友好的工作。回到祖国，她仍然忠诚如故，信仰更坚。她始终怀着满腔的热忱，支持着在北平和延安的岁月里认识的朋友们。在美国，她始终笔耕不辍，抒写着她在中国的经历，描述着她曾认识、敬慕的中国朋友。她写了很多关注中国的书，如《当代中国妇女》《中国共产党人小传》，以及最后写成的传记《我在中国的岁月》。

我们经常用桥梁的比喻来描述在中国近代史上，斯诺夫妇和中国人民在早期的岁月发展中所取得的联系。更有意义的是海伦长期为之奋斗的构建跨文化的伟大友谊，通过她的不懈努力，她在美国人民中哺育了一种对中国和中国人民的友好情怀。在中国，她也努力培植这样的观念——美国人民是友好的民族，真诚地乐于助人。这座桥梁为我们提供了一个互相联系的方式，即使是在冷战的时候也为那些仍然致力于两国之间友谊事业的人们开辟了互通往来的途径。

多少年来，我们致力于联结两国人民的友谊，其意义非同一般，历历在目，世人有目共睹。中国的社会团体长期以来认识到海伦对中美两国人民友谊的伟大贡献，于是通过举办图片展览、文学社团的奖励、博物馆所的交流、学校的互访等活动来纪念她的贡献，并参加美国举办的研讨会，使两国人民交流更加广泛。美国人民也感同身受，我们跨越漫长的旅途也常去中国参加跨文化的认同交流活动。这表明人们对一位把自己毕生的精力贡献给发展友谊的伟大事业的女性的重要认同。培育相互依存、相互支持的不朽精神不朽，海伦·斯诺一生的伟大实践就是证明。

然而，桥梁既可以被阻断，抑或是变得不可逾越。让我们以20世纪的先例为引，来创造一个属于21世纪的，友谊牢不可破的更为坚固的桥梁。这一纽带相互交织、融合，最终融为一体。我们已经形成了深刻而广泛的联系，无论是在个人之间，机构之间，抑或是在过去与未来之间。

我们今天的挑战与过去既有相通之处但又不尽相同。我们现在正致力于解决国际性的以及全球关注的话题，这些话题使我们增进了彼此间的友谊。通过我们的共同努力，不仅是我们的国家，我们的世界也会变得更好。正如我们的老朋友一般，我们必须继续创造跨文化社区。

是友谊帮助我们超越时间、地点和文化的限制。是与那些生活在我们心底的人彼此之间的联系，使我们更加了解彼此的心性。

那些在上个月曾经与我愉快相处的学生们，总有一天会离开他们曾经生活过一段时间的柯林斯堡。重要的是，那些有幸认识斯诺夫妇的人也会改变。这样一来，他们就会对斯诺夫妇早期所从事的活动有更加深刻的体会。

世界是相连的整体，当我们多认识一个人的时候，世界会变得越来越近。当我们主动向其他人伸出手的时候，他们也会伸出一只手，我们从而会形成一种团体，也许会对未来产生深远的影响。当我们融入这个超越个人的社区时，世界也会随着我们的成长而改变。我会继续努力把中美伟大的友谊传递下去！

魏锋：凯莉·安·朗恩教授，十分感谢您为中美民间友好事业进一步深入所做出的努力，感谢您接受我们的采访。祝福您在中国期间旅行愉快，祝福您及家人幸福安康、万事顺遂。

凯莉·安·朗恩：谢谢！

胡宗锋、罗宾·吉尔班克:
中英两位学者的文化情怀

胡宗锋与罗宾·吉尔班克在延安大学路遥文学馆访问（**胡宗锋 供图**）

　　胡宗锋，生于1962年，陕西省凤翔县人。现任中国翻译协会理事，陕西省翻译协会主席，西北大学外国语学院院长、教授，西北大学文化与翻译研究所所长。英译汉作品主要有《没有"中国制造"的一年》《龙与鹰：中美政治的文化比较》《消散》《我的中国梦》等，汉译英作品主要有贾平凹的《黑氏》《废都》《土门》《白夜》等。在《诗刊》《新华文摘》《光明日报》《读者》等报刊发表翻译和创作的诗歌、小说和散文200多篇。

　　罗宾·吉尔班克，英国约克郡人，英国中世纪文学博士，西北大学外籍专家、外国语学院院长助理。著有《最美丽的谎言家》，发表中文文章数篇，合译作品有《废都》《土门》《穆涛散文五篇》《闫安诗选译》《桑恒昌怀亲诗》等。

作为当代文坛主阵地的陕西，把更多优秀作家的作品翻译推出去也尤为重要。身为英语文学博士、2008年9月毕业于英国阿伯里斯特维斯大学的罗宾·吉尔班克先生，任教西北大学后，除了日常教学，8年多时间和西北大学外国语学院教授胡宗锋朝夕相处，进行着一项"工程"——"让世界读者熟知中国小说和让陕西作家走向世界"的文学作品英译工作。

罗宾来到中国，融入了这座古老的城市——西安。他在与陕西认识的著名作家交流时会用流利的方言对话。周边游，或参加朋友婚礼，他会与熟悉的朋友见面并和乡党侃侃而谈。8年多时间，他和胡宗锋教授合作翻译了包括陈忠实、贾平凹、穆涛、方英文、红柯、吴克敬、叶广芩、安黎、阿莹、陈彦、闫安、寇辉、冯积岐等陕西文坛名家的小说和诗歌作品，两人还合译了《废都》《高兴》《白夜》《土门》《穆涛散文五篇》《玩具城》《桑恒昌怀亲诗》等30多部作品。罗宾利用业余时间也在进行文学创作，文章都是围绕融入西安这座熟悉的城市及中国传统文化，发表的中文文章有《熊式一与〈王宝川〉》《李约瑟与〈中国的科技与文明〉》《长江上的鸿鹄——评〈毛泽东诗选〉》《罗宾博士看陕西》系列等，他创作的散文《在摩梭人家里》还荣获了第二届四川散文奖，陕西省人民政府授予的三秦友谊奖。胡宗锋在不断翻译中国传统文化和作家作品的同时，还积极翻译国外优秀的作品，出版的作品有《没有"中国制造"的一年》《龙与鹰：中美政治的文化比较》《消散》《我的中国梦》等。

日前，长期工作、居住在西安，自觉担当和承担起中英两国文化交流使命的两位学者接受了笔者专访。

在中国感受最大的就是传统文化的博大精深

"在来西安之前，我从中国学生那里听到西安最多的故事就是兵马俑，我很好奇！当时我在英国阿伯里斯特维斯大学任教，因为学校与西北大学有学术和交换生交流，我的学生当中有不少是从陕西来留学的。在相互交流时，学生们喜欢提及自己的家乡，他们一次次的讲述，让我对中国和西安产生了浓厚的兴趣。大约在2008年9月的时候，我来到了西北大学外国语学院任教。"采访中的罗宾无所不谈，且风趣幽默。他还告诉笔者："在来西安一段时间后，我越来越喜欢，我愿意选择这座城市而留下来。"

日常生活中，除了上课、翻译作品和享受西安人地道的市井生活外，罗宾如今最热衷的，是探寻西安大大小小的博物馆和陕西那些不为人知的有意思的地方。他几乎去遍了西安乃至陕西所有的博物馆，跑到西安的周边看遗迹、旧址，也常常跑到秦岭山里感受独特的风光……他还告诉笔者，离西安200多公里的陕西第一大佛所在地彬州，他都去过好几次。

"选择西安让我了解到了很多中国优秀的传统文化，包括英国人在内的很多外国人，都不知道中国有这样伟大的

钢笔画《朋友》（盛万鸿 绘）

历史，他们往往觉得'秦'就是中国历史的起点，我想给更多英国人科普秦朝之前的中国历史。"在交谈中发现，罗宾对陕西历史地理颇有研究，对文学名家如数家珍，《诗经》唐诗典故张口就来……罗宾说，这里和他的家乡约克郡一样，长安大学城带有田园味的悠闲生活让他舒适自在。他很开心，也更喜欢与西安人相处，以臊子面和羊肉泡馍为代表的陕西美食"十分OK"。与罗宾共事的胡宗锋教授定义罗宾是个比西安人更了解西安的英国人。他问罗宾："认可这个评语吗？"罗宾自豪地笑了，说："我把这里看作又一个家乡，我甚至觉得，我比很多西安人更了解它。"

如今的罗宾，生活得像一个真正的陕西人，他甚至像模像样地学起陕西话和那些地道的陕西俚语。他和胡宗锋主编的《中国传统文化习俗》这本书，就是想让和他一样的外国友人从各个方面、角度，了解和认识中国及中国人民。该书内容主要涉及传统节日、传统习俗与传说、中国民俗吉祥画、婚姻习俗、古代陋习批判以及丧葬习俗。

当被问到翻译了如此多的陕西名家作品，他最喜欢哪个时？罗宾笑言，不同作家有各自的特点，他都很喜欢。"比如陈忠实的书，如果了解陕西文化，就会觉得他的作品很值得品味，好有意思。而红柯的作品则很有魔幻现实主义风格，有很强的文化现实意味，他也是我最喜欢的陕西作家之一。"

　　罗宾在怀着自己兴趣的同时，也和胡宗锋在帮助陕西作家"走出去"。虽然外国人对中国的文学感到好奇，但事实上，英国的中国文学市场现在并不大，他说："眼下英国卖得好的中国读物，基本是名人回忆录，普通英国民众最熟悉的中国现代作家是四川籍的张戎。但我觉得，伴随社会发展和互联网技术的发达，未来将会有更多的英国人从网络等渠道接触到更真实、立体的中国，并对中国的方方面面产生兴趣。到那时，中国的文学作品也许会在英国拥有更广阔的天地。

　　"中国小说家的观念和西方小说家不太一样，他们追求宏大而严肃的写作，作品动辄四五十万字甚至百万字，虽然其中多有杰作，但这么长的篇幅，西方读者并不习惯，西方读者通常接触的多是20万字以下的小说读物。我认为多翻译一些短篇和中篇小说，也许会让英国乃至西方读者更快地接触并爱上中国当代文学作品。"罗宾更多的盼望是陕西乃至中国文学作品能出现在英国。

西安霸陵伤别忆陈忠实

　　罗宾回忆说，他和陈忠实的友谊源于一次作品翻译研讨会。当时陈忠实问罗宾是否和他一样爱足球。罗宾的回答是否定的，作为一个英国人，他的话让陈忠实觉得惊讶。那次会上，罗宾给了陈忠实一个很新颖的"嫽扎咧"（陕西方言，特别好）的徽章，陈忠实开玩笑说他自己不会戴这个，要是他的孙子练习足球射门时踢中了，会把这个奖励给他孙子。

　　陈忠实去世的当天，罗宾按照课程进度给本科生讲英国桂冠诗人阿尔弗雷德·丁尼生的诗歌。他说："虽然我尊重他的隐私权，但我知道他已经病了好几个月了。从某种程度上说，他的尊严和我的同胞——英国历史上地位最高的诗人之一如出一辙。丁尼生的绝唱带给我的是新的悲伤。《穿过沙洲》说的是一个船上的乘客被英吉利海峡中的沙洲吸引，其文字完全可以运用到去世的陈老师生长的灞河上，'穿过沙洲'是个比喻，暗指诗人在经历了人生的风霜后，平静地迎接死亡的来临，毫无恐惧和哀伤。而在中国古代早就有霸陵伤别一说……

　　"读陈忠实的《我的关中我的原》，使我意识到我们要相信作家有选择自己作品的能力。另外，如果语言过关，要用原作的语言来研究作品。从陈忠实对灞桥周围以及白鹿原的描述，刻在我心里的是一个个鲜活的现实主义形象。在《家有斑鸠》中，他回顾了20世纪50年代政府对麻雀发动的全民战争，虽然收效不

笔者与胡宗锋、罗宾·吉尔班克 （魏锋 供图）

大，倒是让当地的各色鸟儿把对人的怀疑传递给了子子孙孙。不论这是真的还是演绎的，陈忠实不会矫情，他更倾向于从身边的阴暗和迷信中挖掘教训。在《火晶柿子》中，他说父亲不在院里栽柿树，因为担心'柿'即'事'也。他的短篇中偶尔也有浪漫情怀，在《白鹿原上》中，河畔的田野既充满诗意，又带着浓郁的农耕痕迹。"罗宾说。罗宾在钻研陕西文化的时候，发现陈忠实和陕西文化是形影不离的。除了一些难懂的方言和文学典故，比如"搅团"是什么意思，学习汉语的人都可以读懂陈忠实描写关中的小说。

"这并非我第一次听说陈忠实的正义感。2012年初，我去参观杨虎城母亲在蒲城的老家。我没有想到博物馆的馆长会拥抱我，因为让他惊讶的是他听到我读过陈忠实写的一篇文章，把杨虎城将军和他的同乡——林则徐的老师王鼎相提并论。"罗宾认为，陈忠实让人们相信20多年前在陕西乡下的日子，有点像自己崇拜的文学大师柳青20世纪50年代在长安县皇甫村的体验。柳青的《创业史》虽然被誉为国内歌颂走集体主义道路的史诗，但作者被打成反革命则意味着柳青对后来陕西文学的影响被忽视了。在《柳青的警示》等文章中，陈忠实前所未有地挺身而出，捍卫柳青的文学成就，并暗示"文化大革命"中对柳青的迫害是完全不公平的。罗宾说，在白鹿原上，曾经有两个礼拜的时间气温都在零下14℃以下，使他第一次体会到了小说中清末年间的寒冷。他认为，虽然陈忠实的作品已经毫无疑问地被证实是白鹿原旅游的催化剂，但没有人说陈忠实是别有用心。陈忠实用自己一贯的自嘲式幽默，常常提起在家乡创作唯一长篇小说时的日日夜夜，让罗宾见识了乡村生活的艰辛。

"灞柳风絮告别了陈忠实。他那狂乱的头发、睿智而忧郁的笑容也许会从这个世界消失，但他的英名和灵魂会在文化界永生。"罗宾说。以前不论是在颁奖仪式或是文学活动中，罗宾见到陈忠实都会亲切地叫他陈老师；现在对他个人来讲，将再也见不到陈忠实慈祥的面孔了。

每个星期抽出时间翻译贾平凹作品

"一本40万字、500多页的长篇小说《废都》出版上市，我第一时间拜读了这部作品，心中再一次萌动了将贾平凹作品英译的愿望，并尝试翻译了其中一些章节，因当时身单力薄，就没有动手。"胡宗锋说。《废都》的出版，在20世纪90年代初那个思想观念半开化的年代，使文坛刮起了一阵风暴，此书为书市点燃一把旺火，获得了少有的市场效应，首印30万册迅即销售一空，但好景不长，书在文坛内外褒贬不一，后来，《废都》被禁。多年来，胡宗锋始终没有放弃《废都》英译的想法，一有空他就钻进贾平凹"被遗弃的城市"寻觅。

"从1993年至今，作为生存在被禁和解禁之间的《废都》，盗版从未间断过。我守着自己的愿望，不断地学习，不断地练习，从未间断过对贾平凹作品的翻译。"胡宗锋说。2009年7月，被禁17年的长篇小说《废都》获准再版，北京出版社的旧版《废都》和解禁后的《废都》在文字内容上并没有区别，也未做文字的删减，字数和页数基本一致。那时候胡宗锋几乎把小说中的方言都翻译了一遍，但仍未下决心去翻译《废都》。

2010年，胡宗锋和他的研究生、现为中国民航大学青年教师的刘晓锋共同翻译了贾平凹的中篇小说《黑氏》，罗宾审校。美国老牌文学刊物《新文学》在2010年12月的第77卷第1期（秋季号），第一次（当期杂志150页，《黑氏》占了65个页码）以大篇幅全文刊登了贾平凹的中篇小说《黑氏》，作为当代中国作家作品英译发表，这在《新文学》还是第一次。在该期编辑手记中，该刊主编罗伯特·斯图亚特先生说："鸟会飞走，生命会凋谢，而伟大的文学会留下来。"在为读者解释为什么会大篇幅地介绍一个作家时，他说："文学艺术的价值，会小心翼翼地、缓缓地自我展现。"

"罗宾博士专门研究英国的中世纪文学，词汇量之大，令人惊讶，那时他才到西大任外教一年多，教授英美文学赏析，在翻译《黑氏》中给了我很多的支持和帮助。"胡宗锋说道。2011年起，著名英语读物《英语世界》从第1期起，开始用连载和汉英对照的方式选登中篇小说《黑氏》。

"我想见贾平凹。"在一次交谈中，罗宾·吉尔班克向胡宗锋提出这个请求。

贾平凹授权胡宗锋和罗宾·吉尔班克翻译的长篇小说《土门》英文版在英国出版

（胡宗锋 供图）

2011年2月20日，罗宾·吉尔班克生日那天，胡宗锋和罗宾一起去拜访贾平凹，恰逢长篇新作《古炉》出版，贾平凹签名赠送了新书，他们与贾平凹谈了很长时间才依依不舍地离开。

"走进贾平凹的工作室有点像走进某个绝密的政府档案室，而结果却只是发现了一位在此居住的东方宿儒。"罗宾为此还专门写了一篇《贾平凹其人：中国怪才文学家的世界一瞥》的文章，西安出版社乔志华翻译并发表在《文化艺术报》上。

"翻译界都清楚，英译汉相对容易，汉译英本身就难，加之贾平凹语言非常生动，而如何在英语里找到对应的精准的那一个词，不能不用心去琢磨。"胡宗锋说。他还告诉笔者，向海外推销中国的作品是一项长期的任务，外国人对中国的当代文化和文学作品感兴趣，是因为中国在发展，他们想了解中国。前些年为什么翻译了那么多的外国文学作品到中国，就是因为好多人想了解国外的东西，但随着我国国际地位的不断提升，会有越来越多的外国人想了解中国。所以，作为一名翻译工作者应该有责任，有义务将更多出色的中国小说汉译英，让世界读者熟知。"如果成功翻译了《废都》，就快把中国文化吃透了……"胡宗锋说。就是那次与罗宾一起拜访贾平凹后，让他再次萌生了翻译《废都》的想法，他与罗宾一拍即合。

后来两人约定，工作之余每个星期抽出一天时间进行翻译。

思想决定行动，胡宗锋多次与贾平凹深入探讨。贾平凹只提了一个要求："翻译时，原文一句也不要删。"在长达几个小时的交谈中，胡宗锋详细地向笔者介绍了翻译的过程，因为平时都要代课，他和罗宾约定每周四为翻译日，约好翻译哪个章节，就提前分头准备资料，周四见面后，整整翻译上一天。"罗宾负责英文录入，我负责翻译朗读，有时也换过来"，如果遇到翻译过去的英文罗宾觉得不知所云，他俩会一起探讨重新修订。

胡宗锋边谈边风趣地向笔者分享翻译过程中的趣事，主要是翻译细节。开始翻译时，由于需要多方查找资料，他们在一个大型文学网站看到了所谓完全版的《废都》，是有人把原书中标着方框和"此处删去多少字"的内容都给补全了。他们试着按那个翻译了三四个章节，结果却是徒劳。

按照贾平凹的意见，译本参照1993年第一版的《废都》，所以也将保留"□□□□"（此处作者删去××字）。如何把"中国味"的词汇译成英文是这部书翻译的难点之一。对于一些陕西方言，比如"一老头拿手指在安全岛上写，写出来却是一个极文雅的上古词：避。就慢慢地笑了"。这个"避"字是陕西方言，源自古语，所以胡宗锋和罗宾在英文里用了一个古字Shun（英文，避开、回避的意思）。"罗宾就是研究中古文学的，我对陕西方言又熟，所以翻译起来没觉得有多大困难。"胡宗锋说。《废都》英译检测由罗宾负责，他会把不懂的地方全部标注出来，最让胡宗锋和罗宾感到棘手的是书里有关中国传统文化的词汇，"而这些恰是贾平凹作品的一大特点，如《易经》的现实应用，卦呀爻辞什么的，风水常识，中国文字的同音谐意，诗词以及民歌的象征隐喻等，"这些部分中国读者一看就懂、心领神会，甚至会莞尔一笑、拍案叫绝，可外国读者往往会摸不着头脑。胡宗锋说，《美文》执行副主编穆涛对翻译工作给予了特别关注，隔一段时间就会把难解难译的内容集中到一起，由穆涛专门约请贾平凹和他们商谈翻译中遇到的难点。"我们最后想到的解决办法就是，加注释。比如'八大山人''四大美女''麻将'等，都加上了详细的注释，在语言风格上也尽量尊重外国人的阅读习惯。也许贾平凹文中只提到了其中一位，但是你必须在注释里加全，说明其他几位都是谁，他们为什么会被合并成一个群体来称呼。文中写到杨贵妃、马嵬坡，也要把这个事件介绍清楚。"胡宗锋说。

期望更多出色的中国小说让世界读者熟知

胡宗锋在采访中不止一次地向笔者阐述，多年前他的老师比尔·霍姆对他提

让世界熟知中国文学

让中国故事走向世界

胡宗锋

Make Chinese literature Known to the world

Bring Chinese stories to the eyes of the world

Robin Gilbank 罗宾

胡宗锋与罗宾·吉尔班克共同用中英文题写：让世界
熟知中国文学，让中国故事走向世界 （魏锋 供图）

出的希望，把贾平凹这位自己最喜欢的作家介绍给全世界！"而想要全面地介绍
一个作家，最好让读者全面地了解他的作品，阅读他各个时期的作品，了解整体
创作过程。"胡宗锋说，"我作为一名西北大学外国语学院教授、院长，从事文
化与翻译研究工作者，要让更多的外国读者了解作家贾平凹。"早在2013年7月中
旬，历时三年多时间，胡宗锋和他的搭档终于完成了40万字的《废都》英译，消
息发出后，有多家外国出版社与他们联系。准确说这是《废都》英译第一稿，接
下来他会和罗宾继续打磨，争取传播到国外。

"学习外语有什么用？中国人怎样学习外语？"胡宗锋向笔者讲述了一位记
者采访时问到他的这样一个问题，"我认为，学习外语并不是为了做专职翻译，
而是为了看懂外文，进而把中国的文化传播出去，让世界更好地了解中国。只有
国家的强大才能为我们提供后盾。很多人觉得中国严肃文学在世界范围影响有
限，和翻译难有关。也有报道指出，在莫言获奖后，中国媒体曾预期的海外对中
国文学涌起热潮其实并未出现。如何了解一个国家的文化？最基本的、最直接的
方式就是品读这个国家的诗歌、小说等文学作品，学习任何母语都是从学习诗歌
开始的。国人对西学的了解和洞察，必须以深厚的国学为基础。文学作品翻译的
成功与否直接影响了外国人对中国文化的解读。翻译作为一种二次创作过程，一
定要抓住作品中的魂，每种语言都有其不同的用法，关键是看在翻译过程中怎么

2016年9月，笔者再次采访胡宗锋和罗宾·吉尔班克 （魏锋 供图）

运用、拿捏。在翻译中，确实有这方面的原因存在，好多人动不动就说自己的英文比汉语好，我一直在批驳这种观点。如果一个人说自己是中国语言文学的教授，却不知道《诗经》《道德经》《庄子》《论语》唐诗宋词等，你会认为其是有学问的教授吗？早在近一个世纪前，王国维先生就提倡'学无中西'，面对当时中国的国情，他曾说'中国今日，实无学之患，而非中学西学偏重之患'。眼下在我们国家，人们的英文水平确实提高了，但有很多人都是滥竽充数。中国文学热没有在海外出现，但相对以前来说，人们还是开始关注中国了。其实仅《废都》就有法文、日文、俄文、越南文等译本，但恕我直言，在外语里哪个语种的覆盖面和影响力能超过英语？贾平凹及他的作品在法国家喻户晓，是因为他有不少作品被译成了法文，但我认为还是应该多覆盖英语国家。"

胡宗锋说："作家作品要想真正走出去，不能光空喊，或者只是做做姿态，要拿出作品，干实活。"翻译《废都》，是他年少怀揣着"把贾平凹这位自己最喜欢的作家介绍给全世界"的梦想，20多年了，他始终没有放弃，在长达三年的《废都》翻译期间，他还做了50多万字的英译汉，大圈子"中国当代文学"，小圈子"陕西当代文学"，优秀作家的作品更需要在对外翻译推介上下功夫。

"2003年我在美国访学时，看到《世界文学读者指南》厚厚的800多页中，仅仅列了中国五人，其中古代四人，分别为孔子、庄子、老子和李白，而近现代只提到一个人，那就是高行健，而且不是作为一个条目出现，是在从1901年到2001年获诺贝尔文学奖的名单中，也只有一句话：高行健，中国小说家与戏剧家。包括人名和这四个数字，总共是11个英语单词。将优秀的作品汉译英，英译汉，无论困难有多大，我和罗宾会坚持下去，把外国优秀的文学作品引进来，把中国优秀的文学作品翻译并使其走出去。"

艾克雷姆·德米尔卡勒：
现代丝绸之路上的土耳其"马可·波罗"

土耳其兄妹白振国、白鹿原住在贾平凹的家乡商洛终南山寨阳坡院子，用土耳其语翻译贾平凹散文（**孙静 摄**）

艾克雷姆·德米尔卡勒，中文名白振国，1994年生于土耳其城市伊兹密尔。15岁时第一次来中国旅行，高中毕业后选择来中国西安留学。先后在陕西师范大学中文专业、西北大学广告专业学习。他热爱旅行，更热爱旅途中遇到的人；他热爱冒险，更享受冒险的乐趣；他尊重不同文化之间的差异，也欣赏它们碰撞出的火花。2015年7月12日，他背上背包开始51天的中国行，穿越7个省，行程近3万公里，坐了200多个小时的火车，用镜头和文字记录下旅途中的每一个瞬间。2017年10月，妹妹伊蕾木·德米尔卡勒，中文名白鹿原，追随哥哥也来到西北大学学习汉语。

西安的街头巷尾依旧年味满满，张灯结彩，喜气洋洋，来往的游人络绎不绝。在这个最具西安特色的中国年的正月初八，中国作家协会副主席、著名作家贾平凹在工作室接见了两位特殊的外国朋友——留学西北大学的土耳其兄妹艾克雷姆·德米尔卡勒、伊蕾木·德米尔卡勒，首次授权《贾平凹散文选》土耳其语翻译及出版事宜，他们将一起为中土读者奉献一道丰盛的文学大餐。

2019年2月13日，笔者前往西北大学专访土耳其留学生白振国、白鹿原，聆听他们在中国留学和对中国文化研究的故事……

留学西安，说陕西话懂外语的老师让我更加自信

"西安是丝绸之路的起点，是一个有故事的城市，历史文化保护做得非常好。我来西安已经是第七个年头了，成了许多外国朋友的导游，经常领他们去兵马俑、城墙参观游玩，去吃小吃。我最喜欢的是吃凉皮和肉夹馍，当然，羊肉泡馍也很不错。有一次老师还带我吃了裤带面，那个面真的很宽，觉得都能卡到嗓子眼……这个城市的开放与包容令我着迷。西安已经成为我的第二故乡。我的梦想是学习马可·波罗，做一名文化交流的使者。"采访中，黑眼睛、黑鬈发、留着络腮胡的土耳其小伙白振国用标准的普通话和笔者侃侃而谈。

"世界非常大，你要走出土耳其，用不同的视角看待这个世界。"在父亲的鼓励下，白振国高中毕业后来到中国，在西北大学新闻学院开启了人生新的一页。

对于白振国来说，选择来西安留学更多缘于中国文化对他的吸引力。在西安，白振国是个名人，在2019年2月2日举行的2019西安市迎春团拜会上，时任陕西省委常委、市委书记王永康在致辞中专门讲述了白振国和妹妹白鹿原情系西安的故事。

谈及选择翻译贾平凹先生作品，白振国滔滔不绝："爱上贾平凹，特别要感谢西北大学外国语学院院长、教授胡宗锋老师和陕西省翻译协会常务副秘书长孙静老师，他们是我的老师，也是我很好的朋友，我经常参加胡老师外国语学院的文化交流活动。胡教授长期坚持把国外优秀的文学作品引进来，把中国文学作品翻译成外文并使其走出去。我在西北大学读本科的时候，国际文化交流学院举行了一次演讲比赛，演讲中我开玩笑地问了一句'外国语学院院长在吗？'当时很诧异地收到在场胡教授的回答'在！'。从此，我和胡教授结下不解之缘，也曾

2019年2月12日，白振国、白鹿原拜访著名作家贾平凹 （孙静 摄）

向他建议外国语应该开设一个土耳其语专业，培养更多的人。胡宗锋教授特别重视我的意见，很快回复外国语学院准备成立一个中土文化交流中心。从本科到硕士，胡教授一直教导、支持着我的学业！在胡教授的支持下，我和妹妹白鹿原把贾平凹先生的作品翻译成土耳其语，就是希望更多的土耳其人越来越了解和认识陕西，认识中国。"

白振国说："周末去秦岭爬山，或是在山间的农家乐与朋友喝茶聊天，那感觉棒极了，真羡慕西安人身边有这样一座巍峨壮阔的山。"这几年他去过华山、延安，看过壶口瀑布，而他最喜欢的还是秦岭。在中国传统的春节，他和妹妹关闭了手机，住在终南山寨阳坡院子，一边感受贾平凹老师家乡地道的文化，一边用土耳其语翻译《贾平凹散文选》。

白振国说："在西北大学，说陕西话懂外语的老师让我更加自信。曾有一段时间，我想离开西安去北京发展，听了胡教授的教海，我选择了留下来！我特别羡慕西安人身边有座秦岭，贾平凹老师的作品也是第一次被翻译成土耳其语。令我特别高兴和感动的是，曾担任我们留学办的陕西省翻译协会常务副秘书长孙静老师，在翻译工作中给了我们莫大的鼓励和支持，放弃与家人春节团聚这么重要的活动，一起和我们在商洛终南山寨阳坡院子静心翻译贾老师作品。在翻译过程中，特别是涉及方言方面的表达，我们都得到了孙老师的指导和帮助。回来后，胡宗锋老师穿针引线带着我们去拜访贾平凹先生，贾先生不仅签了作品翻译授权书，还给我们送了签名书和丹凤的葡萄酒……"白振国高兴地告诉笔者，现在他的土耳其朋友没有中国朋友多，周围有了一群支持和鼓励他们的中国兄弟姐妹。他现在还能想起去贾平凹工作室的场景，贾先生平易近人，在签署授权书后，还高兴地对他们兄妹说："感谢你们，这是我的作品第一次被翻译成土耳其语。以后都是朋友了，没事了就来我这儿坐。"

白振国高兴地说："我会跟别人说'西安就是我家'。非常感谢西安老乡这么多年关心我、照顾我、支持我，让我没有一点外国人的感觉。现在我已经和这个城市融为一体了。"西安人对土耳其小伙白振国也充满了喜爱和包容。在西安生活了7年的白振国，热爱生活、善良热情、乐于助人，去过中国18个省，而他最爱西安这座城，他想把学习到的中国文化的精髓带回土耳其，做更深入的推广，让更多的土耳其人了解中国，了解中国文化。

如今，白振国是西北大学广播电视艺术硕士研究生，首任外籍学生校长助理，也是西北大学培养出来的第一个外籍导演。他还曾荣获国家留学基金管理委员会2016年度中国政府优秀来华留学生奖金嘉奖，摄影作品入展第五届丝绸之路国际艺术节·2018"丝路长安"大学生艺术节展。他和妹妹白鹿原被西北大学国际合作部授予文化传播之星奖，经常受邀在西安电视台、西安网信办、国际在线讲述他的中国故事和中国情结。去年一年时间，白振国在学习之余还忙着拍摄自编自导的第一部微电影作品《土耳其冰淇淋师》。

白振国说，学习知识是首要任务，他准备在中国把硕士和博士课程读完，以后从事土耳其与中国文化交流相关的事，向中国人介绍土耳其文化，也要用电影、文学等方式向土耳其人推广中国文化。

了解中国，西安作为切入点是再好不过了

土耳其小伙和西安的缘分，源于2010年。15岁的白振国还是一名高中生，虽接触过中文，但是对中国的印象，大多是概念性的，暑假他来到中国旅行，去了云南、宁夏和北京、西安4个地方，从此深深地迷上了中国。

　　"看到宏伟的城墙屹立在西安城中心，高楼与古建交融，在这里可以吃汉堡，也可以吃面，可以玩摇滚，也可以去听戏……深厚的历史文化与国际化的生活气息有机叠加，渗透在这座城市的每一个角落。"白振国笑着说道。中国之行，打开了白振国认识世界的一扇窗户，让他学会了用不同视角去看世界，与不同价值观的人交流——这与他身上自由包容、进取理性的精神达到了某种契合。

　　"我非常想学习汉语，在我眼中，中文是未来的世界通用语言。我去过俄罗斯、乌克兰、阿联酋、菲律宾等国家，在机场都遇到过中国人，跟他们直接用中文交流。文化大国的中国，中文肯定是未来的世界通用语言。"白振国说他曾多次向朋友描述他来中国的原因和他眼中的中国人。

　　"如果中国是一棵大树，西安就是这棵树的根。"2012年，当身边同学选择去欧美等地留学时，站在人生第一个十字路口的白振国毫不犹豫地选择了留学西安。在白振国眼里，了解中国，西安作为切入点是再好不过了。在西安学习期间，他在西安交朋友、看展览、逛景区，用一个土耳其人的眼光，阅读和认识这座城市，"作为古代丝绸之路的起点，西安古老而现代，我爱这种文化气息，"他说。

　　七年光阴如梭，从选择西安留学伊始，到爱上这座城，不仅让这个土耳其小

白振国、白鹿原兄妹俩参与西部网用土耳其语介绍陕北专题片的拍摄 （白振国 供图）

伙完全融入了西安，就连家人也与中国结下了不解之缘。

"来西安，一方面源于我哥哥的推荐，另一方面源于我的中国情结。"采访中，漂亮的90后土耳其女孩白鹿原与笔者聊了起来。2017年10月，白振国的妹妹伊蕾木·德米尔卡勒，追随哥哥的脚步也来到西北大学学习汉语，哥哥白振国每天都要抽出时间教她学习汉语。

"哥哥给她起了一个非常好记，同时也非常好听的中文名字——白鹿原，哥哥说中国人特别是陕西人，一听到这个名字会很开心。我当时跟别人说起这个名字很多人都笑起来，后来才知道这是陕西的地名，著名作家陈忠实的小说也叫《白鹿原》。"伊蕾木·德米尔卡勒高兴地笑着说。

"在土耳其文化里，地名可以用作人名。土耳其语中，'白'代表和平、纯洁，'鹿'代表温柔，两个字的寓意都很美好，然后我就给妹妹起了这个名字。"坐在一旁的白振国用熟练的汉语插话诠释，他高兴地说，一位卖水果的师傅不记得白振国的名字，但每次见到他妹妹，"白鹿原"三个字却总能脱口而出。

"西安是她来到中国的第一座城市，这里也给了她很多第一次：比如第一次吃羊肉泡馍，第一次吃饺子，第一次用筷子，第一次吃中国烤肉。了解得越多，我越被陕西厚重的历史和故事所吸引，越为中国文化的博大精深所折服。"白振国说道。来到西安后，白鹿原成为西北大学国际文化交流学院汉语语言文学本科专业的一名留学生。

"中国有自己的特色传统和文化，戏曲就是其中之一，许多中国文化都可以从戏曲中反映出来。尤其是中国戏剧的服装，能将我从现代带到中国古代。我想，如果一个外国人想了解中国的文化应该看一看中国的戏曲。"喜欢探寻中国传统历史文化的白鹿原，对中国戏曲也有着自己独特的见解。

白振国以中文和土耳其文两种文字写成了《51天中国行：一个土耳其人的西部文化体验之旅》一书 （白振国 供图）

"妹妹来中国留学经历的许多趣事，我也曾有过。在土耳其，男

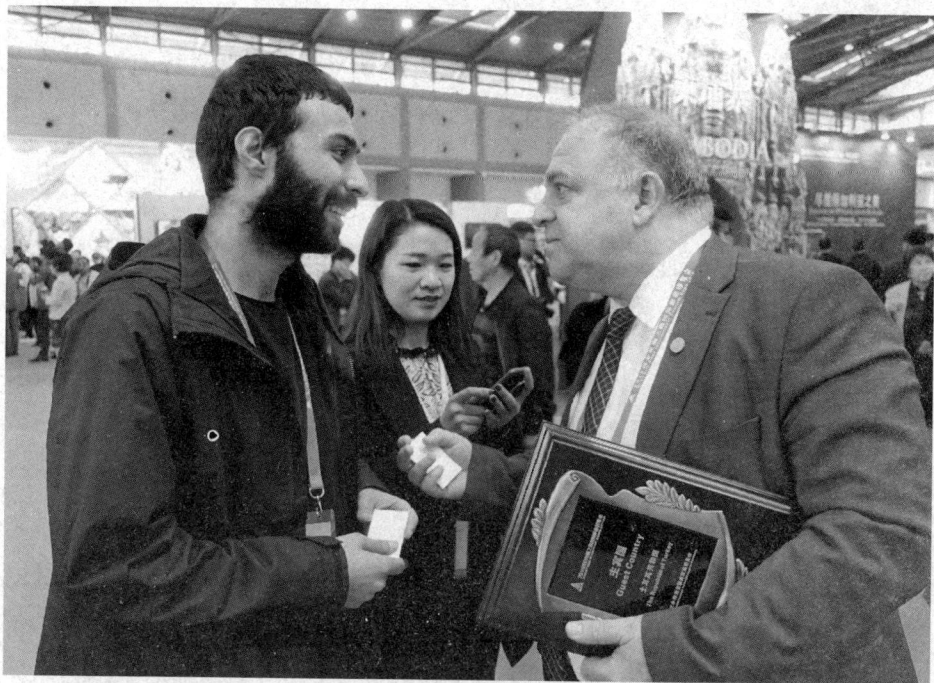

土耳其驻华大使馆文化参赞台风（右）与白振国亲切交谈 （白振国 供图）

性和女性的理发店是分开的，第一次在西安理发，一看理发店里有女孩，我就退出来，找了一整天也没理成发。还有刚来西安，我根本不知道中国人有过年放鞭炮的习俗，当噼里啪啦的鞭炮声响起时，我还以为有什么突发事件，条件反射地卧倒在了大街上！现在环保，过节也听不到鞭炮声了……"白振国笑言。

"我刚来西安的时候，每天6点起床去外边等校车。有一天，我在等车的时候下雨了，大家都带着雨伞，我没有雨伞，这时候一个中国的老师给了我她的雨伞。这件事让我非常难忘，也许这对于别人只是一件小事情，但是对于初来中国又不会说汉语的我，感觉特别温暖。"除了传统的历史文化的吸引，白鹿原说打动她的还有这里的人。白振国说："从我入学开始，我的同学和老师都很友好，非常照顾我，这对一个初入陌生国家的外国人来说无疑是幸运的。有一天，我无意间在大唐西市博物馆看到一尊人物雕像，简介记载雕像代表的波斯人曾在西安做过官。我在想，古时候就有外国人来中国，并且生活得很好，甚至有过做官经历。如此看来，西安的友好、包容与开放由来已久。如古时一样，现在的西安也张开怀抱迎接着外籍留学生。"

"丝绸之路"让不同的文明,文化得到互相交融、相互影响,愿更多的土耳其人通过中国文学了解"丝绸之路"的魅力与伟大,让中国故事走向世界。

"İpek Yolu" farklı uygarlıkları, kültürleri karşılıklı etkilesim haline getirmiştir. Umarım daha fazla Türk, Çin edebiyatı sayesinde "İpek Yolu'nun güzelliğini ve büyüklüğünü anlar, Çin hikayelerinin tüm dünyaya yayılmasını sağlar.

白振国

白鹿原

白振国、白鹿原兄妹分别用中文和土耳其语书写他们
讲述中国故事的感悟 (魏锋 供图)

如今,白振国和妹妹渐渐适应了这里的生活,他们通过自己的努力,通过了汉语水平等级考试,读硕士、读博士……

搭建桥梁,做现代丝绸之路上的"马可·波罗"

"大家好,我叫白振国,欢迎大家和我一起来参观土耳其展馆。土耳其横跨欧亚大陆,连接中亚、欧洲,汇聚了亚洲和欧洲文明的精华,有着几千年悠久历史和先后13个不同朝代的文化历史遗产,拥有极为丰富的旅游资源……"在2018中国"土耳其旅游年"的土耳其展馆,这位留学西北大学、说着流利的汉语、有着地道中国名字的主持人白振国,成为一位丝路交流的使者。

在白振国看来,中国是一个无穷的文化宝藏,"单是饮食文化就堪称博大精深,每个地区、每个民族都有自己丰富的饮食文化,很少有国家能跟中国一样。我希望西安和伊兹密尔能缔结为友好城市,城市之间、居民之间可以互相交流,密切合作。如此这般,让伊兹密尔的人们一览古朴美丽的大雁塔,让西安市民一

睹伊兹密尔的'蓝色童话'，让西安和伊兹密尔的'钟楼'互相拥抱，也让西安城墙牵手伊兹密尔的'城堡'。如果可以，让比萨和肉夹馍、烤肉饭和羊肉泡馍、土耳其的冰淇淋和西安的甑糕携起手来，缔造一段关于美食的佳话……"

白振国说："古时丝绸之路沟通了中国和土耳其的商旅往来和文化交流。如今，'一带一路'倡议的提出，赋予这两个古老的国度更紧密的联系，这对于两国人民友好交往和国家共同繁荣都是有好处的。并不是每个人都有机会出国留学，去了解另一个国家的文化习俗，但是至少我们可以通过一种叫'文化体验'的旅行来深度感受另一种生活。最好的方式就是结识当地的朋友，和不同背景的人在一起交流，酝酿发酵。"

白振国说："西安是丝绸之路的起点，我把它作为我51天探索中国西部的起点。"从丝绸之路的起点出发，穿越时空，一步一个脚印，做一名文化交流的使者，把旅行中的见闻分享给更多人。白振国把对中国的热爱转化为行动，2015年大二暑假，他毅然背起背包，穿过四川、甘肃、云南、新疆、青海等多个省区，坐了200多个小时的火车，行程约3万公里，用镜头和文字记录了他的中国西部文化之旅。他游历中国的山山水水，把自己的所见所闻用中文和土耳其文两种文字写成了《51天中国行：一个土耳其人的西部文化体验之旅》一书，并出版发行。

笔者与胡宗锋（右二）、罗宾·吉尔班克（右一）、艾克雷姆·德米尔卡勒（左一）（张志方 摄）

他还开设了微信公众号和微博，记录他在中国行走的见闻，文字和图片都饱含着一个土耳其人对中国文化的好奇与热爱，让两国文化以这样的方式交流和碰撞。

"中国和土耳其分别位于古代丝绸之路的东端和西端，土耳其有非常多的丝路遗迹，我努力做的一切，就是想让人感受到古代丝绸之路的风采。"白振国说，"几年前，我受邀参加了东方卫视旅行节目《花样姐姐》在土耳其的拍摄，负责团队在土耳其方面的沟通工作，并在节目中客串了一把。我还参与了很多土耳其纪录片的拍摄，做一名中国和土耳其文化交流的使者，增进两国人民对双方文化的了解……"回忆起当初所做的决定，白振国感觉到，冥冥之中，仿佛有一种力量牵引着他来到中国。"高中毕业时，我的同学大多选择去欧美留学，全班只有我选择来中国留学。很多人问我：'你不了解中国，为什么要去中国留学？'我的回答是，正是因为不了解，我才更向往这个神秘的国度；越了解，我就越想要亲近它。"

白振国想通过学书法，看懂中国两千年前的汉字，现在他已经能看懂和写几千个中文生词了。除了旅游、摄影、写作以外，他还业余学习中国篆字书法。如今，除了与妹妹一起翻译《贾平凹散文选》外，他还在用汉语写他的第二本书，讲述他在西安的7年光阴，从不了解中国到成为一个"中国通"的故事，展现了土耳其人眼中的西安风土人情。

在未来的规划中，白振国兄妹将自己和中国紧密地捆绑在一起："完成学业后，我们兄妹还会留在中国一段时间，因为中国越来越包容，越来越开放了，我可以感受到中国人非常尊重我们的文化，我在中国也有很多朋友，我在这里非常开心。"

土耳其是亚洲与欧洲的桥梁，西安又是古丝绸之路的起点。期待帅气幽默的土耳其小伙子白振国、美丽可爱的小姑娘白鹿原兄妹，跨越国界、超越时间，用他们的智慧和热情，把在中国的所见所闻带回土耳其，让更多的土耳其人了解中国，了解丝绸之路的魅力与伟大，搭建起中土友谊的桥梁，做现代丝绸之路上的"马可·波罗"。

白描：开创"文化非虚构"写作之先河

白描最新创作40万字反映郑国渠前世今生的纪实作品《天下第一渠》出版备受关注 （张志方 摄）

白描，生于1952年，陕西省泾阳县人。作家、教授、文学教育家、玉文化学者、陕西师范大学人文社会科学高等研究院驻院作家。曾任鲁迅文学院常务副院长，现任中国作家协会报告文学委员会副主任、中国报告文学学会副会长、中国玉文化研究会佛造像专业委员会会长。出版有长篇纪实文学《苍凉青春》《荒原情链》《秘境：中国玉器市场见闻录》，长篇小说《人兽》，散文集《被上帝咬过的苹果》《人·狗·石头》等；文学论著《作家素质论》《论路遥的小说创作》等；出版和发表玉文化专著《翡翠中华》《中华玉文化与中华民族精神》等。作品曾荣获全国优秀报告文学奖，并多次获得十月文学奖、人民文学奖等奖项。

2017年4月29日，白描在家乡泾阳为笔者题写书斋名　（李胜灵　摄）

"我想写出一种文化传承流布的曲折进程，写出其中复杂的旋律和多种多样的和声，写出这闪光发亮的石头所映照出的世道人心，写出藏在这石头里的喜乐悲伤。"著名作家、评论家、鲁迅文学院原常务副院长白描，长期致力中国玉文化研究，作为中国玉文化研究会副会长兼玉雕专业委员会会长，他历时10年时间，南下北上，踏勘玉石矿山，深入玉器作坊，遍访玉器市场，探秘造假工厂，掌握了大量玉器市场中不为人知的第一手宝贵资料，潜心查阅大量古籍文献，追溯玉文化的起源及发展演变，创作完成了长篇纪实文学《秘境：中国玉器市场见闻录》，该书分《白玉纪》和《翡翠传》上下两部。

《秘境：中国玉器市场见闻录》首次披露那些秘不示人的行业机密，填补了玉器领域开创性著作的空白，相继在《十月》《人民文学》发表，被誉为在现实非虚构、历史非虚构作品之外开创"文化非虚构"的先河之作。该书内容涉及真假玉器的分辨常识、翡翠ABC货的区分办法，篇篇都是作者在中国玉器市场上的亲闻亲见；既以通俗易懂的语言对中国玉文化发展的脉络进行了梳理，又有具体的收藏经验分享，是一部难得的集学术与实际应用于一体的纪实文学；先后荣获十月文学奖和人民文学奖，入围第七届鲁迅文学奖提名，单行本由北京十月文艺出版社出版发行，成为社会媒体和大众读者关注的焦点，在文学界和工艺美术界引起强烈反响和持续热议。

中华玉文化在世界各民族文化中是一种独有形态，中国玉雕艺术传承着中华民族的古老技艺，本身就是一种文化符号，承载着既往和当下的许多信息。全书着力让读者在引人入胜的文本阅读中，了解玉文化，了解玉器，了解玉雕艺术，了解玉器市场，以"玉德"对我们心灵和精神进行必要的洗礼，让八千年中国玉文化在真正意义上与崭新时代的国民精神心交神会。

日前，笔者采访了这位有人文担当的作家——白描，听他解读中国玉器市场和中华玉文化精义，分享《秘境：中国玉器市场见闻录》中惊险与惊喜的奇闻趣事。

魏锋：您在国内文学界享有很高的威望和声誉，长期从事文学创作、文学评论和文学教育工作，是什么原因让您长期非常专注地致力中国玉文化研究？

白描：很早以前我喜欢上了收藏，而在收藏里，我最感兴趣的是玉器。先是觉得玉器美，很有观赏性；再后来就觉得玉器包含的历史文化信息比较丰富，小小物件，意味无穷。20世纪80年代后期，我的朋友杨毓荪制作珍宝琵琶，拉上我接触了一批专业人士，我开始对玉文化进行研究，再后来就当作一种专门学问来做了。2012年，上海海派玉雕文化协会经过评选，我和中国国家博物馆艺术品鉴定中心主任岳峰、天津工艺美术协会会长王金厚三人被授予中国玉雕艺术评论家称号，先后数次在北京、上海、南京、深圳等地主持国内工艺美术界、玉雕界学术论坛和艺术交流活动，开始长期主编国家级玉雕大奖《中国玉石雕刻百花奖获奖作品集》，并担任艺术评鉴总撰稿。

课石味经

秋亥己暑 描白

"白描系列作品典藏"藏书票。魏锋创意策划，郭伟利制（**魏锋 供图**）

魏锋：《秘境：中国玉器市场见闻录》是一部跨界写作的文化非虚构文本，其复杂性和艰巨性可想而知，是什么原因触动您花费10年时间创作完成这样一部具有开创性、里程碑意义，同时涵盖多学科内容的作品？

白描：人类社会有一段文明，叫作石器时代，人类从使用第一块石头到冶炼出第一块铁，经历了300万年时间；从第一块铁到制造出原子弹、氢弹，用了

3000年时间；工业文明诞生距今不过300年，而互联网的广泛使用仅仅才30年。人类文明前进的速率越来越快，我们乘坐的现代文明的列车以这种令人惊愕的加速度向前冲刺，会不会失控？时间在它面前会不会坍塌？这一切，我搞不明白，伴随而来的是莫名的忧伤和恐惧。每当这种忧伤和恐惧袭来的时候，我会不着边际地想到古代先哲为我们描画的那种天人合一、返璞归真、造化为母、万类和谐的人类生存样态，那种与自然保持着血脉亲情，普天之下高扬"民胞物与"旗帜的世相图景。可眼下，上下求索，希望成灰。这个时候，有一样东西能填补我的失落，抚慰我的心灵，那就是玉石。玉石汇聚日月之光华，神通造化之精灵，她是大地的舍利子。在我魂不守舍的时候，我与石对晤，与石私语，她展露给我一种美丽的表情，我回报她一腔滚烫的挚爱。玉石的德行，与人相通，而中华民族所创造的绵延八千年的玉文化，她的核心理念，她的价值支撑，她的精髓要义，却为现代文明渐渐疏远，渐渐淡忘，渐渐背弃，而这正是人间发展所要遵循的正道、常道、恒道。

世界很多国家都产玉，但只有在中国形成了玉文化。中国是全世界玉器最大的生产国和消费国，但玉文化知识普及一直是个软肋，中国人愿意让玉器保留它的神秘性，只做不说，只赏不语，历代研究玉器的书籍少之又少。新时期出了一些玉器研究方面的图书，五花八门的都有，有些还是有一定分量的，但以中华玉文化发展历史和新时代改革开放潮流作为宏阔背景，从市场角度切入，深入记述玉文化在当代中国的影响和嬗变，揭示中国玉市的真相和隐秘，我还没有看到有这样的著作。《秘境：中国玉器市场见闻录》就是在这样一种背景和状态下写出来的。当然，我并不满足仅仅是歌颂一种石头，也不满足仅仅是普及知识格物致知，我还想写出一种文化传承流布的曲折进程，写出其中复杂的旋律和多种多样的和声，写出这闪光发亮的石头所映照出的世道人心，写出藏在这石头里的喜乐悲伤。

魏锋：《秘境：中国玉器市场见闻录》有许多的玉石常识，告诉普通读者怎样区分翡翠的A货与B、C货，仿古玉如何做旧，如何识别玉器市场中种种骗人的伎俩。您不仅具有极高的文学成就，同时也有深厚的学术造诣，在秘闻与现场，现象与考据创作中，您是如何来完成这部书的，最大的感受是什么？

白描：创作中我也遇到了极大的挑战。我认为创作者必须要具备综合素质和人文素养，不仅要掌握大量的文献资料，而且对玉文化的历史渊源、遗存实物进行考据。10年之中，我查阅大量古籍文献，追溯玉文化的起源及发展演变。为了解一个采玉家族的人生经历，我数次到访和田，费尽周折接近采玉老板，在矿场上解决因采玉引起的纷争。为了考察翡翠的历史，我曾沿着《徐霞客游记》中记载的路线寻访滇西，从大理、保山，翻越高黎贡山，一直走到徐霞客曾经在腾冲绮罗村落脚的房子里。为了弄清翡翠造假的秘密，历经曲折暗访地下造假工厂。为了搞清伪古玉器的制作，我把一个玉器造假大师请到家里，用尽一切方法感化了大师，最终使他到化工商店买来玉器造假原料，给我完整演示了造假的全过程。

在创作中，我始终坚持的观点是，《秘境：中国玉器市场见闻录》要让更多的普通读者从中受益，揭秘中国玉器市场，教读者如何区分翡翠A货、B货、C货，仿古玉如何做旧，如何识别玉器市场中种种骗人的伎俩。在造假作坊的那个下午，我分辨不清自己内心的感觉，是值得庆幸呢，还是对看到的一切觉得厌恶？好在当今很多市场已经开始着手规范化治理，有些大的玉器市场已经扫除B

1985年8月中旬，陕西省作家协会长篇小说研讨会在陕北榆林召开。从右至左：陈忠实、京夫、路遥、贾平凹、白描、子页

（路遥文学馆 供图）

货、C货比较干净了。我相信随着人们知识经验的积累，随着治理措施的加强，玉器市场终会解密破谜，廓清迷雾，走向清朗和规范。

魏锋：这部书中您主要的笔墨不是在于玉石的真假解析，而是对于玉石的疯狂开采、市场的无序炒作发出了自己的呼喊。您对玉石资源开采最担心的是什么？也常常听到一些新手刚入市就开始收藏翡翠原石，您如何看？

白描：当然，从接触到研究玉器，我非常担心这个问题。我们读《山海经》，里面记载了那么多玉山，现在很多山已经无玉了，比如赫赫有名的蓝田玉，早已被挖光刨尽，现在仅有品质很差的伴生矿出产，不是玉，而是石英质类的东西。和田玉作为地球在地质运动中偶然形成的一种自然资源，不可再生，不可复制，珍稀资源一直开发，总有穷尽的时候，所以我们应该倍加珍惜爱护，不要在我们手里挥霍殆尽，得给子孙后代留下一些来，不能只是传说。

翡翠的赌性，是与生俱来的。翡翠毛石，外表包裹着一层皮子，不剥开皮子，往往不清楚内里质地。翡翠毛石"出世"后迈出的第一步，就是赌，矿主赌，缅甸政府设立的"岗家"也在赌，双方打心理战，赌眼力。进入交易市场，更是一场赌博，不最后切开毛石谁也不知道输赢。但是翡翠再神秘，也是有线索可资判断的，如出产的"厂口"，表皮的特征和种种蛛丝马迹，这些在《秘境》里都有相应的描述和介绍。我个人观点，新手刚入市收藏翡翠原石不可赌性太足。

魏锋：随着人们生活水平的提高，玉器进入普通家庭的视野和生活，但是，玉器业界对玉文化内涵的认识模糊且不统一，玉器市场总是让人们感到虚火较重。也有人说，玉器市场如股市一般震荡。您是如何看待的？

笔者与白描 （孙春祥 摄）

白描：以出土实物为依据的中华玉文化历史，在北方，可以追溯到距今八千年前的兴隆洼文

白描为笔者创办的"微风读书会"题词 （赵日恒 摄）

化时期；在南方，可以追溯到七千年前的河姆渡文化时期。玉器买卖在一千年前的宋代才出现，此前一直是"不鬻于市"的。新中国成立后实行计划经济，民间几乎没有玉器市场。实行市场经济后，随着我国国民生活整体水平的提高，玉器市场才慢慢复苏并发展。百姓对玉石的需求量逐年在增加，无论是买和卖，可资参照的经验很少，这让经验不多的消费者把不准脉，觉得水太深了。另外，玉的价值往往有不确定性。材质、工艺、年代、文化含量不同，价值就会不一样，一个小戒面可能比一个玉山子售价还高；一件红山或良渚玉器，玉质不见得怎样，拍卖会上却能拍出惊人价格。这些都需要专业知识、专业经验作为判断依据。一般消费者不具备这些经验和知识，看不懂其中的门道是自然的。慢慢来，这是一个必然的过程。

物以稀为贵，自然会引起价格飞涨。市场上有炒作和田玉的行为，但主要还是市场规律在起作用。

玉市和股市不一样，股市下滑股民便急于抛掉手中的股票，但玉器市场有降温，有慢销，甚至是滞销，却没有急甩狂卖，谁见过玉器市场有甩卖？当前玉器市场不是很景气，与经济大形势不景气有关，但商家宁可关门歇业，把东西拿回家收起来，也不会降价处理。关键原因是上游原材料价格始终未降，甚至还在抬高。出产成本大，加上产地不断出台种种新的把控政策，原材料价格贵不说，而且越来越稀缺。玉器不是萝卜白菜，卖不掉怕放坏，玉器不怕放，放起来再等时机。所以说，玉市说垮就垮那是不可能的。

魏锋：白老师，您一直以来在文学批评和玉雕鉴赏这两大领域恣意游走，《秘境：中国玉器市场见闻录》一书倾注了您对玉文化研究的宝贵心血，出版以后在文学界和工艺美术界引起强烈反响和持续热议，也成为社会媒体和大众读者关注的焦点。您想通过此书向读者传递一种什么样的能量？

白描：《秘境：中国玉器市场见闻录》的出版，实现了我多年来的夙愿，我最主要是想通过这样一本书，揭示中国玉文化传承千年而不衰的因由。一方面，在这本书的写作上，我不局限于某一个方面，比如玉文化专家的文本知识、考古学家的实地经验、玉雕艺术家的工艺技能、玉器商人的市场分析，我力图打破这些行业、领域之间的限制，做到融会贯通。在文字表达上，也尽量用浅显易懂、明白如话的语言，让普通读者和收藏爱好者体会阅读的乐趣，增长知识。另一方面，一件玉器往往集中体现了某段特定历史时期的丰富蕴涵和一个民族的智慧才华，有着探究不尽、玩味无穷的文化意蕴，使人真切感受到中华历史文化的悠久、博大和深邃，如同迷境，耐人寻味。而自古至今，中华玉文化所赋予美玉的人格化道德化含义，在精神与物质、理念与实践、信仰与功利之间，从来干戈不休。言行不一的尴尬，理想主张和实际作为上的双重标准的矛盾，千百年来都存在，但到了眼下中国，已经进入茫然迷境。这需要我们从当下中国人的价值观上进行反省，从民族精神的深层去寻找原因。

陈彦：小人物的知行触痛了时代最敏感的神经

著名剧作家、作家陈彦 （**魏锋 摄**）

　　陈彦，生于1963年，陕西省镇安县人。一级编剧，中国作家协会会员。曾创作《迟开的玫瑰》《大树西迁》《西京故事》等戏剧作品数十部，三次荣获中国曹禺戏剧文学奖、文华编剧奖，作品三度入选国家舞台艺术精品工程十大精品剧目。曾创作 32 集电视剧《大树小树》，荣获中国电视剧"飞天奖"。著有长篇小说《西京故事》《装台》《主角》，其中《装台》被中国小说学会评为2015小说排行榜长篇小说榜首，被中国图书学会评为2015中国好书，2018年1月荣获首届吴承恩长篇小说奖；《主角》荣获第十届茅盾文学奖，第三届施耐庵文学奖等多个奖项。另有散文集《必须抵达》《边走边看》《坚挺的表达》《说秦腔》等著作问世。现任中国戏剧家协会分党组书记，驻会副主席。

2019年3月15日，根据陈彦小说《装台》改编的30集大型电视连续剧在西安举行开机仪式。该剧导演李少飞，主演张嘉译、闫妮 （**魏锋 供图**）

在当代文坛那些熟悉的作家队伍中，"陈彦"的名字愈来愈响，戏剧、电视剧、诗词、散文和小说创作……诸多门类的创作中，陈彦笔耕不辍，他被批评界视为抒写底层人生、富有悲悯情怀和生活理想的一位剧作家和作家，其表达的也都是对普通人、平凡事、寻常问题的悲悯、感怀和批判。他的作品响应时代的需求，切中时代的脉搏，表达人民的诉求。

日前，笔者专访了著名作家、剧作家陈彦，听他讲述他对戏剧艺术、文学创作的新构想。

魏锋：陈老师您好，感谢您接受我们的采访。在当代戏剧和文学界，您创作的作品涉及面广、成果丰厚，无论是现代戏剧创作，还是电视剧创作和文学创作均有佳作问世。请您具体谈一谈戏剧、电视剧和文学创作三者之间的关系，作品创作的真正意义是什么？您认为不管是哪种体裁的作品都应该传递一种什么样的社会责任？

陈彦：在我看来，这三者是一个有机体，但在别人看来，也许是风马牛不相及的事。我知道文学界有人说搞文学的去搞电视剧纯粹是坏手艺的事，我却不这样看，体验也完全不一样，这大概就是个性差异吧。我喜欢其中的跳荡、背反和互补，它们无非都是作者有话想说，想对社会发言，不过就是发言的方式不同。文学更直接一些，而戏剧与电视剧，还有二度创作，更间接一些而已。尤其是戏剧，那种似乎在与上千观众一起讨论"活着还是死去"的人生重大问题的感觉，绝对是独特的、美妙的，有时甚至是美妙得不可与外人道的。文学艺术创作的根本目的，对作者来讲，都是思想与情感的不吐不快。至于意义、责任，那是个生命建构的深度问题，有些过分想表现意义、责任的，反倒表现得轻如鸿毛；有些不经意表现出来的，反倒处处有意义，处处有责任。这是一个过分想强调，就会毫无意义可言的问题。

魏锋：您20多年一直在一个大剧院工作，整天和戏剧打交道，创作的十几部舞台剧，譬如《迟开的玫瑰》《大树西迁》《西京故事》等反映最多的是普通人的故事，传承更多的是做人与生命的价值，赢得了观众的好评，三次获得曹禺戏剧文学奖。您为什么会钟情于戏剧创作？请您具体谈一谈您为什么会选择"为普

长篇小说《装台》版画。"微风读书会"创意策划，郭伟利制（**魏锋** 供图）

通人立传"，您所诠释的价值取向是什么？

陈彦：我最早也是从文学创作开始的，因为一个偶然的机会，开始了戏剧创作。那是有一次省上搞"学校剧"评奖，文件下到县上，没人弄。文化局的领导知道我在搞文学创作，就让我试一试，结果一试，写了个话剧《她在他们中间》，到省上还获了个二等奖。那次省上一等奖评了一个，二等奖评了两个，含金量还挺高的，从此我就把创作无形中定位到戏剧上了。所谓"为普通人立传"，在我，那就是写熟悉的人、熟悉的事，对于不熟悉的人和事，我几乎是一个字都写不出来的。为写上海交大西迁西安的舞台剧《大树西迁》，我先到上海交大住了35天，后在西安交大住了4个半月，采访了100多个与西迁有关的人，采访录音几十盘，最后写成的文字，就不到3万字，折腾了我整整三年。我选择了很多路径，最终还是从西迁中最普通的人说起，用一个最不愿来西部的年轻教师的一生，折射出中国一代知识分子的责任与担当情怀。要说写普通人的价值取向，那就是反复阐释他们的生命意义，有时看似无价值无意义，其实深层开掘一下，就不能不说，我们似乎是看到了像民族脊梁一样的东西。

本专栏由陈彦先生授权，贾平四先生题写栏目名，微风读书会主办的陈彦作品读书微平台，开展作品研读、学术研究、学术交流及相关文学、文化类活动等。

贾平四为笔者创办的"陈彦作品研读会"题名（**魏锋 供图**）

魏锋：受现代媒介影响，可以说，戏曲界整体上不景气，缺少观众，更多的是缺少好作品，尤其是传统戏曲对新生代观众吸引力不足。您在陕西省戏曲研究院工作这段时间，一直专心致志地挽救和发展秦腔，您感受到最大的阻力是什么？您这么多年的坚持，最大的收获又有哪些？

陈彦：任何艺术都有它的受众圈子。戏曲艺术的观众圈子，我感觉是在扩大，而不是在缩小。譬如秦腔，我始终没有感到它的衰落，

2018年4月迄今，陈彦为"微风读书会"全国各地读者签名《装台》4000多册（**魏锋 摄**）

只要有好作品，什么样的观众都会走进剧场，当然，如果作品本身没有号召力，也就不能怪观众要被别的艺术样式所吸引。现在没有什么艺术样式是可以有金刚不坏之身的，你缺乏创造意识、质量意识、规律意识，都会让受众弃之如敝屣。我对秦腔艺术事业的多年守望，主要是推动以内容为主的艺术质地的艰苦攀升，要说阻力，都来自自身，来自内心，那就是始终在与粗制滥造、急功近利、践踏规律、瞎乱指挥做殊死的搏斗。你得敬畏这门艺术，敬畏从事这门艺术的人，敬畏懂得并热爱着这门艺术的观众。

魏锋： 据悉，1998年您创作的眉户现代戏《迟开的玫瑰》18年了，还在全国20多家剧团不断排练上演，总计演出数千场。作为文艺作品，这是极为难得的事情。请您具体谈一谈当时创作这部戏的经过和您最难忘的事。

陈彦： 我在创作《迟开的玫瑰》的时候，社会只盯着成功人士，盯着白领，盯着塔尖上的人物，而漠视普通人的存在，甚至嘲弄他们的生存方式，鄙视他们的生命意义与价值。社会的宝塔尖，是靠坚实而雄厚的塔基撑持起来的，长期漠视甚至消解社会"底座"的价值意义，这个社会是会出问题的。正像一个家庭，如果能出大人物，出优秀人物，那一定是有家庭成员要付出代价的，有的甚至是要做出巨大牺牲的。我们需要发掘这些牺牲的价值精神，从而让社会的宝塔更加稳固并持之久远。

这个戏在剧本刚出来的时候，也并不被完全看好。因为18年前，在比较流行的文艺作品中，大多是各种住在别墅里呼风唤雨的女人，即使是农村题材，也一定有能把一个村子搅得天翻地覆的各种女强人形象，而我发掘的是一个为了家庭、为了弟妹，不得不放弃上大学的机会，由校花逐渐滑落为一个普通家庭妇女，并最终嫁给一个靠疏通下水管道生活的最底层的小人物的故事。主人公叫乔雪梅，她的生命价值自然遭到了不少质疑，但我固执地认为，这是最真实的社会存在，这是许多人都不能逃脱的生命现实，也可以说是一种叫命运的东西。我们身边这样的背运大姐比比皆是，她们自觉不自觉、情愿不情愿地托起了家人，照亮了别人，而自己却一天天黯淡下去。我的发言是，社会不能整体性地蔑视、嘲弄这个庞大群体的存在，更不能给这个世俗眼中的卑微人群伤口撒盐，甚或批判他们终日推磨子、拉碾子式的生命是无意义地苟活；要努力找回他们身上的亮色，让他们感到自己的牺牲与忍辱负重是有价值的，他们是配享有与成功者同等地位与社会尊重的。

这个戏至今仍是一些剧团的保留剧目，它的生命力，让我感悟到了一种内心必须永远坚守的东西。

魏锋：在您创作的《西京故事》中，把一些普通人的劳作状态和靠诚实劳动、安身立命的生命价值，强烈地推到观众面前。这个戏已经演出了500场，走过全国30多个城市、100多所高等院校，尤其是在远离秦腔西北本土的一些南方大学演出，甚至先后引起多个省教育部门的关注，学校要求教育部安排返场。请您具体谈一谈创作这部作品的初衷，您想通过《西京故事》传递什么？对于当下农民工的价值取向，您怎样看？

陈彦：现代戏《西京故事》完全是一群小人物的生活演进史，他们生活在城市的边缘地带城中村，置身于城乡二元结构的对立、融合接缝处，既想挣脱土地的贫瘠，又难以融进光亮流丽、看似很是文明高档的时尚都会，内心正涌流着难以言表的希望与失望、坚守与放弃、挺立还是趴下、奋进还是沉沦的复杂思绪与情态。

我跟踪这个群体很长时间。最早引起兴趣的，就是我们单位屋檐下的那群人，他们有十几位，白天外出打工，晚上回来，就在廊檐下的水泥地板上安营扎寨。据我了解，他们不是要饭的，他们就是进城务工的农民，嫌租房太贵，因此，一年四季就过着这种风餐露宿的日子。为了创作，为了发言，我又走进了真正的农民工集散地，一个叫八里村的地方，这里竟然住有10万农民工；另一个叫木塔寨的城中村，当地户口仅1500多人，而外来务工人员却达到5万之众。每逢上下班时，真是摩肩接踵，人潮汹涌，煞是壮观。当然，也煞是令人惊悚惶恐。这个庞大群体中的每一个个体的冷漠表情背后，都隐藏着什么样的秘密？他们都在思考什么，追求什么？他们集合在一起的意义是什么，这种集合又会产生一些什么样的能量？一切的一切，都不由得让人浮想联翩。我先后多次进村，采访农民工个体，也采访村上的领导。他们说，

小人物的知行，触痛了一个时代最敏感的神经，我用作品为他们呐喊撑持肩负。他们的故乡的振声

珍贶，戊戌秋 陈彦

"陈彦系列作品典藏"藏书票。魏锋创意策划，郭伟利制 （魏锋 供图）

好多年了，一直就这样，来了走了，走了来了，像流水席一样，但始终都是相安无事的。

"相安无事"这四个字，让我驻足徘徊，我就从这四个字中，去寻找人物的深层心理结构，最终确定了罗天福这个主人公，并进一步建构了他那个不无代表性的家庭——一个包含了诸多社会容量的生命细胞。这个细胞在"西京梦"追逐中，在城市化进程中，经历了精神撕裂，甚至肉体的植皮、剖腹、换肝，但他们最终并没有以变形的人格获取幸福。罗天福始终坚持以诚实劳动安身立命，在生

存与精神困境的双重挤压下，顽强坚守着做人的底线与生命尊严。他的苦痛、他的隐忍、他的怒斥、他的坚守，虽然是一个小人物的知行，但却触痛了一个时代最敏感的神经。我以为，罗天福们的呐喊、撑持、肩负，就是时代的最强音，他们的故事必然振聋发聩。

魏锋：据我们了解，秦腔《西京故事》首演时，您决定先演给农民工看。您为什么要选择首先给他们看？

陈彦：写他们，就让他们先审查审查，检验检验。当我看到他们的掌声和眼泪的时候，我心里才踏实下来。艺术的本质就是真实，让真实打动人，是最重要的事情。如果不真实，他们是不会被吸引，也不会被打动的。

魏锋：在秦腔《西京故事》里，有老城墙、东方雨老人与千年唐槐，还有两棵生长在乡下的紫薇树等很多东方文化元素。您想通过这些文化元素表达什么？

陈彦：戏剧的时间、空间都很小，如果剧中的人物、地点、景物、道具，不具有象征感，戏就会显得很单、很薄、很浅显。只有处处注意意象、象征这些东西，戏剧才会有意味。舞台上出现的任何一件东西，包括人物，都应该是有意思的。即使放一把扫帚，只要跟意义无关，我看都是可以省略掉的。

魏锋：近两年来，您从戏剧创作到电视剧创作，又开始转型从事长篇小说创作，始终关注的是现实题材创作，《西京故事》《装台》的出版再一次吸引了读者，在文学界引起强烈反响。据悉您已经开始了第三部长篇小说《主角》的创作，能否向读者透露一下目前创作的进展？

陈彦：我的写作现在完全是业余的，平常还有其他劳作。《主角》还是写熟悉的人物、熟悉的生活，那就是舞台上的主角，一群主角。《主角》中的主角，是一个女的，女主角尤其不易。截至目前，写得还算顺利，有20多万字了吧，写完，也许在40万字以上。预计2018年能略有眉目。

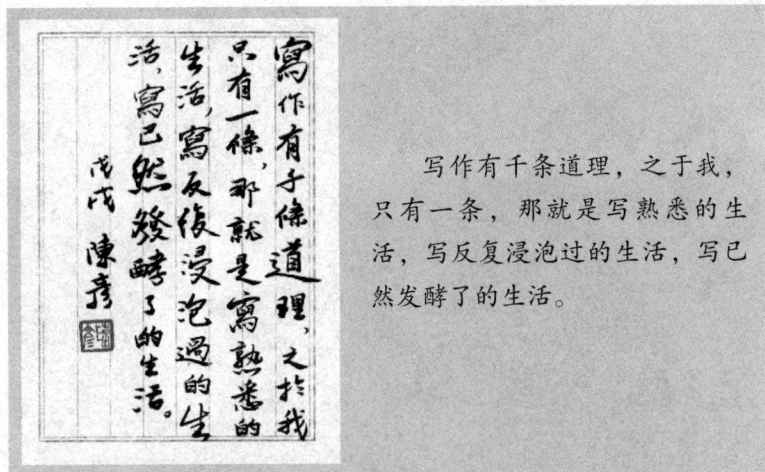

写作有千条道理，之于我，只有一条，那就是写熟悉的生活，写反复浸泡过的生活，写已然发酵了的生活。

著名作家陈彦题写创作心得手札（**魏锋 供图**）

魏锋： 小说《装台》，有人认为是您多年在戏曲研究院工作积累的一次爆发，您是否认同？对于小说中装台的细节，您在工作中又是怎样积累的？对于小说中融入的戏文，是小说需要还是您刻意添加的？

陈彦： 是的，我对装台是特别熟悉的，平常我也会参与这项工作，细节几乎无所不知，写起来的确比较顺手。小说中的戏文运用，也是顺势而为，觉得需要，就拉出来用，没有合适的，我会自己创作一段。我是职业编剧，编创这个很容易。用这些都是塑造人物与深化主题的需要，当然，有时也是为了形式上的"调色"。

魏锋：《装台》的出版引起了高度关注，被中国小说学会评为2015小说排行榜长篇小说榜首，被中国图书学会评为2015中国好书文学艺术类第一名。请您具体谈一谈您在该部小说创作中对语言的驾驭如何做到了原生态。

陈彦： 我并没有什么刻意。写了多年舞台剧，其实也是一个训练语言的过程。舞台需要简练，需要单刀直入。在写《装台》的时候，我尽量把表达方式搞得简练一些。各色人等，一定要按他们的生活逻辑、身份地位去说话。我不希望几十万字是听我一个人在说，没完没了地说，这是舞台剧创作的大忌。站了一台

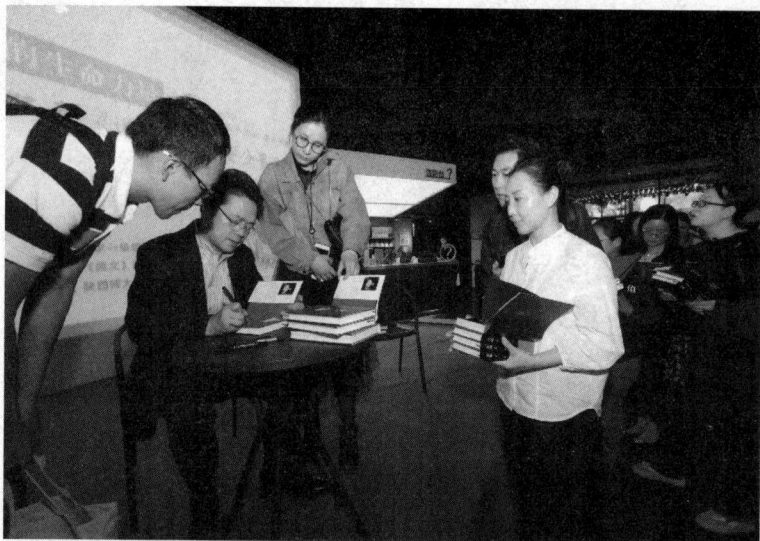

2018年9月29日下午，上海文艺出版社主办的"说秦腔"分享会
在西安曲江书城举行，陈彦为读者签名 （魏锋 摄）

子的人，开口都说一样的话，观众是看不下去的。这些装台人，都是西京城的底层人，他们自然是要说他们平常喜欢说的话了。一个人跟一个人的说话方式，差别是很大的，按他们的差别说，按他们的性格逻辑、文化水准说。如果这叫原生态，那就是原生态了。

魏锋：《装台》这部小说，故事涉及台上台下，戏里戏外，场面宏大且一波三折，阅读小说的过程犹如看戏。塑造人和事的时候是否会遇到一些称得上困难的事情，您是怎么解决的？对场面的描写您又是如何把握的？

陈彦：这似乎没有什么困难，需要小场面，就写小场面；需要大场面，就写大场面好了。我对所有人说的现代小说多是写一两个人的小场景、一两个人的内心挣扎的说法，有些不以为然。小说恐怕还是要根据所涉生活的需要走，我就特别喜欢写大场面。这次《主角》里，可能要涉及10万人的大场面，既富有写作的挑战性，也是深化主角性格与社会生活所需要的。我多次经见数万观众看戏的大场面，至今对那些场面的声画动效记忆犹新，写起来很过瘾，觉得有意思，就写而已。

魏锋：您早年曾为数十部影视作品创作近百首主题歌词与插曲词，您在戏剧、文学创作之外，还与这么多其他创作样式有联系，最大的收获是什么？

陈彦：我早年的确写过很多歌词，大多是给电影、电视剧写的主题歌词，也给一些晚会写词，还出版过《陈彦词作选》，这对戏曲创作是一种基本功训练。一部大戏，需要写300多句唱词，这是戏曲的魂灵部分，所谓文学性、所谓"一石三鸟"，有时全在唱词里了。因此，我始终觉得创作样式是一种互补形态，不要排斥其中任何一种，尤其是在创作早期，多试几个门类没有坏处。

魏锋：听说您还爱书法艺术，在写作之余也写字。这对写作有帮助吗？

陈彦：不敢说是书法，但的确爱写字，并且写20多年了。为字写得能有点法度，我曾经用近三年时间，把2000多字的《怀仁集圣教序》临了100遍，就是为了掌握规律。艺术都是相通的，我也不知书法对文学、戏剧创作有什么具体的帮助，但我想一定是有内在联系的。一个以文字为生的人，会写几笔毛笔字，似乎也应该是天经地义的事。

魏锋：无论是戏剧、电视剧还是小说创作，创作之前的功课是很有必要进行的。您会为创作做哪些准备？

陈彦：一是积累生活，二是大量阅读相关资料。一切的一切，都是为了"得心应手"四个字。无论怎么介入社会，我们的生活阅历都是有限的，而创作是需要对所表现的事有全息形态的认知，也只有这样，才可能表现好其中的一鳞半爪。对于不熟悉的东西，

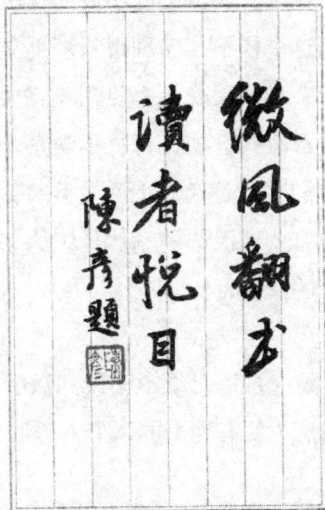

陈彦为笔者创办的"微风读书会"题词（**魏锋** 供图）

尤其是了解得不深不透的东西，是不能去涉足的；要涉足，就需要做大量功课。有些功课，是需要用一生去准备的。

魏锋：在以后的文艺创作中，您创作的重心是从事戏剧，还是文学创作？

陈彦：我的起步是文学，现在对文学的兴趣也正浓，以后还说不准。

魏锋：当下新媒体的发展已涉及各个领域，现代社会人们的阅读变得很浮躁和功利。您对读书持什么样的态度？请陈老师谈一谈读书中颇有印象的故事。

陈彦：读书是一个创作者一生的功课，我对阅读有广泛的兴趣。虽然在搞文学创作，其实我的读书，绝大部分与文学艺术无关。我觉得一个创作者，如果把眼光只盯在文艺上，反倒对创作是有害的。文学艺术是为了表达对整个社会的认知与思考，如果我们老是在这个里面去反刍，反刍到最后，就只剩下圈子里的狂欢了。现在人的阅读，大多是想找到一种解答和对应，想发财了，就去找《如何致富》；想炒股了，就去读《天下股神》；想应聘了，就去读《老板您好》；想写小说了，就去读《小说的写法》之类。那是很危险的。其实我们当下的阅读，就是这个样子，功利得只剩下立竿见影了。要说对读书印象最深的故事，倒是有一个：我每天晚上都要到长安大学操场去走路，这个大学的门房有两个老保安，眼睛都有些近视，每每不观察进来出去的人，却每人手里抱着一本书看。我老以为他们看的是武打小说之类的，结果有一天，门杠抬不起来，我走近他们身边一看，有个老汉读的竟然是康德，吓了我一大跳。后来我老想，这才是大学门口应该有的保安啊！

魏锋：您对纸本阅读和数字阅读的观点是什么？您自己更倾向于哪种阅读？也请您为所有爱书的读书人送上一句寄语。

陈彦：这两种阅读我们都得面对，尽管我更喜欢纸质阅读，那是眼睛的原因，可微信上、网络上有了好文章，你能割舍？关键是你要想读到好东西，就穷讲究不得啦。

我没有什么寄语，要说有寄语，那就是一定要养成读书的习惯，不能养成习惯，不能把读书当成一种享受，说啥也没用。

魏锋：陈忠实老师患病期间，您一直密切关注着他的病情，陪他走过了人生的最后三天，您撰写的《陈忠实生命的最后三天》在媒体发表后，成为媒体和朋友圈中转发最多的文章。请您具体谈一谈，在您从事文艺创作中，先生对您影响最大、感触最深的事。

陈彦：先生看过我所有的舞台剧作品，其中《迟开的玫瑰》《大树西迁》《西京故事》，都是写过文章的。《大树西迁》他看过两遍，《西京故事》也是看过两遍，但凡有了改动，请他来，他就来了，总是鼓励有加。长篇小说《西京故事》出来后，他立即看，看后又写了文章，发表在《光明日报》上。《装台》出来后，他的身体已明显弱不禁风，我都没好意思请他看，结果还是有人把书送给他了，他还给我打了电话，说身体好些，他力争能写点文字。我急忙说，陈老

《迟开的玫瑰》剧照 （陈彦 供图）

《大树西迁》剧照 （陈彦 供图）

《西京故事》宣传照 （陈彦 供图）

师，您先好好保重身体，等身体好了再麻烦您。这件事让我十分感动，先生真是一个太好的文学长者，他生长在陕西，是这块土地上文人的福分。先生是我创作道路上很重要的一个人物。

魏锋：陈老师，陕西文学在当代文坛中占有重要席位，特别是在当代文坛中，路遥《平凡的世界》、陈忠实《白鹿原》、贾平凹《秦腔》相继荣获茅盾文学奖，也产生了巨大的震动。请您谈一谈针对当下陕西文学的发展应该怎样做才能多出作品，多出好作品。

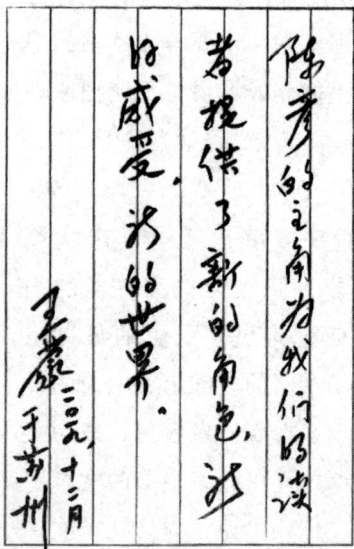

"人民艺术家"王蒙先生为
笔者创办的"陈彦作品研读会"
题词（刘明华 摄）

陈彦：陕西是文学重镇，路遥、陈忠实、贾平凹为陕西文学立下了标杆，所有后来者，都自然带上了加压泵。越是有了高度，越是浮躁不得，急功近利不得，只有稳扎稳打，向内心深处压榨，才可能有所成就、有所收获。一切好作品，都从潜心创作而来；成功者门前的锣鼓吹打很容易让围观者心浮气躁，越是心浮气躁，手艺就越是粗糙、皮焦里生，如果再有一些不当的催生声音，呱呱坠地的，就不一定是很健康的婴儿了。好在陕西文学有很优良的传统，有很正大的气象，有很壮观的队列，这种传统、气象与队列，必将照耀着这块土地上的文学庄稼，朝枝干挺拔、根须丰隆、颗粒饱满的路子上走。

党益民：传承红色血脉 再现革命史诗

军旅作家党益民 （党益民 供图）

党益民，生于1963年，陕西省富平县人。武警西藏总队政治工作部主任，中国作家协会会员，中国报告文学学会理事，6所高校客座教授。出版长篇小说《喧嚣荒原》《一路格桑花》《石羊里的西夏》《阿宫》《父亲的雪山，母亲的河》《根据地》《雪祭》，长篇报告文学《用胸膛行走西藏》《守望天山》等10余部文学著作。《一路格桑花》被改编成20集电视连续剧，在央视一套黄金时段播出。《守望天山》被改编成电影和歌剧。作品曾荣获全军文艺新作品一等奖、北京文学奖、徐迟文学奖、柳青文学奖、鲁迅文学奖、五个一工程奖等多种奖项。

习近平总书记参观陕甘边革命根据地照金纪念馆时指出，以照金为中心的陕甘边革命根据地，在中国革命史上写下了光辉的一页。要加强对革命根据地历史的研究，总结历史经验，更好发扬革命精神和优良作风。著名军旅作家党益民，十年磨一剑，不忘根本心系家乡，以坚实的现实主义笔触和充满想象力的浪漫主义激情，抒写出气势恢宏的红色篇章。他创作的长篇小说《根据地》，立足革命史实，全景式再现了刘志丹、谢子长、习仲勋等老一辈革命家点燃革命烈火，创建保存革命力量的摇篮——陕甘边革命根据地的波澜壮阔奋斗历程。是党史、军史的生动读本，为我们开启了回眸峥嵘岁月的独特视窗。红军长征结束时，这块仅存的根据地为中央红军提供了可靠的落脚点，为中国共产党东征抗日和最后夺取全国胜利奠定了坚实的基础。

据悉，长篇小说《根据地》是目前国内唯一一部经中央党史办审核批准、关于陕甘边革命根据地创建历程的长篇小说，是一部具有很高艺术水准，对党史、军史有着重大现实意义的文艺作品，由太白文艺出版社出版发行。何建明、贾平凹、王树增、白烨、李炳银、李星等评论家给予了高度评价，以《根据地》为蓝本的戏剧、电影、电视剧将陆续推出。日前，笔者专访了著名军旅作家党益民，听他讲述老一辈革命家创建陕甘边革命根据地的奋斗历程和他创作这部小说的故事。

魏锋：党老师您好。您创作的长篇小说《根据地》再现了刘志丹、谢子长、习仲勋等老一辈革命家创建陕甘边革命根据地的艰难历程。请您谈一谈创作这部书的初衷。

党益民：谢谢您的采访。我出生在陕西省富平县老庙镇，那里地处关中平原向陕北黄土高原的过渡地带，独特的地理位置给当年"闹红"创造了良好的条件。小时候，我经常听老人们讲"闹红"的事情。20世纪，我们富平出了两个名人：一个是胡景翼，一个是习仲勋。胡景翼是孙中山领导的国民革命军重要将领，曾担任国民革命军第二军军长，后死于河南。他担任陕西靖国军第四路军司令时，拿出部分军费，在富平庄里镇创办了靖国军阵亡将士子女学校，后来改名为立诚中学。习仲勋在这所学校上学时，跟随老师严木三开始"闹红"。后来，习仲勋与刘志丹等人在离富平不远的照金建立了根据地，后又北撤南梁。习仲勋21岁当选陕甘边苏维埃政府主席。我们老庙镇有个老革命叫刘铁山，与习仲勋相熟，他们曾经一起在国民党军队里搞过"兵运"。习仲勋领导的"两当兵变"失败后，刘铁山回到了老庙镇，建立起一支地下武装，抄了当地军阀田葫芦的家，将抄没的财产一部分换成了武器，剩下的分给了当地的穷苦百姓。田葫芦名叫田生春，他家六井村距我家仅有几公里地。田生春是国民军第二军第二师第四旅旅长，后升任岳西峰南路军第二师师长，当年驻扎在离我家几公里的美原镇。大革命失败后，著名共产党人、国民联军警卫师师长兼中山军事学校校长史可轩，受党指派北上山区，求存生根，准备去陕北创建革命根据地，率部途经美原镇，在东门外水度村宿营。史可轩对田生春有救命

《根据地》新闻发布会
（党益民 供图）

之恩，二人素来交好，遂想劝田一起北上革命。不料田生春恩将仇报，残忍地杀害了史可轩。我的二伯父小时候逃荒落脚在宜君的大山里，后来因给地主家放牛时丢了牛，不敢回家，参加了游击队，新中国成立前夕退伍回乡务农，至今仍生活在黄土圪塄里。在我们家乡，像这样的"闹红"故事还有很多，我对这些很感兴趣，很早就想写这么一部书。

魏锋：您从酝酿构思到完成书稿，用了整整10年时间。请您具体谈一谈创作这部书的过程？

党益民：我19岁从军离开富平老家，先后在青海、四川、西藏、北京、新疆、辽宁工作过。30多年来，我写过10部书，其中有写成边艰苦生活的，也有写关中历史和西夏王朝覆灭的，但一直没敢触碰陕甘边"闹红"这段历史。我知道，不做大量的史料收集和研究工作，仅凭满腔热忱并不能把这段历史面貌真实、生动、丰满地予以再现。

这部书最初名叫《照金》，后经反复斟酌，定名为《根据地》。这部长篇小说含蕴着"两个10年"：一是记述了中央红军长征落脚陕北之前，陕甘边红色武

装力量长达10年的革命史；二是我从开始研究这段历史、酝酿构思到完成书稿，恰好也用了整整10年时间。

2005年5月，我从一位陕甘红军家人那里得到一套相关资料，如获至宝，开始系统学习与研究，萌生了用文字再现这段历史的念头。后来又查阅了很多史料，并利用假期去照金和南梁等地进行过几次实地考察。刘志丹、谢子长、习仲勋等老一辈革命家创建的陕甘边革命根据地，摸索出了游击战争的地域特点和规律，逐渐形成了在西北武装割据的局面，最终成为中国革命的落脚点和出发点。红一方面军（中央红军）长征途中与红四方面军会师后，两支红军力量又很快分裂，张国焘率八万红军南下，毛泽东率七千中央红军北上。后来，中央红军在缴获的国民党报纸上发现陕北还有一块仅存的革命根据地，毛泽东才决定将陕北作为长征的落脚点。可是当时，国民党军队正在对陕甘边根据地进行大规模的第三次围剿，根据地内部也正在遭遇错误肃反的劫难。中央红军到达陕北后，立即纠正了错误肃反，发动了直罗镇战役，粉碎了国民党的围剿，为把中国革命的大本营放在西北举行了奠基礼。

2010年春节期间，陕西新华出版传媒集团太白文艺出版社党靖社长找到我，说他想出版一部有关陕甘边根据地题材的长篇小说，想请我创作这部书。党靖也出生在那片"闹红"的土地上，对那段历史一直情有独钟。他认为我是创作这部书的最佳人选，他的理由有三：第一，我是渭北富平人，了解根据地的地形地貌、方言土语和风土人情；第二，他说我曾获过鲁迅文学奖、陕西柳青文学奖等多种奖项，作品的质量不会差；第三，我是军人，政治上不会出什么问题，而且我在一线部队带兵，写战争题材很有把握。但那时我却很犹豫，主要有三个担心：一是某些历史事件十分复杂又非常敏感，我担心把握不好。二是担心由于题材重大，审读起来比较麻烦。果然，书稿完成后经过了两年审读，我先后做了四次修改。三是担心创作时间无法保证。因为我是一线带兵人，不是专业作家，日常工作很忙，写作只能利用晚上和节假日，创作时间难以保证，长期加班加点又担心身体吃不消。但是经过再三思量，最终决定由我来讲述这段历史，也许是陕甘红军英烈们分派给我的任务，是一种机缘，于是便接下了这个活儿。

2011年，我在国防大学上学期间，利用课余时间在图书馆查阅核实了许多资料，并开始构思、草拟这部作品。2012年夏天，我在解放军西安政治学院全军纪委书记培训班学习期间，又在陕西各大图书馆查证了一些资料。更为重要的是，这期间我还登门采访了刘志丹的女儿刘力贞老人,对一些历史问题进行了核实。我还抽空到照金、南梁、陕北等地实地考察,增强了对根据地的感性认识。

2013年10月初,上级拟将我从新疆调往沈阳工作,等待命令的期间,我有半个月假期。我回到富平老家,想在习仲勋出生和安葬的地方,最后完成这部书稿。我白天照顾患病的母亲,夜里抽时间写作。每天凌晨两三点钟就悄悄起床,一直写到天亮母亲醒来。现在,母亲已经去世两年了,她再也看不到我写的书了,再也不能对我说"你慢慢写,别太辛苦,注意身体"之类的话了。10月15日,我终于完成了书稿,那天正是习仲勋100周年诞辰。我和妻子早早起来,步行来到习仲勋陵园。我们是那天第一批走进陵园的人。我们向习老敬献了花圈。站在习老墓前,我在心里默默地说:习老,我终于写完了,我用这部书向您致敬,向所有陕甘边红军英烈致敬!

魏锋: 对于一部长篇小说的创作来说,一个合理的结构非常重要。您的《根据地》为什么要用这种结构?

党益民: 您说得很对,长篇小说创作的关键,在于给故事找到一个合理的结构。在《根据地》的创作中,我采取了先点后面,线面结合,多线交织的叙事结构。所谓点,就是从每个人的初期革命经历写起,人随事来,事了人去;所谓线,就是分出多个事件的线头,一条条捋顺,而后再将这些线头捏在一起,拧成一股向前推进;所谓面,就是先写陕甘边根据地,再写陕北根据地,然后把两个根据地重合在一起写,这样便可以全景式地再现根据地的历史总体面貌,而且脉络清晰,不会给人凌乱的感觉。在叙事的策略上,我设置了两条情节线:一条是敌我双方的正面交锋,另一条是不见硝烟的地下斗争。前者着眼于叙事的真实性与惨烈性,后者则注重叙事的悬念性和可读性。这样既能凸显个体的人生传奇,又

"党益民系列作品"藏书票。魏锋创意策划,郭伟利制

(魏锋 供图)

能将众多的历史人物串联在一起，呈现出历史进程中的多样性和复杂性。

魏锋：革命历史小说创作主要是通过再现历史场景，即类似于对革命历史过程的纪实性记录，以肯定革命的正确性。您认为这部小说的创作，写作上有哪些不同？

党益民：《根据地》无疑是革命历史叙事，在这部作品的创作过程中，我始终告诫自己要做到以下几点：第一，尊重历史。真实是底线，也是原则。宁可少写，不能胡写；宁可少说，不能戏说。第二，情节的处理上大事不虚，小事不拘。大事是指史有所载的人和事，它们是构成历史叙事的基石，不能随意虚构；小事是指根据具体的历史背景合理虚构的一些无足轻重的小人物和小细节，它们是小说文本的生动性、丰富性的体现。第三，要注重作品的文学性。革命历史小说需要艺术地讲述历史，唯其如此，方能产生吸引力和感染力，增强文本的可读性。当然，这是我在创作上的追求，未必能够完全达到。

魏锋：您从事文学创作30多年来，创作了10余部作品，有的作品获奖，有的被改编成影视剧。请您谈一谈您最喜欢自己的哪部作品，为什么？在写作过程中，有哪些难忘的经历？

党益民：这些作品都是我的孩子，我都喜欢。但到目前为止，还没有一部让自己特别满意的作品，这些作品总有这样那样的不足，就像一个人一样，总会有缺点。2002年《喧嚣荒原》出版后，我才开始引起文坛和读者的注意。《喧嚣荒原》也是写家乡富平的，时间跨度正好是20世纪前半叶，这部长篇小说在《中国作家》首发后，当年获得《中国作家》每年只评一部长篇小说的大红鹰文学奖，然后在作家出版社出版，被评论界誉为"关中清明上河图"，后来又获得了巴金文学院大奖。2004年，长篇小说《一路格桑花》出版。该书出版后曾经在《北京青年报》连载，中央人民广播电台长篇连播，当年入选新闻出版总署向全国青少年推荐的百部优秀图书，同名电视连续剧于2010年7月在中央电视台一套黄金时段播出。那年底，我创作了长篇报告文学《用胸膛行走西藏》，该书出版后先后获得了第十届全军文艺一等奖、第三届徐迟文学奖、第四届鲁迅文学奖。

西藏是我灵魂栖息的地方。当兵34年，我先后40多次进藏，这几年由于工作关系去得少了，以前几乎每年都要去一两次西藏，最多的一年内去过5次。在西藏，我经历过好几次生死劫难。在西藏，我感受最深的是活着的艰难和生命的脆弱。1983

笔者多次采访党益民 （**魏锋** 供图）

年，当时还是新兵的我首次入藏，翻越唐古拉山的时候，可能是高原反应，刚下车没走几步，就一头栽倒在地上，额头磕出了血，过了很久才慢慢醒过来。但许多人倒下后就再也没有醒过来。军校毕业后，我在军队当新闻干事，一次又一次地走进西藏。最让我难忘的是川藏线和新藏线，在这两条被称为西藏"生命线"的国防公路上，常年生活、战斗着我的许许多多的战友。通往西藏的高原路上，几乎每一公里都有一个筑路兵年轻的灵魂。他们就像是高原上的格桑花，默默地将青春和生命绽放在雪山上，美丽、纯净，却鲜为人知。他们走了，我还活着。我想念他们，想念西藏。我想把他们写出来，想把他们的故事告诉大家。我想让大家知道，西藏有这么一支部队，有这么一群筑路兵。《一路格桑花》封面上有几句话："我爱的花儿在高原，它的美丽很少有人看见；我爱的人儿在高原，他的笑容没有被污染。"这就是我想表达的东西。

去新疆工作后，我发现了一个非常感人的故事，经过采访，我利用在天山基层部队蹲点的晚上时间，创作完成了长篇报告文学《守望天山》。30多年前，部队在修筑天山公路时，遇到了大雪封山，官兵被围困在雪山上，弹尽粮绝，连队派新兵陈俊贵与另外3名战友去40公里外送信求援。4名战士带了20个馒头，在冰天雪地里爬行了三天三夜，生命遭到极大威胁。班长郑林书将最后一个馒头让给了陈俊贵，陈俊贵因此活了下来，而班长郑林书和副班长罗强英勇牺牲，陈俊贵腿部冻残，另一名战士陈卫星脚指头被冻掉。陈俊贵复员回家后十分思念班长，抛弃了县城的工作，带着妻子和刚出生不久的儿子重返天山，为班长和168名烈士守墓，他至今还守护在天山上。这部书出版后，《读者》和《新华文摘》等多家报刊摘转，后来获得徐迟报告文学奖，还被拍摄成电影，改编成歌剧；书中的主人公——退伍老兵陈俊贵，被评为全国道德模范和感动中国十大人物，受到中央领导人的接见。

魏锋：您平时喜欢阅读哪些类型的图书？最喜欢的或者对您影响最深的作品有哪些？

党益民：我读外国文学比较多。雨果、巴尔扎克、略萨、阿连德、索尔仁尼琴、莫里亚克、奥兹、陀思妥耶夫斯基、司各特、远藤周作、海明威、福楼拜、帕慕克、卡佛、奈保尔、霍桑、马尔克斯、鲁尔福等，他们的书我都看，各有各的风格，各有各的营养，他们的书对我都有帮助，说不上最喜欢谁的。

魏锋：写作是一件非常辛苦的事情，您同时还要在生活中做好其他角色，您是怎样安排的？

党益民：我是职业军人，业余作家。我不太喜欢别人叫我作家。写作不是我的职业，只是我灵魂栖息的一种方式。我平时工作很忙，只能利用晚上和节假日写作。我在边疆工作时间比较长，与爱人两地分居的时间加起来有十七八年。分居当然不是好事，但却让我有了更多的业余时间进行写作。两地分居成就了我的写作。

魏锋：随着以互联网为主体的各种新媒体的快捷应用，网络文学在全国风靡开来。网络文学跟中国传统文学有很多不一样的地方，对此您怎么看？

党益民：网络文学发展很快，我有时也看，但看得不多。不管是传统文学还是网络文学，只要写得好，读者喜欢看，就是好作品。

魏锋：能否向读者透露下，您以后的创作方向和下一步创作计划是什么？

党益民：有计划，但还不成熟，不便透露。我准备封笔三四年，静下心来好好读些书，想想如何突破自己。我对自己以前的作品都不是很满意。等我觉得可以动笔了，再写下一部。

方英文：经典的文学如同名窑瓷杯

著名作家方英文 （魏锋 摄）

方英文，生于1958年，陕西省镇安县人。著名作家，陕西省作家协会副主席。书文兼美，博雅通脱，有各类作品500余万字。在海峡两岸出版小说、散文作品数十部。部分作品被译为英文、阿拉伯文等。其中《方英文小说精选》1996年荣获首届陕西省青年文艺创作大奖，《方英文散文精选》(台湾版)入选中国当代散文大家，长篇小说《落红》2006年荣获首届柳青文学奖。另出版有《短眠》（随笔）、《风月年少》等。《后花园》入围第八届茅盾文学奖。曾荣获"中国新时代风雅名士"称号。

无论小说还是散文、小品文，方英文都写得摇曳多姿、风雅俊逸，因此读者遍布天下。他一直坚持用毛笔写作，书风温润，隽永清丽，经常受邀写匾题签。坊间称他是继鲁迅、茅盾后毛笔字写得最好的作家。多年来，方英文的各种盗版书频繁流于市场，如《种瓜得豆》《落红》《燕雀云泥》和《后花园》等。由于原作稀少，他的盗版书竟一再被读者高价购去。应广大读者强烈要求，2015年底，陕西师范大学出版社再版了方英文的第一部长篇小说《落红》；2016年，三晋出版社又再版了他20年前写的第一部散文集《种瓜得豆》。

"我的所有作品都经过了三番五次的修改，总是不断地打磨与推敲。要学习德国和日本的技术工人，把对精益求精的追求，看成是个人的修养与公共的美德。"他如是说。就其两部处女作再版，笔者专程采访了著名作家、陕西省作家协会副主席、陕西作家书画院副院长、中国作家书画院院士方英文。

魏锋：方老师您好，《落红》是您的长篇处女作，当初以《冬离骚》为题连载于报纸，轰动一时。2002年2月，长江文艺出版社以《落红》名出版单行本，广受读者欢迎，迅速售罄，随即在台湾以原名《冬离骚》出版。2006年，此书获得评委会全票通过，荣获首届柳青文学奖。十几年过去，依然被众多读者挂念，2015年年底由陕西师范大学出版社再版，再次热销轰动，于短期内就加印了。请您谈一谈《落红》为什么在大陆出版用的是《落红》，在台湾却以《冬离骚》出版？

方英文：这部小说一开始就叫《冬离骚》，《华商报》连载时也用此名。但是长江文艺出版社出版时，认为书名像是学术著作，容易让读者误判，不利于销售，所以建议改名。这让我作难许久，因为报纸连载名已经产生广泛影响，"品牌"似已形成，忽然改名，读者与市场怎么看？编辑说没关系，报纸连载的影响集中一地，出版社却是面向全国的。一想也是，人家长江文艺出版社，是名牌大社。我就改名《落红》了。台湾出版家要出繁体本时，听我说了一句"还是原名好"的话，为博我高兴，他们就用了原名《冬离骚》。

魏锋：方老师，读您的文章总是离不开笑和幽默。您这部《落红》以梅雨妃与唐子羽的感情纠葛为主线，展示了社会上一部分人对权力的迷恋，以及他们急功近利的实用主义、享乐主义处世哲学，最终导致道德的沦丧、权力的变质。给读者的感受是阅读中一边笑一边哭，作为悲剧收笔，请您谈一谈这部作品有什么寓意。

方英文：作家自解作品是不明智的，因为读者的感受、联想、"补充创作"所得出的结论，往往比作家的创作意图更丰富、更出人意料。陕西作家被外界称作"农民作家"，说是写不了城市题材。我听了

方英文用毛笔为"微风读书会"全国各地读者签名 （王战荣 摄）

好笑，那我就写一部城市小说试试吧。当然真的写作起来，就完全受制于写作本身了，不再考虑什么较劲了。写作中途，才发觉我写的大约是某种"世俗主义"替代"理想主义"的、洪流涌动的、巨大的社会转型时代的众生百态吧。

魏锋：《落红》主人公唐子羽是一个"没用的好人"，朱大音满身毛病，忠厚又狡黠。您为什么要塑造这样两个形象？唐子羽和朱大音两人的性格反差非常大，其间有什么深刻的寓意吗？

方英文：您这个提问很有水平。已经不止一位评论家当我面说过，他们想就这两个文学人物专门写成论文研究。这完全是来源于我对生活的特别观察，所谓"男人的友谊"吧。同性间的友谊，虽然不及异性间浓烈，但却不易淡化，反倒时间长久，甚或保持终生。

魏锋：请您谈一谈创作《落红》过程中，塑造人和事的时候是否会遇到一些称得上困难的事情。您是怎么解决的？

方英文：这是必然的。写一部长篇好比经受一次错综复杂的婚姻，从相识相爱，到结婚厌倦，大欢乐、大悲哀、大麻烦混沌一团。写到一半，感觉精神耗尽，眼看成了烂尾工程。这时恰好受邀参加西部长征探险活动，去了一趟新疆、

西藏。我在青藏高原上浪荡了20多天，脑子因严重缺氧而受损，暗忖作品没法完成了。可是回来休整一个月后，抱着死马权当活马医的心态，试着续写，居然完工了。我想，这可能是上天对我先来个考验，随后再予以眷顾吧。

魏锋： 著名作家陈忠实特别看好《落红》一书，写信谈您小说创作的语言特色和功能，定义为"方英文式的语言"。您如何看待自己的写作风格？

方英文： 陈公去世快满三个月了，我非常怀念他。记得2002年年底，阴历2001年大年三十那天，我们办报纸的人依然上着班。中午我收到一个快递，一本书，只是一本书，《落红》样书。正奇怪怎么就只寄一本呀！随即接到责任编辑、长江文艺出版社副社长李正武的电话，他问我收到书没有。我说收到了。"五天前可以寄样书的，"他电话里笑道，"但我特意选择昨天寄出，要让你恰好在大年三十收到让你非常高兴的新年礼物！"我很感动他的别出心裁。这边电话挂断，又一个电话打进来，是陈忠实来电。他问清了我的办公室地址，就让司机送字来。我们报纸开了新栏目《读书》，请他题字。我忍不住告诉他，说我刚收到《落红》样书。"那你让司机带给我看看。"他说。我说你看过打印稿，也看过连载，不值得再看了吧。"写得好，我想再看一遍！"我有点不舍地将仅有的一本样书交给司机——大过年的，没书炫耀于家人亲友啦。过完年上班后的某一天，陈忠实让司机送还那本《落红》，书中夹了一封热情洋溢、赞美有加的信，夸奖小说主人公塑造成功："以其陌生新鲜的面孔立于当代文学人物画廊之列，您是完全应该自信的。"他将书送还我，可能因为没我的签名，他觉得奇怪吧。刚好出版社寄来20本样书，我赶紧抽出一本，郑重签赠陈公，让司机带给他。

至于我的"写作风格"，也不宜由我自己讲。我只说一句，作家理应个性化，能让读者觉得你"只此一家，别无分店"，就好。

魏锋： 20年前，您的第一部散文集《种瓜得豆》风靡南北，许多作者坦言受您这本书影响走上了文学之路。书中的不少篇章被广泛传诵，实为经典之作。您是在什么样的情况下授权再版该书的？

方英文： 我的博客常收到纸条。不少纸条提供一个号码，或者账号，让我联系打钱过去，访问量就相应增长起来。打钱越多访问量越大。于是我才恍然大悟：那些动辄上千万访问量的明星博客，原来是背后有个营销团队花了钱的。其实也不贵。我不反对别人花钱买名声，但我自己，是断然不会的……倒是一个叫关国的山西小伙子，连续几天发来纸条，当然不是卖点击量，而是说他们哥儿几个成立了一个"铜豌豆文化公司"，专事文学出版与影视制作，向我约书稿。刚好您来采访我时，提供了《种瓜得豆》《燕雀云泥》《落红》《后花园》等盗版样书，说明市场需要但是没有正版书。我就告诉关国"你可以再版《种瓜得豆》"。我后来才知道，关国也是个颇有才华的青年作家。

魏锋：《种瓜得豆》是您的第一本散文集，1997年由吉林人民出版社出版，次年荣获北方15省优秀图书奖。如今的再版书前有《方英文批判》，书后有《也来批评方英文》。您是特意这样安排的吗？

方英文：书前文章（代序）是我建议用的。文章写得有意思，我都欣赏。至于对我是批评或是表扬，是真批评还是假批评，那倒无所谓了。"五四"时许多批评攻讦鲁迅的文章，不也写得才华横溢嘛。才华横溢就让人愉快。书后文章是责任编辑写的。征求我意见时，我觉得也有意思，就同意附后。

魏锋：您的《绝望》在1999年被选入南开大学文艺理论研究生考试试题，《写情书的故事》2004年被选入台湾高雄高中生毕业考试试题，微型小说《太阳语》、散文《紫阳腰》，分别以阅读题的形式被选考试卷，您一时被誉为"语文考试热点作家"。您认为现在的互联网对中学生的阅读和写作方面有何影响？写作对于现在的中

笔者多次采访方英文，并请他为全国读者签名

（于国良 摄）

学生来说，意味着什么？

方英文：语文教学不仅是简单地写文章。换句话讲，只有文章写得晓畅通达，才能在未来把你喜爱的任何一样工作搞好，才可能搞得出类拔萃。这是因为，文章写得好，证明你认识能力好，实施能力强，不是糨子脑袋。互联网好处是快捷，坏处是粗糙。网络语言极大损伤了汉语言的简练之美、委婉之美、韵律之美，弱化了汉语言的感染力与审美力。

魏锋：微型小说《太阳语》是埃及开罗大学翻译家梅·阿舒尔女士从《百年百篇经典微型小说》上看到的，她读后被深深打动了，专程飞来西安请您授权译为阿拉伯语，发表于埃及最有影响的《埃及公报》。据悉，您已授权部分作品由该翻译家翻译为阿拉伯语。请您谈一谈您对作品走出国门的观点。

2014年3月，方英文为笔者《春天里放飞梦想》一书
题写书名 （周吉灵 摄）

方英文：实话讲，我不太在乎这个，无所谓的。一个作家能让本国读者喜欢就很不错了。欧美人口之和，还没中国人多呢。况且是否被译海外，也不是作家考虑的事。西方文学海量翻译进来，是咱们老觉得外国作家厉害。外国人什么时候觉得中国作家厉害了，自会来翻译成他们文字的。过于主动外译，无趣。听说

微風讀書會

讀書如惠風和暢
身心愉悦不為物役
人生若枕懷多教傲

丁酉秋月於西安
方英文

书香里最美的故事，莫过于遇见最美的自己。

微风读书会

ID：weifeng279965337

方英文为笔者创办的"微风读书会"题名，题写寄语 （魏锋 供图）

国家投资很多钱，将那些文坛上有权有势的作家作品分包翻译外销，效果如何不得而知，反正轮不到我头上。不时传闻某诗人某作家想方设法讨好诺贝尔奖评委，甚或长期租住在斯德哥尔摩附近。这似乎有失体面，斯文扫地啊。

魏锋：高科技时代，电子产品日益普及，人们不需动笔、懒得动笔，几乎已经没有拿毛笔写作的作家了，您却一直坚持毛笔写作与写信，坊间称您是继鲁迅、茅盾后毛笔字写得最好的作家。是什么原因让您坚持了下来？

方英文：10多年来，我的所有作品一概用毛笔写成。原因简单，就是我喜欢拿毛笔写作。如今通信便捷，用不着写信了。想过一回手札瘾，就给张瑞田写信。他是中国作家书画院常务副院长，见我信必手札回复。手书往返，拔高点讲，算是文化上的"归宗认祖"，感觉良好。

文学语言不是电脑语言、新闻语言、公文语言，而是一字一字独到搭配的，极具个性的，需要反复斟字酌句的语言。因此不可能速度快，毛笔写正合适。写完修改好，录入电脑发走。原文存纸上，等于思想变成了物质，心里感觉很踏实。存档磁盘里，反倒靠不住。

我建议爱写作的朋友，试试毛笔写作吧。我的大学同班马玉琛教授，出版过两部长篇。受我的教唆，他眼下也正拿着毛笔，不亦乐乎地写作第三部长篇呢。我们现在享受的绝大多数都是西洋文明。随着经济的日渐上升，"国家形象"与"国人特征"之徽标，必然要同步强化。在世界面前，中国人应该是个什么特征呢？除了信、达、雅等古有的"软实力"外，一个典型的中国人，应该会背诵几首唐诗，还能拿毛笔写几个不太难看的汉字吧。

魏锋：全国各地都在积极推动倡导全民阅读、建设书香社会等一系列活动，请您谈一谈您对读书的观点和您读书的目的。

方英文：我个人认为，作为一个文明人，读书如同吃饭睡觉，应是日常生活的必需，是一种人生常态，没必要用一个特殊的节日，什么"读书日"来强调。读书不像植树，清明前后最好植树，错过季节植树就难活，所以需要一个植树节来提醒大家。而读书是不在乎季节的，也不大苛求时间与空间的。

我读书完全是一种习惯，很小的时候就养成了。我生长在大山里的农村，没有电视、电影可看，除了爬山、上树、玩水，以及观察大自然之外，就只有读书了。那时读书只为打发寂寞，学习知识反倒成了顺带的事。再换句话说，我是因好奇心才读书的。直到现在读书，依然多半因为好奇。这么多年一直如此，读书成了习惯，书籍成了终身伴侣。

书是别人提纯了的生活，里面的废话相应少点。读书可以丰富内心世界，扩展有限的个体生命。我从不给自己开列什么必读书目。书籍太多而人生太短，能读多少读多少。其实，读多读少一个样。

魏锋：方老师，请您谈一谈针对当下的纯文学现状的看法。

方英文：在我们那个年代，读书成风，追求异性时的相互借阅书籍，成为爱情交往的一个雅致借口。迷上谁个了，可以问他（或她）借书。一次借两本，还书时分两次，故意制造见面两次的机会。

文明社会应该是一个书香社会。事实上如今的多数家庭，都有了一个书房。想起我《后花园》里的一个人物谈读书，大概意思是，人生最重要的是得有二房：小时候母亲的乳房，成人时家庭的书房。乳房确保我们存活下来，而书房则滋养着我们的精神疆域，让我们终生都不会觉得寂寞。

"让书籍陪伴我们度过美好、充实、自在的一生。"这是我送给所有爱书人的祝福。

丁晓平：为国人扫盲"二战史"

2018年6月8日至10日，由中国报告文学学会、河北省作家协会联合主办的第三届中国青年报告文学作家创作会在正定举行。会议由中国报告文学学会青年创作委员会主任丁晓平主持（魏锋 摄）

丁晓平，生于1971年，安徽省怀宁县人。现任解放军出版社昆仑图书编辑部主任，《军事故事会》杂志主编、副编审。曾荣获全国新闻出版行业领军人才、第四届中国出版政府奖优秀编辑奖、第二届中国文艺评论"啄木鸟奖"。著有诗集、长篇小说和历史传记作品《中共中央第一支笔：胡乔木在毛泽东邓小平身边的日子》《王明中毒事件调查》等20多部700余万字。策划编辑作品荣获中宣部五个一工程奖、国家图书奖、中华优秀出版物奖、鲁迅文学奖、解放军图书奖、解放军文艺奖等。

　　"无论是作为历史学家还是作家，我们都应该思考和写作历史中最有价值的那部分，也就是推动历史进步并有利于民族、国家和人民根本利益的那部分历史。这既是对历史负责，也是对未来负责。我写的是战场、战斗、战役甚至战争之外的另一半二战史！"写过畅销书《中共中央第一支笔：胡乔木在毛泽东邓小平身边的日子》的军旅作家、解放军出版社昆仑图书编辑部主任、《军事故事会》杂志主编丁晓平，在这本《另一半二战史：1945·大国博弈》中对二战史进行了"中国表达"，高屋建瓴、恰如其分地回答了中国读者一直关心和迷惑不解的诸多问题：中国没有代表参加波茨坦会议，为何在《波茨坦公告》挂上了中国名字？日本是无条件投降的吗？丘吉尔、斯大林为何始终反对把中国作为一个东方大国与他们一起参与处理世界事务等。丁晓平提出了自己别具一格的独特见解，启发读者从中国角度认识二战，从而深刻理解二战以来的国际政治格局大势和世界军事变革的转型脉络，懂得今天的中国与世界大国如何架构和发展未来关系，以实现和平崛起、民族复兴。该书出版上市受到众多读者的热捧，入选《光明日报》光明书榜、三联书店畅销榜、中版好书榜、搜狐好书榜、新浪社科好书榜、百道网纪念世界反法西斯战争推荐书榜等。

　　日前，笔者约访了著名军旅作家丁晓平，与读者一起分享《另一半二战史：1945·大国博弈》中台前幕后不可思议的大国战略较量。

　　魏锋：抗日战争的胜利是一个伟大的转折点，经过十几年的浴血奋斗，中国人民打败了日本帝国主义，赢得了1840年以来中国反抗外敌入侵的第一次完全胜利，开辟了中华民族伟大复兴的光明前景。请您谈谈当前面对"中国威胁论"和唱衰中国的文化侵略，如何更好地向世界讲好中国故事？

　　丁晓平：党的十八大以来，习近平总书记提出并深刻阐述了实现中华民族伟大复兴的中国梦。同时也提出，中国需要更多地了解世界，世界也需要更多地了解中国。摆在我们面前的是，我们今天该如何纪念这场战争？70多年过去了，如果我们的思维方法和文化意志依然热衷于复述战场和重述牺牲，或者执着于国共两党正面战场与敌后战场贡献大小的争议，我们的文艺作品和历史研究依然停留在还原战争细节情节和揭示战争残酷血腥上，那么我们还缺乏大国眼光，缺失世界胸怀；我们就还没有理解那场战争，还没有理解中国与世界的关系。不能理解二战，我们就无法深刻理解冷战以来的当今国际政治格局大势和世界军事变革转型脉络。在当下，中华民族实现伟大复兴的"中国梦"正面临着前所未有的机遇与挑战，面对"中国威胁论"和唱衰中国的文化侵略，如何讲好中国故事，无疑对作家提出了更高的要求。

讲好中国故事，既要把握好历史与现实的关系，还要把握好宏观与微观的关系，同时更要把握好中国与世界的关系。早在1942年，毛泽东主席在延安就强调研究中国就必须"以中国为中心，把屁股坐在中国身上"。他在"如何研究中共党史"的讲话中提出了"古今中外法"，强调要弄清楚所研究的问题发生的一定的时间和一定的空间，把问题当作一定历史条件下的历史过程去研究。他强调，"研究中共党史，应该以中国为中心，把屁股坐在中国身上"。

我创作的《另一半二战史：1945·大国博弈》，目的就是通过第二次世界大战战场背后的大国政治博弈，向人们说明中国与世界的关系。战争只是政治的继续，是政治的手段。我希望我的这部作品告诉人们战争到底是怎么一回事，看看二战背后的政治较量，也就懂得了今天的中国与世界应该如何保持和发展未来的关系。

魏锋：日本的侵略罪行，早就被世界所认定，《另一半二战史：1945·大国博弈》这部书是如何来向读者解读二战台前幕后不可思议的大国战略较量，揭开被遮蔽被篡改被误读的不可忽略的政治秘史的?

丁晓平：可以宽恕，但不可以忘却。写这部作品更直接的原因还是中日关于钓鱼岛之争，日本右翼势力至今依然一意孤行，逆历史潮流而动，否定历史、歪曲历史、修改教科书、参拜靖国神社、否认南京大屠杀、诋毁慰安妇、大力推行修改安保法等恶行和闹剧不断上演。

在创作中，我不再关注战场本身，而是将视角投向改变二战历史

在广州书博会上，丁晓平为读者签名
（丁晓平 供图）

和世界格局的波茨坦会议，从二战结束到冷战发轫的原点，从历史中为现实的迷惑找到真相和答案。上卷《领袖们：政治的战争与战争的政治》，向读者有分寸地描述了多国领导人在二战关键时刻的所作所为，描述了开罗会议、德黑兰会议和雅尔塔会议的经过及其历史影响；下卷《波茨坦：赢得的胜利与失去的和平》，以蒙太奇手法生动记录了波茨坦会议的全过程。

这部书吸收了第二次世界大战研究的最新成果，在大量亲历者的回忆录和有关波茨坦会议第一手史料的基础上，塑造了大国首脑们栩栩如生的形象，同时将中国的抗战史、中美关系、中苏关系以及国共两党关系素描式地融入世界反法西斯战争史，描绘了一幅二战胜利前后的清晰历史图景。迄今为止，还没有人这么写二战。历史写作的最高境界就是吸取人类历史的智慧，化间接经验为直接经验，以大历史的深度和大战略的高度切入历史的细节，盘点得失，还原历史，照亮现实，照亮未来。战争是政治的继续，是政治的一种手段。

魏锋：以史为鉴，鉴古知今。请您谈谈本书给读者带来了哪些独特的见解。

丁晓平："把历史变为我们自己的，我们遂从历史进入永恒。"70年来，关于二战的研究，海外的著作汗牛充栋。在我们中国，同样也是从战争进行时就已经开始。但是，我们不得不承认，无论是历史研究，还是文艺创作，美、苏、英、德、日等国，无论当年属于哪个阵营，都在战争中发挥了重大影响（不论影响是正还是负），战后更享有得天独厚的资源优势。这就导致第二次世界大战史研究的前沿，始终被这几个当年的强国所主导。而在文学、美术、电影、戏剧等艺术创作上更是如此，留下了许许多多经典作品。相比之下，中国虽然以惨重的牺牲为世界反法西斯战争的胜利做出了巨大贡献，但是当时的中国积贫积弱，因为国力、军力以及人力的原因，塑造国际格局、推动军事变革的能力也微乎其微，极其有限的影响力或许仅仅局限于政治地缘和军事地理上的意义。这一切不仅在战争期间影响了中国的国际地位，在战争的利益分配上还迫使中国受到像第一次世界大战结束时一样的屈辱，更在战后长期限制了中国在二战历史研究和文化认同的空间。再想想，当下遭到观众唾骂的自欺欺人的"抗日神剧"，我们就明白我们的文化被糟蹋成什么样子！这不仅是文化的悲哀，也是历史的悲哀。这种肤浅，是麻木，也是愚昧。

笔者与丁晓平 （**魏锋 供图**）

　　1945年7月26日，中美英三国发表的《波茨坦公告》第八条明确指出：《开罗宣言》之条件必将实施。而《开罗宣言》中明确规定，剥夺日本从第一次世界大战爆发后，在太平洋上夺得或占领的一切岛屿，日本所窃取的中国之领土，例如东北、台湾、澎湖列岛等归还中国。这是用几千万生命换来的胜利果实，也是二战后世界和平秩序的重要保证。所有热爱和平的人，都应该维护战后和平秩序，不允许破坏、否认这一战后的胜利果实。《波茨坦公告》向法西斯势力升起正义的旗帜，发出了最后通牒。人们不会忘记，正是在向日本法西斯发出最后通牒20天后，日本宣布接受《波茨坦公告》并投降，这不仅是中国人民的胜利，也是世界人民的胜利。《波茨坦公告》塑造了战后几十年的世界秩序，具有重要的历史意义，至今仍发挥着重要影响和作用。但日本右翼势力至今依然一意孤行，逆历史潮流而动，否定历史、歪曲历史，修改教科书、参拜靖国神社、否认南京大屠杀、诋毁慰安妇等恶行和闹剧不断上演。为什么如此？其实，日本并没有无条件投降，就像当年二战中欧洲战场迎来胜利的时刻，英国人丘吉尔玩起了"倒转联盟"的游戏，武装投降的德国准备反击苏联斯大林一样，美国在太平洋和远东战场一样地玩起了"倒转联盟"的游戏，在战后武装日本，通过"冷战"打垮了苏联，现在又来围堵中国。所以我说，二战是赢得了胜利却失去了和平。对于日本，是的，家有恶邻，日本仍在海那边！

　　还有，原子弹是军事武器还是政治武器？中国没有参加波茨坦会议为什么却是签署国？苏联参加了，在当时并非签署国等，以及开罗会议、德黑兰会议和雅尔塔会议背后都隐藏着什么样的秘密？都能在我的这部作品中找到历史的准确答案。

以史为鉴，鉴古知今。我希望，我的这部作品，告诉你第二次世界大战到底是怎么回事，懂得这场已经远离我们70年的战争背后看得见或者看不见的政治较量，也就懂得了今天的中国与世界大国如何架构和发展未来的关系，从而掌握大国崛起、实现民族复兴的奥秘。我希望《另一半二战史：1945·大国博弈》所带来的不仅是阅读上的乐趣，更赋予我们深刻的历史认知与现实启迪。

魏锋：习近平总书记多次强调"讲述好中国故事，传播好中国声音"。作为一名作家，您认为如何讲述好中国故事？

丁晓平：我认为，中国故事，就是以中国和中国人民为核心，真实再现中国的历史与现实，客观正视中国社会的主要矛盾和问题，准确反映中国人民的生活与心声，完整体现中国人的物质文明与精神气质，全方位、大视野、多角度地呈现中国的发展与进步的文学作品。报告文学在表现这些主题时有先天的优势。我们知道，报告文学题材是没有时间界限的。因此，现实题材和历史题材应该是报告文学两条平行前进的轨道，把报告文学送达更远的地方。

讲好中国故事，要求作家把握好"三场"：立场、现场和气场。从而使得作品完成能量、动量和质量的转换。在创作方法上要把握好"三视"：仰视、平视和俯视。使得作品拥有敬畏、尊重和批判精神。在创作理念上要把握好"三观"：宏观、中观和微观。从而使得作品怀抱全局，有丰富的情节和细节。在创作态度上要把握好三个关键词：宽容、局限和叙述。从而使得作品具备大格局、大视野和大情怀。尤其是重大历史题材的作品更要有足够的历史耐心，对历史事件和历史人物的记叙以及在史料去伪求真的过程中，必须要抛开个人情感的狭隘的判断，既求真更求实，也就是既要一分为二，又要恰如其分。

魏锋：习近平总书记在文艺工作座谈会上的重要讲话，深刻指出中华民族五千年的文明史是兴衰荣辱、苦难辉煌、厚德载物、自强不息的历史，同时也为广大文艺工作者提出了一个非常现实的时代命题，那就是我们应该如何面对和表现中华民族的苦难史，如何与时俱进地弘扬中华文化。面对重大历史题材创作，请谈谈您的观点。

丁晓平：在重大历史题材的文学写作上，我提出并坚持走文学、历史、学术的跨界跨文体写作道路，其方法就是采取文学的结构和语言、历史的态度和情怀以及学术的眼光和

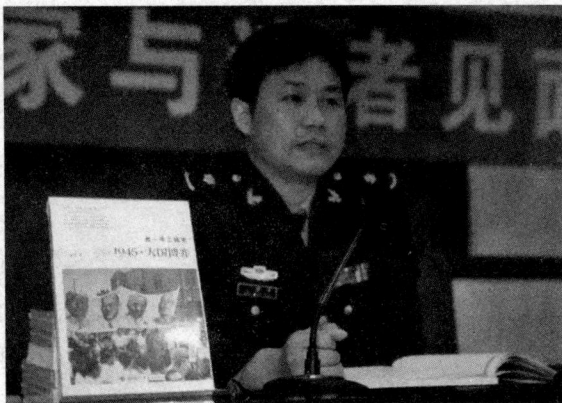

丁晓平参加北京东城图书馆读书报告会
（丁晓平 供图）

方法，围绕"实"字做文章，以真实为生命，以求实为根本，以写实为规矩，老老实实不胡编乱造，踏踏实实不哗众取宠，保证每个细节都有它的来历，每句对话都有它的出处，让读者在作品中体味到个体生命的质量，体验到民族精神的能量，感悟到科学理论的力量。我想，只有这样，重大历史题材文学写作才能经受得起时间和历史的检验。

要警惕历史虚无主义对中华民族的历史任意进行"戏说""割裂"或"颠覆"，重大历史题材的文艺创作需要处理好三个关键词——宽容、局限、叙述。

敬畏宽容的历史与历史的宽容。作家再现历史，要紧紧围绕爱国的、进步的、民主的、科学的那部分历史来思考和弘扬中国精神，凝聚中国力量。在坚持历史现场细化的同时，坚持可信的现代解读，从个体的记忆和公共舆论中聆听那些被历史烟云所湮灭的声音，感受悲喜交集的历史表情，省察波澜壮阔的人物命运，继承和弘扬民族革命的精神之光。就像任何历史事件都有其必然性和偶然性一样，我们考察历史既不能只戴显微镜去放大偶然性，也不能只戴老花镜去模糊必然性。

尊重局限的历史与历史的局限。人类的历史就是思想史，或者说是思想者的历史。文学抒写，无论是追溯历史还是记录现实，其根本目的是传承民族的精神和文化。面对历史，我们或壮怀激烈仰天长叹，或引吭高歌击掌叫绝，或怒发冲冠拍案而起，或俯首沉思一声叹息。历史需要尊重，更需要尊严。但历史是有局限性的，任何一个历史人物也都有局限性，甚至我们也身在局限之中。没有一个

历史人物能够超越时代，超越历史，从而超越自身的历史使命。历史人物处在历史创造的现场，审视历史，无论是宏观全局、中观局部，还是微观细节，都不应在局限的历史中陷入历史的局限，更不能陷入自身的局限。我们应该正视历史的局限，正视历史人物的历史局限性，一分为二地在历史的局限中总结过去，在局限的历史中展望未来。

珍视叙述的历史与历史的叙述。怎么写？写什么？具体到写作技术层面，也就是怎么叙述和怎么选材的问题。历史的叙述和叙述的历史都是被选择的历史，但关键是这种选择必须是科学的选择、整体的选择，而不是断章取义、移花接木和偷梁换柱。兼听则明，偏听则暗。文学抒写不能单纯地相信一个人的口述史，要一分为二，综合辩证地分析，既要做到有了调查也不一定就有发言权，还得做到大胆假设，小心求证。

写什么？就是要写历史中最有价值的那部分，写推动历史进步，并有利于民族、国家和人民的根本利益的那部分历史。以文学的方式介入历史，作家不仅仅是一个旁观者，还必须以战略的眼光、理性的思考、理论的勇气，从外部枝节看到内部核心，从现象看到本质，从支流看到中流，从局部看到全局，从有限看到无限，从中国看到世界，从而准确、科学地把握所涉及的历史和现实，以及人物的主题、主线、主流和本质。这些年，我创作的《光荣梦想：毛泽东人生七日谈》《中共中央第一支笔：胡乔木在毛泽东邓小平身边的日子》《硬骨头陈独秀五次被捕纪事》等受到专家、学者和读者的好评。这些作品最为重要的一点就是能够妥善处理诸多政治、历史、现实的敏感话题，做到研究深入、讲述浅出。

纪红建：肩负担当和责任　从脚下开始

纪红建在桑植刘家坪白族乡鹰嘴山村采访冯仕栋老人　（纪红建　供图）

纪红建，湖南省长沙市人，中国作家协会会员，中国报告文学学会理事、青年创作委员会副主任，湖南省报告文学学会副会长兼秘书长。已出版《乡村国是》《哑巴红军传奇》等长篇报告文学10余部。荣获第七届鲁迅文学奖、第二届茅盾文学新人奖、第十一届全军文艺优秀作品奖、首届《中国作家》鄂尔多斯文学奖、第二十八届湖南省青年文学奖、湖南省第十三届五个一工程奖等。

在红军长征胜利80周年之际，著名青年作家纪红建创作的一部名为《马桑树儿搭灯台——湘西北红色传奇》（以下简称《马桑树儿搭灯台》）的长篇报告文学出版。该作品由《中国作家》首发，湘潭大学出版社出版，是青年报告文学作家纪红建的倾力之作。纪红建以抵达现场、深入采访的方式，对发生在湖南桑植的红色故事进行多维度挖掘、全方位阐述，再现了湘西红色历史。此书的出版，无疑为读者打开了一扇了解神秘湘西红军长征的重要窗口。这部作品也是纪红建继《见证——中国乡村红色群落传奇》之后推出的又一部深刻揭示历史和反思现实的长篇报告文学力作。

2016年10月22日，由中国报告文学学会、《中国作家》杂志社、湖南省作家协会、湘潭大学出版社、中共桑植县委宣传部、桑植县文学艺术界联合会联合主办，湖南省报告文学学会承办的纪红建长篇报告文学《马桑树儿搭灯台》研讨会在中国工农红军第二方面军长征出发地——湖南桑植举行。与会专家学者认为，《马桑树儿搭灯台》还原了正史背后的正史，是纪红建的一部具有里程碑意义的心血之作，是一部超越了自我且很纯粹的优秀作品。

日前，该书作者、湖南省报告文学学会副会长兼秘书长纪红建接受了笔者的专访。

习近平总书记在纪念红军长征胜利80周年的大会上发表重要讲话：历史事件离我们愈是遥远，其性质便愈能清晰地呈现。80年前，中国共产党领导的中国工农红军，以非凡的智慧和大无畏的英雄气概，战胜千难万险，付出巨大牺牲，胜利完成震撼世界、彪炳史册的长征，宣告了国民党反动派消灭中国共产党和红军的图谋彻底失败，宣告了中国共产党和红军肩负着民族希望，实现了北上抗日的战略转移，实现了中国共产党和中国革命事业从挫折走向胜利的伟大转折，开启了中国共产党为实现民族独立、人民解放而斗争的新的伟大进军。后来的历史证明，长征的意义已远超出长征事件本身，它深刻影响着中华民族伟大复兴的进程并指引着它的前进方向。

湖南桑植，中国工农红军第二方面军长征出发地。1927年，3000多桑植儿女参加南昌起义，起义失利后，剩下不到1000人，仅9个人回到桑植，但不到一个月，又有成千上万的桑植儿女毫不犹豫地加入红军。当时人口不足10万的桑植，竟先后有5万多人参加红军、游击队和地方红色政权，为革命献身的有1万多人。

特别是红二、六军团于1935年11月长征后，国民党反动派举起了屠刀，对桑植群众进行了残酷的迫害和镇压，尸横遍野，血染酉水。即便这样，桑植人民依然与国民党反动派进行着不屈不挠的斗争，继续开展游击斗争，继续照顾留守的红军伤病员，高度保密，严防国民党反动派的疯狂搜捕……

在桑植县刘家坪白族乡，纪红建与刘纪福一家三代在红军住过的老木屋前合影

（纪红建 供图）

魏锋：纪老师您好。10多年前您创作的长篇报告文学《哑巴红军传奇》在《中国作家》头条发表引起强烈反响，并被文坛所熟知。之后，您一直致力于报告文学创作，先后创作了一系列的报告文学。是什么样的机缘让您喜欢并从事报告文学作品创作的？写作对您来说意味着什么？

纪红建：我最开始是写诗的，用狂热来形容一点也不为过。写过很多诗，还出版过两本诗集，甚至10多年前加入中国作协时，还是以诗人身份加入的，张同吾老师就是我的入会介绍人。后来我写过小说和散文，在北京和上海的一些报纸开过专栏。写报告文学，应该还是与我当时的工作有关。10多年前，我在部队从事军史创作工作，写过大量的纪实类作品。在从事军史创作之前，我还从事过基层部队的新闻工作，写过不少人物通讯。事实上，这些都是广义的报告文学，只是当时我没有刻意地把自己写的归类到报告文学。让我真正意识到自己是一名报告文学作家，或者说觉得以后要专门从事报告文学创作，还得感谢《哑巴红军传奇》，感谢《中国作家》。入伍后不久，我就听说我们部队有一位老红军。他是个哑巴，谁也不知道他的身世，甚至他的名字也无人知晓，只知道他是个哑巴，是一位没有立过功的功臣，并且他的人生充满了戏剧与传奇色彩。从事军史创作不久，我更有条件关注那位老红军了。于是，我利用业余时间，来到干休所，来到医院，走访了与老红军共过事，打过交道，甚至只是听说过他故事的其他退休老干部。同时，我也在档案室把关于那位老红军的片纸只字和其他资料都翻了出来。采访完了后，我想法特别单纯，只想把老红军的故事，用文学的生动语言描述出来。于是，我把他的一生用一种很纯粹很本真的表达写了个长篇，并在《中国作家》发表。让我没想到的是，这个长篇发表后，数十家报纸纷纷转载，甚至还接到了许多电话，收到了许多来信。这些人中，有离退休老军人，也有退伍军人，但更多的还是一般读者，他们来信来电，表达着对"哑巴"的敬意。这个作品让我感受到了报告文学的魅力，也让我坚定地选择了报告文学。而事实上，好的纪实作品的精彩程度一点也不亚于小说。因为真正的写实，更加接近历史与真实，而现实生活远比文学精彩。既然选择了报告文学，就意味着我的写作变得更加艰辛，更加需要勇气与信念、责任与担当。为什么呢？因为真实是报告文学的生命，但现实生活中，要写出接近真实的报告文学作品是件非常艰难的事。

魏锋：在您创作的作品中，能看出您是采取以抵达现场、深入采访的方式，习惯将视角凝聚于普通百姓身上。这次您创作的《马桑树儿搭灯台》写湘西红色传奇，对发生在桑植的红色故事进行多维度的挖掘、全方位的阐述。这部作品的创作灵感来自哪里？您最想向读者表达什么？

纪红建：你说得很对，我的这个作品，没有采取传统的高大全的叙述方式，而是从细微处着手，以平民的视角，对那些完全散落并湮没在民间乡野之中的珍贵历史进行了抢救与打捞，记述与思索。

我觉得创作的灵感还是来自报告文学作家善于观察与发现的眼光和思维。当时我随中国作家采风团首次来到地处湘西北的桑植县，来到了湖南省刘家坪白族乡珠玑塔村八卦楼组，这个叫干田坝的地方。这里，便是80年前红二方面军长征誓师出发之地！桑植是全国有名的民歌之乡，在这里我听到了那曲耳熟能详的《马桑树儿搭灯台》。唱桑植民歌的是位老人，个头不高，甚至显得非常瘦弱。他拄着一根拐杖，准确地说，是木棍，头戴绒线帽，穿着厚实。他的眼睛充满深沉忧伤，而又充满着期待。老人80岁左右，满脸皱纹，眼睛被松弛的眼皮包着，都快看不见眼珠了，但却泛着光亮和情感。老人深陷的眼睛甚至有些红了，他左手拄着棍子，右手轻拭着眼角的泪花。我微笑着，一边伸出双手去握老人的右手，一边问他高寿、哪里人，家里有没有亲人当过红军。面对陌生的我，老人没有微笑，甚至没有伸出右手。显得有些疑惑而又茫然的老人，只是喃喃自语。或许看我背个相机，旁边一个中年男子用桑植话对老人说，他是省城来的记者。然后，中年男子又对我说，他听不懂普通话。我笑了。面对老人的冷淡，我没有任何失落感，相反，我还对老人心生敬意，甚至充满好奇。从老人浓浓的桑植方言中，我隐约地听到这么一个事情："当红军真的是作孽啊，我三娘就住在干田坝的河边上，她当过红军女儿队，后来红军走了，长征去了，她家被满门抄斩，被刘酒桶（本名刘景星，乡'剿共'大队长，因为此人酒量大，号称能喝一桶酒，故被当地百姓称为'刘酒桶'）杀了四口人呀！"可惜采风团匆匆而来，匆匆而去。当我登上大巴车，离开干田坝的那一刻，我看到老人的眼神里充满忧伤，甚至失望。但面对即将离开的我们，我发现他的眼神里似乎又略带着些许期望。随后，我随采风团沿着当年红二方面军长征的足迹，又到了张家界、永顺、凤凰，还到了云南的寻甸、禄劝、丽江、香格里拉等地。但不管走到哪里，老人那旋律优美、情感深沉的歌声，一直在我耳畔回响。

10天后，采风归来的我重返桑植。既为重新认识和审视这片土地，也为寻找那双忧伤的眼睛，更为寻找这片土地上，为了红军、为了革命，曾经抛洒青春和血汗，甚至献出生命的红军家属与老区百姓。或许，在许多人看来，他们只是湮没在乡野中的小草，不为人所知，不为人所关注，甚至不值得一提。但我知道，有些记忆，不去寻找，就会被渐渐冲淡，就会完完全全湮没在历史的洪流中。去寻找，并非为了对所有的历史记忆面面俱到，一味求全。更可贵的是寻找的初衷，寻找的动机，寻找的行动，寻找的姿态，结果并不是最重要的。寻找，就是一种尊重，一种坚守，一种积存，一种传承。

一个多月的走访后，再次面对桑植，我感到无比愧疚，甚至无地自容。我曾经幼稚地认为，历史上的桑植只不过是一片地处偏僻、交通闭塞、诡谲神秘、野蛮剽悍、土匪出没之地，不会抒情，也没有情怀。我也曾多次，或自己，或带着家人，或陪同领导朋友，到张家界旅游观光，感受那里的奇山异

纪红建采访桑植县刘家坪白族乡朝阳地村的彭裕俊老人 （纪红建 供图）

水，呼吸那里的清新空气。像我一样，男的女的老的少的，天南海北的，又有多少游客不顾奔波劳累蜂拥而至。然而，张家界到桑植只有60多公里的路程，至少我到桑植采风之前从未去过。事实上，我并不了解桑植的自然风貌，不了解桑植的风俗人情，不了解桑植的悠久历史，不了解桑植的秉性。世界上最遥远的距离，不是路程，而是心灵。

离开桑植，我的灵魂还在那里，因为那里有我们放不下，也不能放下的历史。于是，我创作了20余万字的长篇报告文学《马桑树儿搭灯台——湘西北红色传奇》。我知道，我所采访和记述的故事，对于刘家坪，对于桑植，对于整个苏区，对于那段历史，对于那个时代来说，只是凤毛麟角，也肯定是挂一漏万。其实当初决定写这个作品时，我是想呼唤更多的人知道这个地方和这段历史，哪怕就是一个人。就这么简单。

魏锋：您最后重返桑植，陆续采访过的对象，有的年逾七旬，还有的过百岁……采访中令您最难忘或者感触最深的有哪些事？

纪红建：采访的时候，我吃住都在山里，天天与那片土地上的老人打交道，听他们讲故事，难忘的事、感触深刻的事太多了。比如说付出。熊朝盛的父亲，有九个姊妹，八个当红军，牺牲了七个，有的牺牲在战场，有的被反动派残杀，非常惨烈。红军女儿队队长龙香姑，家里一下就被杀了四口人；女儿队副队长罗二妹，面对敌人的屠刀，没有惧色，更没有投降，她的头被砍下后，为了留全尸，她的亲戚用大针好不容易把她的头和身缝了起来。当时还有许多人，因为家里有人当红军，为了逃避国民党反动派的残杀，他们躲到了湖北的五峰山等地的山沟沟里，一躲就是10多年，与毒蛇、老虎、蚂蟥为伍，过着异常艰辛和残酷的生活。刘家坪白族乡的朝阳地村，当时27户人家，就有21户人家躲到了湖北和湖南的山沟里。正如他们的后代所说，他们有两个故乡，一头是爹一头是娘。这难道不是付出吗？然而即便如此付出，从红军长征一直到1949年新中国成立，桑植本地的青少年没听说过"红军"两个字，这个是不可想象的，但是它是真实的历史。为什么？因为国民党在红军长征以后，在这个地方的清算、屠杀，产生了太强烈的效果。

又比如说寻找。从桑植走上长征路的红军，有的胜利到达了陕北，但更多的，要么在途中的战斗中牺牲，要么病死，要么失散。牺牲的、病死的、失散的，都有一个共同点，就是他们再也没有回过家乡。亲人当红军去了，音信全无，作为父母，作为兄弟姐妹，作为侄儿、侄女等亲属，谁不牵挂，谁不担忧！这支踏上异乡的英雄队伍，他们的生死，他们的命运，就这样层层叠叠地、紧紧密密地、盘根错节地绾成了一个永不拆散的情结。庹文化的二爷爷去当红军时，还是个十八九岁的小伙子，没有成家，也没有处对象。刚当兵那会儿，还经常跟家里有联系，或是通过战友和老乡捎信回家。后来二爷爷跟着红军长征了，就基本上没有音信了。于是，他们家开始了漫长的寻找，庹文化爷爷那一代家人找了后，又是庹文化的父亲那代人找，现在他们这代人一直四处寻找二爷爷的下落。退休教师刘纪勋家也一直在寻找二爷爷，虽然70年过去了，依然没有下落，但他们始终没有放弃。刘纪勋说，他们家族一直在寻找二爷爷，不是为了给他平反，算个烈士什么的，主要是想知道二爷爷魂落何方，别让他一辈子都是孤魂野鬼。

所有这些，对于我来说特别震撼。我想，只要是一个讲感情的人，一个有良知的人，不可能对这些故事无动于衷。然而，现实生活中，这些平凡的英雄，往往被历史和乡野的杂草所湮没。

魏锋：一位作家曾说过，作家的天职是讲好故事，报告文学作家必须有良心、良知，具有强烈的前沿精神和悲天悯人的情怀。您的每部作品都体现着作为一个作家的良知与社会担当，这对于现在从事报告文学创作的青年作家有非常好的借鉴意义。作为一名青年报告文学作家，请您具体谈一谈创作报告文学最为珍贵的是什么？

纪红建：报告文学特有的社会参与功能和文本的真实性，决定了报告文学作家必须走出书斋，抵达生活的前沿现场或是回到历史的现场，必须用一种高度自觉的独立意识去关注时代和记录时代。在这个网络疯狂、诚信缺失、充满怀疑的时代，我们青年报告文学作家实实在在地坚持用"脚步"写作，我认为，这相对于写作技巧来说，更为现实和珍贵。

用"脚步"写作，是一名作家高度自觉参与的表现，更是勇气与毅力、道义与良知、责任与担当的充分表达。这是作家身心的投入，是对内在激情的唤起，更是精神的行走。这些品质在优秀、成熟的报告文学作家身上表现得更加充分，却成了现在不少青年作家对报告文学望而却步的一道鸿沟。我认为，要写出真正意义上的报告文学作品，成为一名真正意义上的报告文学作家，必须坚持用"脚步"写作。

这是一个需要优秀报告文学的时代，这个时代有太多的热点、要点，平凡而美好的事物，等着我们去记录和抒写。什么是青年报告文学作家的责任与担当？我们要从现在做起，从脚下开始，做个坚定的行走者、行动者和付出者，就是最好的承诺。

魏锋：作为报告文学，真实是它的底线，向善是它的方向，审美是它的面容。要从事报告文学创作，您认为要做好哪几个方面的思想和心理准备，才能肩负起作家肩上的责任和担当？

纪红建：我认为，作为报告文学作家，首先要有面对困难、危险和真实的勇气。报告文学采访周期长，投入成本大，有时候采访过程困难重重。这不仅需要我们高度自觉地参与，还需要奉献精神和舍弃世俗名利的勇气。又因为报告文学更多地抢抓当代社会焦点和热点事件，还必须坚持知识分子的正义良知，难免有吃官司的风险，甚至是生命的危险。无论是2003年"非典"期间，还是2008年汶川大地震时，何建明、李鸣生等大批作家冒着生命危险，如勇士般冲向了灾难现场和救灾第一线，以高度的社会责任感和敬业精神，创作了一批感动人心的优秀作品，为我们青年作家树立了很好的榜样。当前，许多青年作家就是感觉参与报告文学创作的代价太大，得不偿失，对此敬而远之。

其次，要有坚强的意志力和坚韧不拔的精神。报告文学的成败，很大程度上取决于采访的力度、深度和广度。要做到采访深入，必须要长时间的奔波与采访，这不仅对体力是一种考验，更是对意志与毅力的考验。陈启文长达60余万字的新作《命脉——中国水利调查》，就是他历经数年，奔波于江湖，上下以求索，一路追寻司马迁、郦道元、徐霞客等先辈的足迹，以中国七大江河水系为线索，追溯以黄河、长江为主流的大中华水系源流；又以大量翔实的采访笔录、口述故事、个案剖析，通过一条条江河、一次次灾难、一个个代表性的水利工程和一个个刻骨铭心的细节与片段，在沧桑变迁中徐徐展开一幅悲喜交加、血泪交织而又波澜壮阔的江河长卷，抒写了一部中国治水史诗。这样的大部头，如果作者没有超乎寻常的毅力，没有心系国家的大责任，是不可能突破身心极限去完成的。

再次，要有理性看待事物的习惯和心灵平视的胸襟。在纷繁多彩的当代社会生活中采访，如果没有审视生活的批判眼光，没有一定的理性剖析能力，不仅不能抓住要点、切中要害，还会被生活牵着鼻子走，更写不出思想内涵深刻的作品。所以保持一颗理性、冷静和淡定的心，十分重要。又由于报告文学写的都是真人真事，如果不保持心灵的高度纯洁，从内心平视一切，就容易受各方面因素的影响，

2016年3月18日，在内蒙古作家牛海坤报告文学《生命的守望者》的研讨会上，纪红建（右）与青年作家杨牧原（中）和笔者合影
（魏锋 供图）

造成对人物或事件的随意拔高，甚至虚构夸大，违背报告文学的真实性原则。

魏锋： 一个人的成长离不开阅读的熏陶，那么您平常的读书时间多吗？经常买书吗？都喜欢阅读哪些类型的作品？

纪红建： 我觉得，对于一个作家来说，不保持良好的阅读习惯，是件非常可怕的事。我总是有种紧迫感，感觉自己读书不多，腾出来读书的时间不够多。我总是在心里督促自己，不管看多少，每天都要看看。我经常跑书店，平常出差，在候机和候车时，最喜欢待的地方也是书店，总要买几本自己喜欢的书。只要手里捧着书，我心里就会变得踏实。为什么？因为书籍是最好的营养品，有了营养，才会健康，是心灵的健康。我最喜欢的还是文学、历史与哲学方面的书籍，没有原因，就是喜欢，就是习惯。

魏锋： 现在全社会都在倡导全民阅读，您认为阅读对一个人的性格养成和成长会起到什么样的作用？阅读给您的写作带来了怎样的变化？

纪红建： 阅读，对于一个国家和民族来说，既是一个民族精神发育和文化传承的基本途径，也是一个民族凝聚力和创造力的重要源泉。而对于个人来说，我

觉得阅读能够滋养生命且贯穿一生，一个人的成长史就是他的阅读史，读书有助于形成良好的品格和健全的人格。阅读无疑促进了我的写作，提高了我的写作水平。它让我的文字更加精美，叙述更加巧妙，思想更加理性，视野更加开阔。

魏锋：手机阅读，尤其是微信阅读的高增长率，让业内人士对其未来的发展趋势充满了猜想。请问您尝试过用手机进行阅读吗？您怎么看数字阅读？

纪红建：用过。我觉得时代发展到了这一步，有些东西是不能回避，或者说是不能躲避的，必须适应。数字化阅读势不可当，是一种趋势，在全民阅读中的地位和作用在不断提升。当然，数字阅读和纸质阅读一样，文字有优劣之分，必须静下心来，读好书，读经典。

魏锋：如果让您推荐一部对自己影响最大的作品，会选哪一部？

纪红建：雨果的《悲惨世界》。可能是一种缘分吧，我还在上小学五六年级的时候，就在叔叔家看到了一本没有封皮且皱巴巴的书，当时觉得好看，就看完了，但不知道书的名字。这是我看的第一部完整的小说。后来上高中时，我在学校图书室看到这本书时，感觉特别亲切，又看了一遍。这时我才知道，我在小学时看的那本没有封皮的书，便是雨果的《悲惨世界》。

魏锋：您现在创作的主要精力放在了哪些方面？是否还将有新作推出？

纪红建：我现在创作的主要精力还是在报告文学方面，在《马桑树儿搭灯台》研讨会发言时，我把报告文学比喻成了一根根扁担，我说，如果我拿下哪根扁担，我的人生就会失去平衡，甚至会失去重心，摔倒在地。我想，与其这样，还不如就这样扛着、扛着，至少我不会倒下，会好好地活下来。我想，我当不了优秀的作家，我就做一个默默无闻的行走者、记录者、思索者吧！2017年上半年我会推出另一部与脱贫攻坚有关的农村题材的长篇报告文学，目前已经到宁夏、甘肃、贵州、广西、福建、新疆、湖南等地采访过了，正在创作之中，争取最大限度地接近历史与真实，给人们某些参考与启示吧！

六小龄童：孙悟空凝聚了中国人的英雄梦

著名表演艺术家六小龄童 （魏锋 摄）

　　六小龄童，本名章金莱，生于1959年4月12日，上海人。中央电视台中国电视剧制作中心演员剧团演员，国家一级演员。在八六版《西游记》中饰演孙悟空，荣获第六届金鹰奖最佳男主角奖及第一届中国电影电视十大明星奖，中国第二届电视十大明星票选第一名。1998年凭借《西游记续集》中孙悟空一角，获得2000年度全国十佳优秀演员奖。多年来致力西游文化的传播和国际交流，截至目前已进入全球800多所学校演讲，听众突破100万人次，2016年3月更登上美国哈佛大学和麻省理工学院的讲台。

2016年6月12日，六小龄童携首部自传《行者》在咸阳举行签售会

（魏锋 摄）

1982年，作为中国最早的播音员之一、1979年第一届央视春晚的导演、中国第一位女性总导演兼制片人杨洁，承担起开拍四大名著之一《西游记》的任务，六小龄童被选为饰演孙悟空这一角色。

1986年，央视版《西游记》前13集播出后，六小龄童塑造的孙悟空成为经典角色，引起了巨大轰动，造就了89.4%的收视率神话。《西游记》在美国、日本、德国、法国及东南亚各国播出后，受到广泛好评，六小龄童从此家喻户晓、名扬中外，成为亿万海内外观众心中的"美猴王"。

30多年来，这部电视剧在央视和地方卫视重播次数超过了3000次，有近60亿人次观看，是世界上重播率和收视率最高的电视剧，深受观众喜爱，成为一部公认的无法超越的经典……

六小龄童因成功出演孙悟空，荣获中国30年最具影响力电视剧演员之一、中国30年30个难忘经典荧屏形象之一等奖项，并被誉为"当代美猴王""国猴""再世孙悟空""天下第一猴""猴圣"等，他还获得了世界杰出名人榜终身成就奖。

"章氏猴戏"在中国已有100多年历史，章家是扮演世界名著中同一主角传承最多代的家庭，章家也成了名副其实的"猴王世家"。章氏猴戏是六小龄童的曾祖父章廷椿"活猴章"发端的，由祖父章益生"赛活猴"发扬光大，伯父章宗信"七龄童"被誉为"神童老生"，父亲章宗义"六龄童"开创了猴戏"活、灵"的南派风格，被公认为是绍剧承前启后的关键性人物，被誉为"南派猴王"。哥哥章金星"小六龄童"八岁随父亲在《闹天宫》中饰演传令猴，还曾得到周恩来的喜爱，却因白血病早逝。

"如果说我的前半生是在传承猴戏艺术，希望后半生更多地传承中国的猴文化。我们每个人都是西天取经的行者，都要历经人生的九九八十一难。我们每个人都要像孙悟空那样乐观、进取、拼搏，有追求，有理想，懂感情。"百年的章氏猴戏传承至今，六小龄童一直在"一带一路"沿线的地域、国家，不遗余力地推广"西游文化"。

从2016年6月开始，年过半百的六小龄童携新书在北京举办了首场《行者》签售会。《行者》是六小龄童亲自执笔的首部传记，小说讲述了六小龄童以前从未讲述的内容，呈现出一部完整的个人和家族传奇，包括生命低谷时的心路历程、家族中平凡而伟大的女性、兄弟间的感人情义、学艺历程、文化传承的思考等。将近一年时间，这位被大众所熟知的孙悟空穿着一件彰显青春与活力的"中国红"衬衫，先后到达西安、咸阳、银川、上海、南京、深圳、青岛、石家庄、哈尔滨、滁州、长春、合肥、昆明、贵阳、萧山等20多个城市与读者见面。每场活动的人数都在3000人以上，六小龄童被围得水泄不通。行程再紧迫，他都会在现场为读者和粉丝表演金箍棒，签名环节一刻也不停，坚持一本一本地签完。笔者通过六小龄童工作室项目总监冯伟杰接洽，也如愿约访了著名表演艺术家、章氏家族猴戏第四代传承人六小龄童章金莱。

1957年12月15日，周恩来总理在上海中苏友好大厦陪同缅甸总理吴奈温观看浙江绍剧团演出的《大闹天宫》，与小六龄童章金星合影（六小龄童工作室 供图）

魏锋：章老师您好。您饰演的八六版《西游记》中的孙悟空，角色太深入人心，重播次数太多，在国内几乎无人不晓，是世界上重播率和收视率最高的电视剧。从您父亲"六龄童"到哥哥"小六龄童",1956年至1986年这30年,再到您"六小龄童"1986年至2016年这30年,您的家族史其实就是一部中国猴戏文化的缩影,在传承章氏猴戏的过程中,您最大的梦想是什么?

六小龄童:我们家族四代人用100年历史演绎《西游记》的故事,扮演美猴王孙悟空:我的曾祖父被称为"活猴章",我的祖父被誉为"赛活猴",我的父亲因为6岁从艺,取艺名叫六龄童,我的二哥叫小六龄童,我不能叫小小六龄童,所以我叫六小龄童。

父亲6岁学艺,12岁登台,专工武生,兼演武丑。他主张打破门户之见,博采众长。他开创了猴戏"活、灵"的南派风格,被公认为是绍剧承前启后的关键性人物,被誉为"南派猴王"。

1956年8月,陈毅副总理陪同印尼总统苏加诺观看了父亲主演的《孙悟空大闹天宫》一戏,大加赞赏。

1957年12月15日,周恩来总理在上海中苏友好大厦陪同缅甸总理吴奈温观看绍剧团演出的《大闹天宫》,父亲六龄童扮演孙悟空,伯父七龄童扮演杨戬,二哥扮演小传令猴。演出结束后,总理陪同外宾健步走上舞台,伸出手,一把将父亲的手握住,对他说:"我是绍兴人,看绍剧可还是第一次。你们演得很好,外宾看了很满意。"总理还问到绍剧的曲调,问完后,总理回身抱起了一直在旁边蹦来跳去、还没有卸装的二哥,将他擎起,举在空中。此时,观众掌声雷动,上海《新民晚报》的记者也趁机抓拍下了这张经典的照片。

在这一次的接见中,总理还对父亲说,"文艺事业需要接班人,你要把下一代带出来,多培养几个小六龄童呀!"2015年我去天津的周邓纪念馆,还看到了这张照片,我也将这张照片分别放到我的家里,以及位于江苏淮安和上海、陕西铜川的六小龄童艺术馆里。

六小龄童在八六版电视剧《西游记》中扮演孙悟空 (六小龄童工作室 供图)

1960年，《孙悟空三打白骨精》拍摄成彩色戏曲影片，发行72个国家，在国际上也产生了较大影响。多位中央领导观看后给予高度赞扬，毛泽东还写下了传诵至今的"金猴奋起千钧棒，玉宇澄清万里埃。今日欢呼孙大圣，只缘妖雾又重来"的名句……

八六版电视剧《西游记》师徒四人（六小龄童工作室 供图）

我们章氏猴王家族，以塑造孙悟空形象为家族理想，一代又一代演绎美猴王的故事。在父亲89年的生命中，83年都在演孙悟空这个角色，从中开创了绍剧猴戏。二哥小六龄童在短暂的17年中扮演过很多角色，且曾多次为国内外元首及外宾演出，但遗憾的是，二哥一生从未真正扮演过美猴王孙悟空，他一直扮演的是小传令猴。"当你演成美猴王孙悟空的那一天，你就能见到我了。"二哥临终前的那句话一直回响在我耳边，这句话指引了我人生的方向。

我也常说，我是随着猴魂而来的。我的血液里、骨髓里已经深深打上了美猴王的烙印。因为我和二哥之间那种特殊的感情，我仿佛注定要成为猴王世家的顶梁柱，代替我的二哥，完成那个未了的心愿。在传承猴戏的道路上，我不仅是为自己活着的，别人可以打高尔夫、玩牌，我都不会，一生所做的都是为了猴戏付出，我觉得一个人一生做好、做精一件事就非常了不起了。

《西游记》是一部正能量的作品，读懂了《西游记》，才能读懂中国；了解了孙悟空，才能了解中国人。西游文化，我个人认为是我们中华五千年文化浓缩起来的一个精华或精髓：拼搏、进取、不屈不挠、永不言败。尤其猴王精神当中的乐观向上，非常重要。到目前为止，央视版的《西游记》重播率和收视率是全世界最高的，30多年已经播出3000多次，已申请吉尼斯世界纪录，可以说是全世界卖得最好的一部电视剧。但我更大的梦想是把中国的西游文化推广到全世界，这也是我们整个家族的希望。我总结自己，随着我们祖国的不断变化，我的梦想和我们的中国梦是一致的，如果说我的前半生是在传承中国猴戏艺术的话，我的后半生是继续更多地传承中国的猴文化，更多地传播正能量，让猴王爱憎分明、不屈不挠、乐观向上的精神影响一代又一代人。

魏锋：章老师，很多读者和观众的童年都是在观看《西游记》中度过的，尤其在去年年初，网络上各种"大圣归来"的呼声此起彼伏。对于大家的关心，请谈一谈您近年来在干什么？这些年来您一直忙于传播西游文化的精髓和我们的国粹艺术，想了解下您是否还在坚持练功。您曾说要与好莱坞派拉蒙公司合作《敢问路在何方》，进展如何？

六小龄童：观众、网友的呼声让我有一种英雄归来的感觉。其实，我从未离开过。吴承恩先生一生穷困潦倒，到78岁才写成《西游记》，82岁就去世了。《西游记》这部伟大的作品没有给他他生前带来荣耀富贵，却令他去世后名留青史。高僧玄奘一生都用来取经、译经、传经。我们章氏猴王家族，以塑造孙悟空形象为家族理想，一代又一代演绎美猴王的故事。章氏猴戏，从中国五千年历史文化中汲取营养，从无到有，从原始模仿到集大成，历经曾祖父、祖父、伯父、父亲、二哥、堂兄和我四代人，时间跨度长达一个世纪，把《西游记》的故事及美猴王从绍兴社戏的水乡舞台，演绎到了美国纽约时代广场。

如果说，我年轻时苦练猴戏，用17年时间拍摄电视剧《西游记》，是在传承中国猴戏艺术。那么在《西游记》后，我又用了10余年时间，从幼儿园到小学中学，从北大清华等国内院校，到哈佛大学、牛津大学、伦敦大学、巴黎第六大学等海内外近千所学校，和学生们交流思考，则是因为我的另一个理想：希望通过自己点点滴滴的努力，让坚韧不拔的玄奘西行精神，让永不言败、不屈不挠、乐观向上的猴王精神走向世界。孙悟空是中国人的超级英雄，凝聚了中国人自由超越的英雄梦想。要读懂

"六小龄童作品典藏"藏书票。魏锋创意策划，郭伟利制（**魏锋 供图**）

中国，就要读懂《西游记》；要了解中国人，就要了解孙悟空。我愿意将我后半生的主要精力倾注于此。吴承恩赋予孙悟空生命，我要赋予孙悟空灵魂，并且让孙悟空真正腾飞起来。

这些年，在国内外很多学校，我的演讲更多是希望

六小龄童正在化装 （六小龄童工作室 供图）

传播我们的国粹艺术，此外还希望更多的年轻朋友了解、尊重、理解我们的传统文化，尤其是《西游记》文化的精髓。这么多年来，我一直在推广《西游记》原著的精神，孙悟空的拼搏进取、永不言败、乐观向上对我们每个人都有启示，包括我自己。

我现在基本上每天还要练功，最重要的是根据自己的年龄和日程安排做调整，比如说我刚从印度回来，就得先休息好。在开拍《西游记》前，我在不断地学习中形成了这样一个信念：我这个孙悟空应该是兼百家之长却又独立于百家之外的。数百年来，有关孙悟空的各种戏曲剧目层出不穷，可取材借鉴的内容太多、太丰富，因此，我觉得不能完全抛开戏曲去表演，只有巧妙地吸取、消化前人的成果，才能创造出崭新的六小龄童版孙悟空。现在我最大的练功就是多动脑子多思考，再就是多走路，根据自己心情、身体调整走路时间、节奏和频率。

我很幸运得到观众的关注和支持，事业和家庭都非常顺利，拍《西游记》时很累很辛苦，但我遇到了艺术和人生的知音，就是你们都知道的于虹老师。我想两人在一起最重要的是都有一个大的信念和抱负，生活中互相尊重和谦让。我女儿有自己的追求，所以我不太要求她非得做什么，只要她有兴趣，做什么我都支持。

与好莱坞派拉蒙公司合作《敢问路在何方》，我演美猴王孙悟空，也是这个戏的艺术顾问。电影从造型、人物设计、制作理念都要探讨，不能一蹴而就，《泰坦尼克号》历时5年，《阿凡达》酝酿15年拍成，《功夫熊猫》用5年完成。这部影片肯定不会花这么长时间，但也会有科学合理的安排。我们目前定的是拍

3部，但因为剧本问题，还没有达到完全满意、可以开机的地步。这次通过《行者》首发，我也想告诉观众，我们会抓紧时间，希望大家耐心等待。

魏锋：听说习近平总书记在文艺工作座谈会上握着您的手亲切地问您最近在忙些什么。是吗？

六小龄童：习近平总书记在担任浙江省委书记的时候，每次见我，都鼓励我要演新的角色。2014年10月，我接到了来自广电部门的邀请电话参加文艺工作座谈会。当时我在上海出差，于是连夜赶回，到了会场才发现，此次会议精挑细选了72位文艺界的代表，包括影视、戏曲、文学、美术、书法、舞蹈、曲艺等，几乎囊括了整个文艺界。

会后，习近平总书记和我握手时，第一句话就问我最近在拍什么戏。我回答准备拍电影《西游记》。

习近平总书记还询问电影有多长，鼓励我说，像这样一部世界名著，应该多拍一些，要把这个事情做好，通过这样的载体，多弘扬中国文化，把中华文化传播到全世界。

作为一名演员，一部文艺作品该如何去为观众、为人民呈现。习近平总书记反复强调的"人民"二字让我感受深刻。习近平总书记希望每一部文艺作品一定要首先做到社会效益，其次是经济效益，最好能够做到社会效益与经济效益的兼顾，对我触动也很大。这次的讲话堪比70多年前的延安文艺座谈会，是给两个百年定下的大计：建党100周年，新中国成立100周年。这次讲话听得我热泪盈眶。这奠定了今后文艺界的走向，让我们找到了正确的方向。

孙悟空是我们中华文化的一个象征，有的外国人认为它是中华文化的一个图腾式人物。我通过演绎、研究宗教文化，希望通过孙悟空这个形象，能够做到求同存异、和而不同。佛教不是高高在上的，它可以到民间，可以做一些善事。只要你有这个心，你就是佛。

我一直在努力地致力向世界推广《西游记》，目前已先后在国内及英国、法国的100多所院校宣讲西游文化。我在学校的演讲，不光是讲话，还要带着金箍棒给年轻的朋友们表演。比如，演孙悟空，我问他们，喜欢中国戏曲吗？他们不敢说。我又问，喜欢我演的《西游记》吗？都说喜欢。问他们认可我演孙悟空的表演形式吗？

都认可。我告诉他们，这不是章氏猴家族的成功，而是中国猴戏戏曲艺术的伟大，要接受我们中国传统猴戏艺术的表演。我希望孙悟空能成为国与国、民族与民族、人与人之间的友好使者。

魏锋：您携首部自传《行者》全球首发，据我们了解，该书名是向全球网友征集确定。请您谈一谈创作这部自传的缘起，为什么要选择"行者"作为书名？

六小龄童近照 （六小龄童工作室 供图）

六小龄童：2016年的年份比较特殊，是农历猴年，也是明代著名小说家、四大名著之一《西游记》的作者吴承恩先生诞辰510周年，我的二哥小六龄童去世50周年，以及央视版电视剧《西游记》播出30周年。我一直希望把猴文化做大，前些年，我一直断断续续写过些东西。在这样一个特殊的年份，长江文艺出版社著名出版人金丽红女士、黎波先生于年初找到我，谈出版个人传记的想法。面向全球推出酝酿6年的自传也是我的一个心愿，我还要拿出更多精力传播猴文化，希望大家都来学习猴王精神——拼搏进取、不屈不挠、永不言败、乐观向上。这对每个朋友都有启示意义，包括我自己。这本自传最完整地表达了我的所思所想，也是我57年人生历程的回顾，自己也许正如玄奘西游一般，行走在人生的漫漫沙漠上，历经九九八十一难，探寻人生和艺术真经，希望跟观众和读者分享我的一些酸甜苦辣。

首部自传用"行者"作为书名完全来自观众的意愿，当时我在微博上向全球发布首部自传书名征集令后，收到近3万条评论、7万多次点赞。经过出版社认真梳理，编辑从近3万条网友评论中挑选出60个书名，我又从60个书名中优中选优，挑选出10个比较满意的书名，在网友投票的基础上确定为"行者"，这个名字我特别喜欢，孙悟空又名孙行者，而我们家族四代人百年来一直在"西天取经"的道路上不断前行、永不止步。"行者"是对我个人也是对我们猴王世家最贴切的形容，因为大家都是行者，都在实现自己人生和事业的理想。在征集中，很多网友提供的书名其实也很好，比如"苦练七十二变""笑对八十一难"是我的座右铭，"一念一生"体现了我二哥小六龄童对我一生的影响，"一世猴缘"是对我人生的生动概括，还有"金猴莱也"等，巧妙地把我的角色和我的名字融为一体，但书名只能有一个，最终确定为"行者"。

魏锋： 章老师您好。《行者》封面上"苦练七十二变，笑对八十一难"有何寓意？2016年观众纷纷呼吁您上春晚，但未能见到"大圣"，您怎样看？到现在，"猴王世家"的传人是否有合适人选？

六小龄童： 我认为《西游记》是博大精深的，是最能代表雅俗共赏、深入浅出的中华文化。我问小朋友："孙悟空爸爸妈妈叫什么名字？"小朋友答："石头、天地。"孙悟空没有任何背景，进水帘洞成王，通过闹地府、闹天宫成为美猴王，之后又成为齐天大圣，最后取完真经，被封为斗战胜佛。人的一生和孙悟空的奋斗是一样的，都要朝着一个目标去走。

《西游记》在缅甸播出超过了韩剧和日剧的收视率，越南现在也还在播放。我的书《六小龄童品西游》在中国也已经有汉语、维吾尔语、藏语、壮语四种版本。我是日中儿童交流协会的名誉会长、泰中友好关系协会永久的副主席，我希望孙悟空能成为国与国、民族与民族、人与人之间友好的桥梁。

如果我的前半生是在传播中国猴戏艺术的话，那么后半生更多的是传承中国的猴文化。猴文化不是教你怎么演孙悟空，而是告诉年轻的朋友，你们都是西天取经的行者，苦练七十二变，笑对八十一难，每一个人把自己的事情做好，就非常了不起了。

2012年1月19日，"师徒"四人与杨洁导演多年后重聚（六小龄童工作室 供图）

我个人的观点是不上春晚比上好。我上了春晚舞台，大家只是看到一个节目，但是不上春晚，我却看到了观众对我的爱。我本来是央视的员工，春晚是随叫随到的。每个导演的思路是不同的。我没有上春晚，但是我到了美国时代广场，向全世界的观众拜年，所以看似失去，其实得到了更多。

我们四代猴王经过了100年历史，现在我还没找到特别适合的传人。曾有人提议进行海内外海选，我本来也想着在猴年选择6个孩子，对他们进行全方位培养。我演过各类角色，不过大家最熟悉的还

2018年5月27日，六小龄童工作室项目总监冯伟杰（右一）来咸阳与笔者等品茗交谈 （**魏锋 供图**）

是美猴王，所以我说一个人一生把自己钟爱的事业做精、做强、做大是最重要的。关于猴王传人我也一直在寻找，如果有好苗子，希望大家推荐给我。

魏锋：近几年来，关于经典《西游记》改编的作品一直不断，也有很多当红明星扮演孙悟空，尤其是现在很多3D电影中塑造了各种各样的孙悟空形象，观众褒贬不一。请章老师谈一谈您自己的观点。

六小龄童：我也是中国最幸福的演员。尽管这部剧在当年看来并不能说完美无缺，尤其是高科技应用方面，但直到如今，这部《西游记》仍然是人们心目中不可替代的经典。在任何一个地方，我问观众、老师、同学，六小龄童这版《西游记》没有看过一集的请举手，没有任何人举手。中国男演员没有谁敢这么讲的，美国好莱坞演员都不敢拍胸脯说这样的话。六小龄童塑造的孙悟空形象也是至今无法超越的经典形象，这是如今任何一部电视作品都不敢想象的。我得到的一切，观众给予我的荣誉，是所有演员永远得不到的。

我的观点是，孙悟空的这种本质和西游文化的精髓基调不能变，尤其不能去无底线地恶搞《西游记》。我希望大家要在忠于原著的基础上百花齐放，拍的时候尽量带有敬畏之心。我还是那句老话：艺术风格可以不同，猴戏不姓章，应该属于中国和世界，大家演出各种风格的孙悟空是好事。但是千万不要无底线地恶搞和戏说，这个对子孙后代不利，就像我说过的：孙悟空怎么能和白骨精谈恋

爱？你再说出花来，这也是不应该去做的事情。要想演好孙悟空，一定要接受传统的中国猴戏的训练。其实很多演员一定是认真的，也是下了功夫的，但观众不承认在哪里呢？因为没有达到孙悟空的神韵，这种神韵只能在中国传统文化中去找。

我一直在呼吁，也希望建立一个名著保护的机构。去年上半年，广电部正式发了一个文，像《西游记》等世界名著不宜随便翻拍。后来我提出，有的不叫"西游记"，但有孙悟空和相关人物，所以后来又规定西游元素和"西游记"三个字都不能随便使用。

中国传统戏曲有猴戏，又称为"大圣戏"和"悟空戏"，讲究手眼身法步，可以说是一个独立的世界文化遗产。表演要经过艰苦训练，并向真正的猴子模仿学习，高度提炼和精心设计，为刻画人物服务。我觉得拍《西游记》的主创，尤其是孙悟空的演员一定需要非常用功和认真，但就我接触的一些演员来说，他们用心下了功夫，但可能对中国传统戏曲的猴戏不熟悉，没有精心训练过，再努力也是在模仿，没有深层进入人物的灵魂。演好美猴王必须接受中国传统戏曲的猴戏表演训练。

当时导演要求我们的剧要做到八个字"忠于原著，慎于翻新"，我们一直遵循这八个字在创作，万变不离其宗，针对观众需求做了调整和重新演绎，所以才能相对地还原或者表现出观众心目当中的《西游记》的每一个形象，这才有了今天的电视剧。我最高兴每次听到观众说我演的孙悟空像是从书里走出来的，这是给我最大的荣誉。"艺在先，技在后"，我始终觉得电脑再厉害，神话电影的特效只能是锦上添花，不能喧宾夺主。如果观众看完电影后觉得印象最深的是特效，那就有问题了。所以，我认为演员如果没有演技，只会瞪个眼，全靠高科技去做，是没有震撼力的。

杨焕亭：传递"中国精神"讲述"中国故事"

著名作家杨焕亭 （魏锋 摄）

　　杨焕亭，生于1951年，陕西省西安市鄠邑区（原户县）人。中国作家协会会员，咸阳师范学院兼职教授。自20世纪90年代以来，先后发表作品近500万字，出版有《烛影墨影》《山月照我》等多部散文集，长篇小说《往事如歌》《汉武大帝》《武则天》，学术专著《大秦一统——秦始皇与秦都咸阳》（与雷国胜合著），长篇人物传记《茂陵卧牛之谜》（与雷国胜合著），长篇纪实文学《无定河的女儿》等。作品入选《海峡两岸学者传统文化与现代化论文集》《百年陕西文艺经典》《西部散文百家》《五月：中国的震颤之诗》《国殇·民魂》《不屈的国魂》等，诗歌入选"中央电视台抗震救灾电视诗歌散文专辑"，《汉武大帝》荣获湖北省五个一工程奖。

在陕西乃至当代中国文坛，杨焕亭这个名字并不陌生。他的创作堪称独步，涉猎门类广，包括小说、散文、诗歌、评论等各种题材，都有不凡的建树。他的文学修养、审美修养达到了一种很高的境界，是一位创作经验丰富的作家。多年来，他始终坚守高贵的创作品格和低调、谦虚的处事风格。

他创作的第一部长篇小说《往事如歌》被评论界认为是国内第一部反映工农兵大学生题材的长篇作品。他对中国历史文学有着独特的视角和认识，创作的长篇历史小说《汉武大帝》（三卷本）和《武则天》（三卷本）等由长江文艺出版社推出后，受到社会的追捧，让人们在轻松的阅读中领略汉武大帝和武则天的风采。其中《汉武大帝》接连增印数次，被列入历史经典书系，获湖北省五个一工程奖，入围第九届茅盾文学奖评选。

在文学评论方面，他始终坚持求实、科学的学术精神，数十年来对本土作家的创作热情地予以扶持、评介和推动，每一篇评论都是在细读文本的基础上，从理论的层面，结合作者的创作实践，对作品进行较为深入的剖析，从而得出科学的结论，既给予作者鼓舞，又实事求是地指出存在的问题。作为一个文艺评论工作者，他始终不渝地关注文学生态和文艺现象，其评论文章《长安小说派及其与时俱进的嬗变》第一次在文论界提出了"长安小说派"的概念，受到省内文学评论界的好评。

著名文艺评论家、茅盾文学奖原评委李星不止一次地公开评价："杨焕亭无愧于当代历史小说大家！他是一个好人，是一个对传承中华历史文明有着执着责任感的人，也是陕西作家中少有的学问和文采兼得的人。生于当世，却沉浸于历史学问，在心态上他似乎染上了传统的士人之风。信而好古，追慕君子。所以，我更愿意说，他是陕西乃至中国文坛最后一位儒者。"

日前，杨焕亭多年来精心创作、精选的文化散文集《光阴》作为陕西省委宣传部2017年重点资助项目，由西安出版社出版发行。他以历史意识、当代视角、哲学高度、文学思维，走进周、秦、汉、唐一个个历史意象和文化载体，力求实现对中国历史沧桑巨变的审美表达和人物精神世界的理性解读，通过对绵延在中国文化史上文学现象的感性抒写，从而把斑斓多彩的文化风景呈现在读者面前，传递中国精神，讲述中国故事。整部书贯串着理性思维和诗意激情，散发着浓郁的学者气息。杨焕亭的目光也一直关注着当今中国的变化，因此对现实的描述和认知成为本书的一部分。关于创作和阅读，杨焕亭有着怎样的方法和体会，笔者专程采访了他。

魏锋：杨老师您好。首先祝贺您的文化散文集《光阴》作为陕西省委宣传部2017年重点资助项目，由西安出版社出版发行。从书整体的编辑体例来看，您是以历史意识、当代视角、哲学高度、文学思维，走进周、秦、汉、唐一个个历史意象和文化载体，力求实现对中国历史沧桑巨变的审美表达，力求对一个个风流人物的精神世界给予理性的解读。请您具体谈一谈对于散文创作的心得。

2013年1月23日，笔者第一次慕名采访著名作家杨焕亭（**魏佳 摄**）

杨焕亭：感谢省市领导的关心，感谢生活，使我获得了一次可以将自己多年来写的散文结集出版的机会。散文写作在我的创作经历中占有重要的地位。20世纪90年代以来，我在从事长篇小说创作、评论写作的同时，有很重要的文学实践是从事散文创作，这些作品也是我花费精力最多，思考最为集中的历史认知、文化审美和生活认知留下的文字。

对于散文，我分三个层面来说。

首先，我认为，散文是所有文体中最能体现作者文学敏感、艺术直觉和时代视角的体裁。它题材选择的广泛性、内涵承载的丰富性、结构开合的灵动性、非虚构的"真实性"，以及话语系统的自由度，都使得它比小说能更直接地感知时代变革的旋律，比诗歌能更有质感地反映人的情感、情绪的复杂和立体。一部中国文学史，散文要占到半壁江山。先秦文学史基本上就是散文史，其根本的原因是它最能够实现作家对现实生活的审美表达，在那个"方今万乘相争时，游者主事"的时代，几乎所有的诸子百家都留下了脍炙人口的散文名篇。这也是进入21世纪以来，一些小说作家纷纷改弦易辙，投入散文创作的重要原因。如写过几部战争题材的李存葆、写过不少报告文学的韩静霆、写过宗教神圣意味很浓的作品的张承志、曾经从事新闻工作的梁衡，这几年都不断有散文作品以飨读者。张承志曾经这样描述自己的散文写作："如今我对小说这种形式几近放弃……散文也许是我的一种很迟疑和矛盾的中间物吧！我非常喜欢这样写。"

其次，我从20世纪90年代以来，偏重于文化散文的创作。这方面的作品量比较大，也受到读者的欢迎，因此，这里我想重点谈谈对文化散文的写作体会：一是我认为，文化散文是一种意象写作。意象是客观物象的主体化和抽象化。作者对审美意象必须有一种哲学的视野。文化散文不应当是教堂礼拜时神甫吟吟哦哦的赞美诗，也不应该是抒发闺怨春愁、小忧小乐的消闲碎语。它应当是远古的涛声、历史的足音、时代的风景、思想燃烧的晶体，它应当是人类"历时态"和"共时态"存在的艺术呈现，从而带着人文关注的融融的暖意。二是我认为，文化散文是一种生命写作。林林总总的文化意象，不过是作者生命律动的载体，而不是一堆"泥古"的旧物，作者的写作姿态是紧密连接的，作者的目光始终是时代的。在价值取向上，散文更倾情于民族精神和民族心理的探微。在叙事的架构上，注重线与块的结合，具有时空纵横的自由挥洒；在语境上，继承了中国传统文学的"文气"美学观，偏于豪放但不废婉约，打着浓郁的主体认知烙印。记得一位叫作"时间的尾巴"的网友评价我的散文《屈叹》说："历史散文，很喜欢，一如喜欢余秋雨般的历史沧桑感，凝重而深远。"我很感谢他的评价，但我并不完全同意他的观点。正如你说的，"广征博引之间不时凸现思维的质感"，我的所有情感和目光都在当下，而不是为了复述历史。《光阴》中有一辑分别写了中国文化史长河中的"梅兰竹菊"几种审美意象，是因为在这个浮躁和喧嚣的年月，"梅兰竹菊"所象征的文化人的情操品格和人文精神正在流失，或者淹没在一片粗俗和媚俗的文化氛围中。我的呼唤，也是为了一种救赎和涅槃。因此，我的这些解读，既同历史上的君子意象保持着承接关系，又有着我对现实生活的人文感知。三是我认为，文化散文是一种知性写作。这当然不是指引用了多少掌故，或者拈来多少唐诗宋词的佳句和丽词，而是你对中国文化的理解深度。事实上，有些同志不引用照样能写出高质量的散文。我的引用常常被指为"掉书袋"，这只是我自己的一种行为习惯。四是我认为，文化散文是一种灵感写作。灵感这个概念，中外的解释是不一样的。在我看来，灵感就是文学意象与现实生活碰撞而发生的一瞬间的触机，没有这种触机，形不成创作冲动。例如《清荷》这篇散文，我很早就想以中国历史上的"荷"意象为题材写一篇散文。然而，选择怎样的角度写，却始终没有找到契合点。读了《荷之痛》这篇文章后，我的脑际忽然就闪烁一种光电，逐渐发热，而成为一种创作冲动。

与其他文体一样，散文创作也是多姿多彩、流派纷呈的。我自己是一个农家子弟，与农耕文明的血缘联系使我对工业时代的乡村和农民有着一种现代人的乡愁情结。我在大学的专业是中国历史，故而，又总是喜欢以历史意识、当代视

2015年11月22日，杨焕亭给笔者家属签赠百万字长篇历史小说《武则天》（魏锋 摄）

角、哲学层面、文学思维，走进周、秦、汉、唐一个个历史意象和文化载体，力求实现对中国历史沧桑巨变的审美表达，力求对一个个风流人物的精神世界给予理性的解读，力求对绵延在中国文化史上的文学兴象给予感性的抒写，传递中国精神，讲述中国故事。

魏锋：关于散文的新概念不断地出现在媒体上，有被誉为最前沿思维的"在场主义"散文，有所谓"大散文"说，有所谓"文化散文"说，有所谓"非虚构"散文说，也有所谓"灵性"散文说。那么，请您具体谈一谈您对散文这种文体的理解。

杨焕亭：中国的散文，曾经经历了流派纷呈、新见迭出的潮涨潮落。我不想就这些多做点评。只是希望我自己的作品，能够被读者喜欢。

从理论层面说，任何的审美表达都只有提升到文化层面，才能够真正实现其"彰显信仰之美、崇高之美，弘扬中国精神、凝聚中国力量"的社会和美学价值。我的乡情散文，浸渍着游子爱乡的泪水，绵延着思乡的情怀，涌动着近乡的快乐与痛感，着重于探索意象自身负载的历史价值、文化价值和美学价值，在语境上继承了中国传统文学的"文气"美学观，偏于豪放但不废婉约，打着浓郁的

笔者与杨焕亭 （孙永林 摄）

主体认知烙印。

魏锋： 我看到您在"后记"中写道，在整理这些文稿时，功夫主要在"瘦身"上，几乎每一篇文章都有删节，这是出于怎样的考虑？

杨焕亭： 在散文乃至整个文学创作领域，我自认是一只笨鸟，也不习惯被人称为作家，当然也就不以此而自诩。因此，整理这些文稿，对于我，不啻为一次涅槃和更生。

在日益进入暮年的氛围中读自己早年的一些作品，我常常陷入一种略带沉重的反思。不用说，那些文字，让我穿过岁月风尘，依稀感受到早年的青春激情，中年的志薄云天。然而，那种因阅历带来的瑕疵，总是引发我深深的惭愧和汗颜。一个句子，一个句子地读下去；一个段落，一个段落地斟酌下去，及至完稿，删去的竟达数万字。这其中有不少篇章，在当时我是津津自赏的，但现在一读起来，就感到有些别扭，有些不接地气。由此我想到了一个久远的故事，说宋代散文名家欧阳修将《醉翁亭记》完稿后，张贴在城门口征求意见，最后，竟然将数十字的山景描写简为"环滁皆山也"五字。我充其量就是一个业余文学爱好者，自知不敢与先贤比，但当我效法前辈，把"手术刀"面对自己的时候，才真正体味到那是一种经历"割肉""割爱"的苦功。还好在我数十年的文学生涯中，我对自己从来没有"宽容"过，因而，我把整理的过程视为重新学习的过程。

当然，这是我对自己写作的要求，能不能达到这个目的，还有赖于读者的检验。

魏锋： 杨老师，您之前一直做行政工作。记得2003年您的第一部44万字长篇小说《往事如歌》正式出版，在文学界反响强烈，著名文学学者肖云儒评价说：（这是）第一部写工农兵大学的小说，第一部评论家写的小说，第一部表现新时期知识分子的小说。畅广元教授更是写了8000多字的评论，称这是一流的小说。后来您又转向长篇历史小说创作，还撰写了几十万字的评论和散文。请您谈一谈您的文学梦是从什么时候开始的，写作的兴趣来源于什么？

杨焕亭：记得爱因斯坦说过："兴趣是最好的老师。"在我看来，兴趣是后天培养出来的。我的写作兴趣培养，首先可以追溯到童年时代。曾经读过私塾的父亲对中国古典小说表现出强烈的阅读欲望，于是家里就存了许多他从市场购买来的诸如《三国演义》《水浒传》《隋唐演义》这样的书籍，给了我课余很大的阅读空间。我在10岁时，就已经读过《水浒传》和《三国演义》，当然，还有不少字不认识，只能了解个大概。特别是施耐庵的《水浒传》塑造的那些绿林好汉形象，对我的影响很大。我曾经梦想有一天也能像施公一样写一部砖头一样厚的作品。在出版了《汉武大帝》之后，我常常想，也许就在那时候，我的潜意识深处就种下了历史小说创作的文化基因。

其次是来自老师的鼓励。我是在12岁走进中学校园的，那时候走红的许多当代文学作品，诸如《红日》《红岩》《红旗谱》《创业史》以及浩然的三卷本长篇小说《艳阳天》等开始进入我的阅读范围，我将所获得的营养用到自己的作文写作中，这就引起了语文老师的注意。那个非常和善的老先生常常把我的作文拿到班上读或者推荐到中学的墙报上刊登。他就如同烛火，点亮了我的文学梦想。

杨焕亭通过"微风书公益"向山区孩子捐赠图书 （魏锋 供图）

这种知遇之情，使我常常将语文老师看作仅次于父亲的人物，至于"文革"开始后，班上的红卫兵头头鼓动我向语文老师贴大字报时，遭到我消极抵制，我用发给我的纸画了一幅梅花图。2017年清明节，我们同窗一行专程回乡吊唁老先生，那些温馨的往事再度让我热泪盈眶，遂写了下面的诗句：

> 无语清明胜雨时，纸钱泪咽悼良师。
>
> 曾忆春风暖青梦，尝将秋水濯智池。
>
> 呕心字里留朱墨，沥血行间染素丝。
>
> 坟草晴翠人已去，小园念念酒含诗。

我至今仍然记得，在读了《艳阳天》之后，竟然同我们班上的另外一位同学合计，要将之改编为话剧。当然，那也只是一种狂想。

第三是氛围的熏陶。1966年8月暑假结束后我回到学校，"文化大革命"开始了，一些城市来的干部子弟率先举起了"造反"的旗帜，教师们已经无法心安理得地站在三尺讲坛上为学生讲授"劝君更尽一杯酒，西出阳关无故人"了。大约在那一年的国庆节后，武斗开始，我丢下自己的行李回到故乡。当时村里有一位双目失明的残疾军人从事业余创作，常常是他口授，我记录，然后再陪他步行12公里路到县城，投稿到文化馆的油印刊物《户县文化》上发表。在他的影响

2017年3月28日，著名评论家李星（右）谈杨焕亭历史小说创作：人格成就作品 （魏锋 摄）

下，我有幸远离造反队伍，加入业余作者的行列。到1968年，我已经成为县上小有名气的业余作者，从而被抽调到县文化馆创作组，为县"革命委员会"成立准备朗诵诗作品。

应当说，从童年到青年，是我的文学准备期。上大学时，我在班上也创作一些作品，在校报或者校团委的墙报上发表。但这也只是兴趣使然。

杨焕亭数次为"微风读书会"全国读者签名千余册图书（**魏锋 摄**）

我真正开始自觉地写作大概是20世纪90年代进入这座城市以后。一个偶然的机会，经一位尊敬的文学前辈点化，我走上文学评论的道路。这一写，就送走了26个春秋，逐渐积累起来的文学评论知识体系，形成了自己个性的评论话语系统和行文风格，铺垫起了属于自己的评论信用基础。在我当选为咸阳市作家协会第二届主席团副主席及2004年出版了第一部长篇小说《往事如歌》后，我已经有了自己明确的价值取向、文学定位和努力方向，向自觉状态转化了。

魏锋：由长江文艺出版社2013年推出的您的《汉武大帝》接连增印、再版，2015年获得湖北省五个一工程奖项，并被列入历史经典书系，参评当年茅盾文学奖。您不到两年时间又推出百万字长篇历史小说《武则天》，著名评论家李星老师多次在公开场合评价您"无愧于历史小说大家"。那么您又是如何看待历史题材与写作者的关系？

杨焕亭：从现实题材写作进入历史题材写作，应当说，是我对自己主体资源的一个自觉认知，尽管从生理年龄说，这个认知来得晚了些。

陕西是一个文学大省，也是一个历史文化资源积淀深厚的大省。周、秦、汉、唐在我们这里兴业建都，在历史上我们这里是政治、军事、文化中心，掩埋着许多封建帝王。这种厚重，让我们这些秦人后裔一想起它，内心就充满肃穆和敬畏。历史题材创作有得天独厚的条件，应该在文学大省五彩缤纷的创作阵容中占有一席之地。然而，事实是，这些年我们对历史题材的挖掘和反映相对于现实题材，还是比较滞后的。正是基于这种对陕西文学格局和自身资源优势的冷静分析，使我进入知命之年后，转入历史题材创作，先后出版了三卷本长篇历史小说《汉武大帝》和三卷本长篇历史小说《武则天》，前者133万字，后者121万字，加起来约260万字。

从某种意义上说，历史与作者的关系，是创作主体与审美对象的关系、过往的"曾在"与站在当下方位的"此在"作者之间的关系。一方面，作者面对的是作为文化记忆的皇皇历史存在；另一方面，作者面对的是生活在当代的读者。作家只有在这二者之间寻找一个有机的契合点，才能体现历史题材作品在当代的美学价值。我自己在历史题材创作中，始终坚持这样的原则：首先，作者必须敬畏历史。马克思说："在自然界和历史的每一科学领域中，都必须从既有的事实出发。"历史是人类打在客观世界上的思想印记，是人作为"此在"的生命绽出留给"曾在"的足痕，是以时间一维性为经，以空间三维性为纬而编织的文化长卷，唯其如此，"历史是最好的教科书"。因此，历史题材作品一定要注重历史真实，然后才能在艺术的层面还原历史，而不是戏说、歪曲以至消费历史。目前，读者中弥漫的历史虚无主义，正是这种戏说和歪曲带来的恶果。其次，作者要审美历史。意大利著名哲学家克罗齐说："一切历史都是当代史。"他的本意是说，一切历史只有在观照当代的时候，才能体现它的价值。而所谓"艺术的真实"，也是生活对历史题材作者的"当下性"要求，而"当下性"是一个审美的自觉过程。因此，我在创作《汉武大帝》和《武则天》时，都十分注意挖掘这两个朝代治国理政的故事，努力揭示其对现实的观照点。著名文学评论家李星先生认为："读了这两部著作后，我的感觉是忠实于历史史实，客观公正地评价历史人物，给人以尽可能真实的历史，更重要的是促人反思。两部作品立足历史，重在育人，旨在鉴今、民族人格的建设，教育我们以史为鉴，做个正派、刚正的人，而不是去做得志忘形、口是心非、利令智昏、趋炎附势的人。"再次，作者要紧紧抓住人这个历史的核心。黑格尔说："我们既是历史的创造者，又是历史过程的产物。"任何历史都是因为人而发生，因为人而存在的。离开了人，大自然的美就没有任何意义，历史就没有任何价值。因此，任何历史都是"人"作为"此在"绽出的历史。历史题材小说，不是让作者去图解历

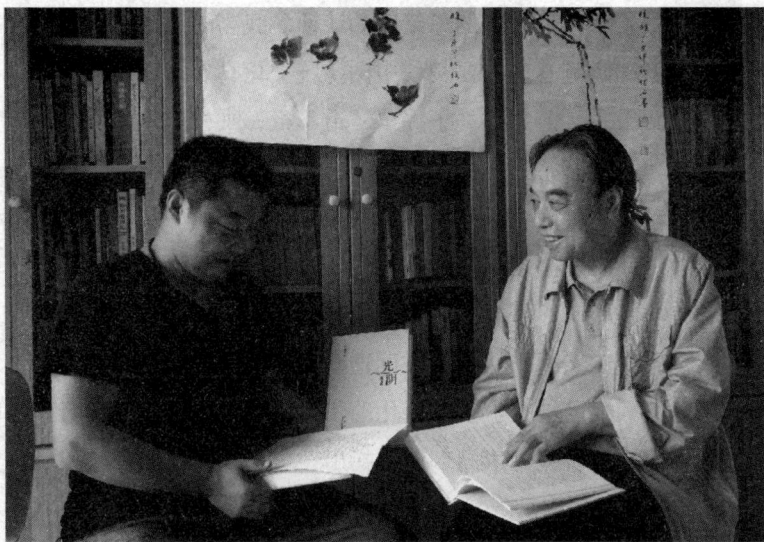

2017年9月19日，杨焕亭散文集《光阴》出版后，笔者专程采访

（杨波海 摄）

史上的大小事件，而是要我们把历史还原到人的生态存在的状态，回归到人性、人的品格、人的情感的方位。这样的作品才会有质感。譬如，武则天这个人物，她的一生固然同唐王朝的兴衰存亡紧紧地纠缠在一起，但她首先是个女人，是个值得男人付出爱的女人；其次，才是一个政治家。你不这样，就会使笔下的人物扁平化、概念化。正如著名作家孙皓晖所说："史料所呈现出来的，是既定的格局，是已经风干了的种种骨骼。历史小说的使命，是复活历史的脚步，是复原人物的血肉。"

魏锋：中国传统文化在百年间受到西方文化体系的全面冲击，对于"传统与世界的相遇"这一命题您是如何理解的？

杨焕亭：最近，习近平总书记在第十八届中央纪律检查委员会第七次全体会议上对"文化自信"这个命题做了系统的阐述，指出，没有中华优秀传统文化、革命文化、社会主义先进文化的底蕴和滋养，信仰信念就难以坚定而执着。这句话其中一项重要内容是讲传统与世界相遇的问题。

"传统与世界的相遇"乃是指中国传统文化与当今世界格局的遭遇。第一个方面是用中国传统的自信，呼唤这种相遇。2003年，我在接受《炎黄文化报》记者的采访时就此做了"与狼共舞的思绪"的谈话。我当时认为，没有必要对这种遭遇怀着一种惊惧和防范心理，要相信中国传统文化具有融入世界和熔铸外来文化的能力。早在两千多年前，孔夫子提出"道不行，乘桴浮于海"，意思是到海外去传播中国文化。这就是一种面向世界的文化自信。今天，遍布世界各地的孔子学院，大概是老夫子生前所没有想到的。第二个层面是中国传统有改造和重铸世界文化的能力。新时期40多年来的岁月告诉我们，如果没有这种相遇，中国传统现实主义的文学格局就不可能打破，也就不可能有先锋文学、新写实小说、新历史小说等文学思潮。然而，认真读一读这些标榜前卫的作品，就不难发现，这些现代主义思潮实际上已被打上了民族化的烙印。莫言的《生死疲劳》出版后，山东大学教授、蒲松龄研究专家马瑞芳就指出，它不仅是魔幻现实主义，更是对《聊斋志异》叙事传统的继承。

魏锋： 现在，全民阅读成为一个热门话题。您最喜欢的中外作家的书籍有哪些？理由是……

杨焕亭： 意大利作家伊塔洛·卡尔维诺有一句话："经典是那些你经常听人家说'我正在重读……'，而不是'我正在读的书'。"每个人的阅读习惯，不仅与自己所从事的事业有关，而且与自己的兴趣有很大关系。从少年时代起，我就养成了记读书笔记的习惯。尤其是近10年来，每年的读书笔记都在十几万字。我在写作《汉武大帝》时，曾经将《资治通鉴》和《史记》中的几册读成了碎片，爱人用线绳重新装订，又包了书皮后才掩盖了其沧桑的面容。我的另一个习惯，就是喜欢联想，例如我在读克鲁亚克的《在路上》时，就油然联想到文化多元背景下的中国年青一代的价值迷茫，联想到工业时代人们的精神漂泊，望着窗外日渐深浓的秋色，我会把这种感觉写成诗：于是我的思念随着老去疯长，在秋天长出一颗归心，披着白发回来，就像村童手中的风筝，只有被你牵着，才不会仓皇孤独。

作为一个写作者，我一直十分关心国内外文学生态的转型或变化，努力从国内外文学经典中汲取营养，以拓展自己的视野，丰富自己的思维。就我个人读书生活来说，从早期的俄罗斯文学、法国文学、拉美文学到近年来诺贝尔文学奖作者如库切、爱丽丝·门罗、略萨、大江健三郎、村上春树、川端康成、福克纳、克鲁亚克的著作，都曾经在我的阅读视野之中。国内作家的作品，我还是比较喜欢柳青、路遥、陈忠实和张炜的作品。比如，在第九届茅盾文学奖刚刚揭晓不久，其中获奖的两部著作《繁花》和《江南三部曲》我也读了。前者浓郁的地域文化氤氲，后者对代际存在的知识分子精神的探索，给人以艺术的启迪。我之所以喜欢这些作品，是因为它是经典，只有向经典靠拢，才能永远站在文学前沿。

魏锋：对于全民阅读，您怎么看？在阅读推广方面您有哪些建议？

杨焕亭：几年前，我在为一个学校准备读书报告的时候，惊异地发现，以色列国民年均读书44本，以色列的创新指数是全世界最高的。而我国县处级以上干部年均读书量只有三到五本，因此，我觉得全民阅读是一种正能量的导向，对于培养国民良好的读书风尚是大有裨益的。但在我看来，就价值取向而言，全民阅读呈现出明显的多元性；就阅读内容来说，呈现出明显的层次性；就阅读方式而言，呈现出明显的轻浅性。这就需要我们加强引导。

说到阅读推广，我觉得应该在国民中唤起对经典、对知识、对科学的敬畏感。我们的祖先在读书前讲究"焚香净手"，我们当代人虽然不必"东施效颦"，但以宁静的心态进入读书境界，却是十分必要的。首先要有一种很好的机制，例如农家书屋就是一种很好的推广形式；其次，要大力营造书香中国的浓郁氛围，使得国民有一种不读书、无以立的紧迫感；再次，要完善鼓励阅读的激励措施，像寻找最美教师、最美医生那样，在全国寻找最美读者。我相信，随着全民阅读的深入，一定能够在国民中培养起好读书、读好书的风气。

魏锋：在一次采访中，著名评论家李星老师如是评价您："人格的重量影响作品的重量，有怎样的人格，就有怎样的作品；有多高的境界，就有多高的作品。杨焕亭具有文学精神和文人的人格精神。"您觉得一个写作者最重要的品质是什么？对于年轻的作家，您有什么建议或期待？

杨焕亭：一切的一切，都已属于昨天。这么多年来，因为有了著名评论家李星老师的提携，我在创作上更有信心和动力。其实我做得还不够好，唯一的选择就是低调做人，勤奋努力；严于律己，宽以待人。

我在给别人写评论时，常常称评论对象为作家或者诗人，但我在说到自己时，常常喜欢用"文学人"这个称谓。这不是故作谦虚，而是我觉得，这个称谓可能更适合定位文学与生活的关系。1995年，捷克政府给米兰·昆德拉授予功勋奖，他在感言中说，他把这次授奖看作"给我与祖国和祖国与我的关系，画了一个句号"，与祖国、与民族、与人民站在一起，这就是一个写作者最重要的品质。因此，我对国内某些作家把"一个作家如果站在国家民族对面去审视"看作独有的"品质"，声言"我就是要和我们后面的一种力量对抗"的观点不能苟同。

对于年轻的作家和身边的文朋诗友，我期待大家执着地深入生活，敏锐地发现生活，用自己的笔满怀激情地表现生活，真正做到胸中有大义、心里有人民、肩头有责任、笔下有乾坤，创作出无愧于时代，无愧于历史，无愧于人民的精品力作。

魏锋：谢谢杨老师，祝福您人笔双健。我们的采访到此结束。

附录：

新常态下，报告文学作家肩上责任不能缺位

2016年3月18日，笔者受邀在湖南韶山参加第二届中国青年报告
文学作家论坛（杨牧原 摄）

报告文学是文学的"轻骑兵"，是时代的号角，是出征的战鼓，又是针砭时弊的钢锥银针和投向社会邪恶的匕首。报告文学作家应准确地把握时代脉搏，真实地反映时代风貌，把现实生活中所发生的或激动人心，或发人深省的事情，及时地传递给读者，既要忠实地记录辉煌成就，也要为处于社会底层百姓的疾苦而呐喊。报告文学作家要追踪时代、追踪事实，多跑路、多思考、多探究，既要对社会上的某些怪现状进行抨击，又要对社会上的正能量进行弘扬，在保持时刻警醒的同时，提高人民群众的信心，凝聚民族的精神力量。

习近平总书记指出，一个国家、一个民族的强盛，总是以文化兴盛为支撑的，没有文明的继承和发展，没有文化的弘扬和繁荣，就没有中国梦的实现。中华民族创造了源远流长的中华文化，也一定能够创造出中华文化新的辉煌。要坚

微风读书会
ID: weifeng279368357

书犹药也，善读
之可以医愚。
西津 刘向句
徐则臣
己亥秋月

茅盾文学奖获得者徐则臣为笔者创
办的"微风读书会"题词（魏锋 供图）

持走中国特色社会主义文化发展道路，弘扬社会主义先进文化，推动社会主义文化大发展大繁荣，不断丰富人民精神世界，增强人民精神力量，努力建设社会主义文化强国。

长期以来，人们对报告文学的界定众说纷纭，没有一个确切的词条进行概括。茅盾先生解释报告文学是散文的一种，介乎于新闻报道和小说之间，也就是兼有新闻和文学特点的散文，运用文学语言和多种艺术手法，通过生动的情节和典型的细节，迅速地、及时地"报告"现实生活中具有典型意义的真人真事。中国报告文学学会会长何建明解释，报告文学是文学性地报告新闻，这里面有两大元素，一个是文学，一个是新闻，缺一不可。孙犁说，报告文学作家大多都是关心社会疾苦、为民请命的人。

其实，报告文学的概念和定义都不重要，重要的是实实在在的内容，是思想性、艺术性和深刻性。近年来，那种把新闻报道、广告词和记录个人生活琐事的纪实文字等似是而非的东西贴上报告文学的标签，实在是对报告文学的歪曲和亵渎，一些媒体甚至将吹吹捧捧、卿卿我我的文字标上报告文学的标签发表，严重侵犯了报告文学的尊严。因此，报告文学作家们有必要团结起来，共同抵制假借报告文学之名而行其他目的的任何文字，捍卫报告文学的严肃性、艺术性、文学性；强化报告文学评论，将不具备报告文学要素和水准的文字从报告文学园地清理出去，对那些贴上报告文学标签的文字及时予以曝光、批评，维护报告文学的纯洁和高尚。

作为报告文学，真实是它的底线，向善是它的方向，审美是它的面容。早期的报告文学出现于19世纪中叶巴黎公社时期，"报告文学"这一名词才正式被引进，特别是从抗战全面爆发到中华人民共和国成立前的12年里，连续不断的战争和生活的剧变为报告文学提供了异常丰富的素材，使报告文学成为当时文学的主流。新时期以来，掀起了复兴报告文学的热潮，开始了中国报告文学的新纪元。

从徐迟的《哥德巴赫猜想》到何建明的《落泪是金》《南京大屠杀全纪实》，赵瑜的《强国梦》到李春雷的《朋友：习近平与贾大山交往纪事》、厚夫的《路遥传》、王树增的《抗日战争》等，这些优秀的报告文学作品不但提供了海量的资讯和深邃的思考，也在文本范式和文学水准上树立了标杆，真实性、新闻性、思想性、文学性达到了完美的统一，具体而又形象地勾勒出报告文学的准确面目，丰富、发展着报告文学，更为重要的是这些优秀的报告文学作品用鲜活生动的形象诠释了正确的人生观、价值观和生命的意义。这些可敬的报告文学作家始终站在最广大人民群众的立场上，舍身忘己、正视现实、深度思考、冷静剖析，用炽热的情怀和真诚的笔墨为我们的社会更加美好，为我们的政党更加坚强，为我们的国家更加繁荣而孜孜以求、笔耕不辍，为党和人民提供了可资借鉴的厚重资料，为社会进步做出了贡献。

最近，陕西省境内发生了两件事情。一件发生在西安闹市区，一件发生在郊县。第一件事是西安民间救援队队长在夜间抢劫杀害了无辜行人。一个长期坚持救人的人怎么会去劫杀无辜生命？于情于理都讲不通。另一件事发生在西安市高陵区，一位中年妇女被困电梯30多天，最后被活活饿死。两件不可能发生的事情发生了，其中的原因是什么？令人深思。

什么是报告文学？报告文学作家的责任和义务是什么？眼前的社会现状和细微的生活琐事，报告文学都不可以回避，报告文学作家都不能缺位。

长期以来，红色文化一直占据着报告文学的半壁江山，许多脍炙人口的名篇佳作立足于红色文化，从而挖掘出深刻的主题。笔者生活的陕西，也是"一带一路"的起点和桥头堡，是新常态下经济、社会、文化最为活跃的地区，也是红色文化积淀厚重的地方。所有这些得天独厚的条件，为报告文学创作提供了源源

著名作家、编剧杨争光为笔者创办的"微风读书会"题词（魏锋 供图）

不断的素材，为报告文学作家创造了深度思考的机遇和平台。

生活是创作的源泉，报告文学创作离不开时代鲜明的火热生活，红色文化助推新常态，新常态需要红色文化的支撑。因此，作为与时代生活接触最紧密的报告文学作家应该深入一线，踏踏实实地把自己融入现实生活当中，切身感受红色文化的无穷魅力，切身感受新常态带来的新现象、新事物、新问题，努力写出无愧于时代、无愧于人民的好作品。

——该文系笔者于2016年3月18日受邀参加湖南韶山第二届"中国青年报告文学作家论坛"所作主旨论文。

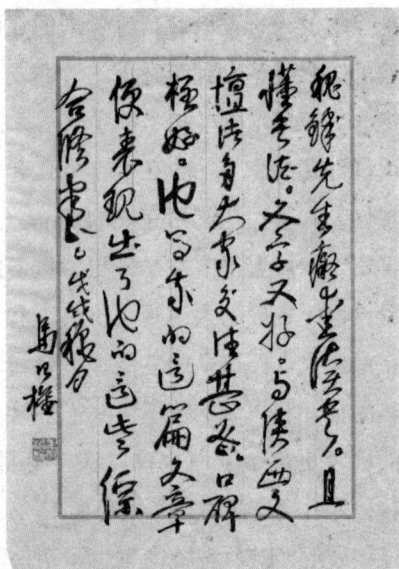

著名作家、书法家马治权为笔者创办的"微风读书会"题词

（魏锋 供图）

肩负责任，用真诚抒写人间大爱

2018年6月8日，笔者受邀在河北正定参加第三届"中国青年报告文学作家创作会"期间，参观作家贾大山故居，与贾大山爱人合影

（魏锋 供图）

新时期以来，报告文学在讴歌时代、针砭时弊的同时，肩负起了放歌新时代、担当大未来这一艰巨而又光荣的历史责任。从来没有哪种文学样式像报告文学一样贴近时代、贴近生活、贴近现实，从来没有哪部文学作品像报告文学作品一样直面社会，干预生活。报告文学作家用如椽之笔，既心潮澎湃地抒写了光明，奉献了正能量，责无旁贷地唤起了人们创造生活、改造世界的信心和勇气，又痛心疾首地展示阴暗面，剖析抨击弊政，义无反顾地破解生活中的急难和反映这个世界中的种种罪恶，从而引导向善的人们深入冷静地思考，刮骨疗毒式地鞭

挞贪婪、自私和罪恶。

这就是新时期的报告文学，这就是新时期可敬可泣的报告文学，作家不惜牺牲个人名利而坚守和拓展的报告文学，是这些尊敬的报告文学作家持之以恒的信念和艰苦的劳动捍卫了报告文学的尊严，使报告文学这面鲜艳的旗帜高高飘扬，让报告文学在新时代既发挥了嘹亮的军号作用，又担当了精妙的手术刀功能。

如此，我想说的是，报告文学如何在当下的环境中更加圆满、更加妥当地发挥作用？尤其在现实主义创作方面，如何将报告文学这一年轻的文学表达方式经营得更加完美，更加强大，更加深入人心？

近几十年，中国社会的剧烈变化，在社会生活各个方面都表现明显。这一深刻的变化给报告文学提供了庞大的创作素材，但同时也给立足于现实主义创作阵地的报告文学作家带来了困惑和挑战，一些敏感的话题及视线不清的人和事往往让报告文学作家难以下笔，或者让报告文学掘题不深、言不及义。报告文学在快速、直观方面不及新闻报道，在文学表达方面不如小说散文，而更多的报告文学竟令人伤心地滑落到了广告、吹捧和某个人和事的御用工具上，这不能不说是报告文学的悲哀。

笔者想从两个方面与同道交流一下报告文学的创作。

坚定不移地捍卫报告文学的鲜明旗帜，坚守报告文学纯洁美丽的家园，坚信报告文学灿烂的明天

习近平总书记在中国文联十大、中国作协九大开幕式上发表的重要讲话中，要求广大文艺工作者做到"胸中有大义、心里有人民、肩头有责任、笔下有乾坤"。报告文学鲜明的旗帜就是始终把大义、人民、时代和责任放在自己的肩头，讲好中国故事是时代赋予报告文学作家的责任与使命。今天的精彩时代让报告文学更加五彩缤纷，日新月异的生活和社会变革让报告文学创作拥有了丰富的素材，报告文学作家应当与国家和时代的命运紧紧联系在一起。我个人的认识和体会是，报告文学应当追求和具备三个特点：一是题材新颖，现实感强，生活气息浓郁，爱憎分明，激情四射，叙述结构方式个性独特，具有很强的代入感和感染力量；二是直面现实生活，见识独到深刻，叙述方式极具艺术个性和语言天分，注重报告文学的文学艺术性表达；三是对社会现实事件要有敏感性，具体生动地叙述，主线清晰，视野开阔。

笔者受邀为全民阅读乡镇站长志愿服务培训班做专题讲座（于国良 摄）

徐剑讲："报告文学的视野，往往对准与江山家国、国计民生有关，乃至战争、劫难等时代大题材、大事件、大工程、大灾难、大场面，直面人世间的生离死别、爱恨情仇，重点叙述一个地域、一个群族的浴火重生，以如椽之笔，记录一个民族的心灵史、精神史，最终铸成千秋青史。毋庸置疑，这是一种真正意义上的宏大叙事、史诗性创造，对于一个报告文学作家而言，这是一种历史与时代的眷顾与担当，既不可自恋，亦不必自卑。这样构成的中国故事并不等于没有文学含金量，主旋律的大题材、大部头，并非每个作家都驾驭得了，又有几个人能够力所能及，举重若轻，将这样的大题材高高举过自己的头顶？它需要视野、胆识、思想、知识、力量和情怀，需要作家强大的知识储备、思想底蕴与人生襟怀，需要视野的宏阔与大气，文学的阳刚和柔美，因此从这个意义上说，必须是半个政治家、半个思想家、半个社会活动家、半个杂家，最后才是半个文学家，这五个半合起来，才是一位优秀的报告文学作家。"我非常赞同这个观点，当下，国内能写报告文学的人俯拾皆是，可是写得好的凤毛麟角、屈指可数。

优秀的报告文学敢于直面社会问题和灰色人生，作家对于具有爆炸性、新闻性、轰动性，乃至关乎一个国家的社会热点问题，保持了极大的兴趣和探索，具有锋利的锐度。真正的报告文学作家，坚持自己独立的调查、写作立场，铁肩担道义，妙手著文章，保持独立人格和品质，不为利诱，不随大流，我思故我在，必须具有社会的良心、良知，承担着社会的公平与正义，必须具有强烈的现实主义批判精神，具有悲天悯人的博大情怀，甚至具有舍生忘死的牺牲精神。正如徐剑所讲："报告文学作家须具备四种特质：参与性，参与改变一个国家、民族和社会的历史进程；揭秘性，揭橥社会政治生活中的各种癌变和阴暗面；预见性，从一些现象和端倪中预见人类文明生活和模式的前景和未来；悲悯性，那就是对底层生存状态和挣扎欢乐忧伤具有悲天悯人的向度，给人以温馨感。"

报告文学的真实性，注定了写作必须是全程真实，不容有一丝的虚构。真实的，却又是文学的，给作者构成了巨大的挑战性与创新性，甚至连一个微小的细节和场面都不能虚构。特别是涉及一些负面事件写作，历史情景和场面的再现，逼真的程度须像考古文本和田野调查一样细致、认真和精确。即使是写表扬稿的著述，传主也会因为作者的胡编乱造、阿谀奉承、肉麻吹捧而大汗淋漓，心里极不舒服。因此，报告文学文本的真实、文学的真实、想象的真实与艺术的真实是完全不同的概念，报告文学的真实来不得半点虚构和合理想象，真实性是报告文学赖以生存的家园。

报告文学的文学性是指文本、叙述姿势和经典细节三个方面，唯有这三个因素的推动，才是真正意义上的文学。文学叙事是报告文学的命脉，并不是所有报告文学作家的叙述都是过关的，不少人持有一种无所不在的视角，全知全能，报告文学那种特有的叙述视角，大板块的结构，没有人和时代命运的千里伏线，更遑论文学细节的精致和独特。因此，报告文学的文学性才是报告文学灿烂的明天，否则，报告文学这一样式有可能被其他文种取而代之。

坚持报告文学现实主义创作方法，博采众长，努力写出无愧于时代的扛鼎佳作

黄传会说："报告文学有三难。一是选材难。报告文学，一半的价值是由题材来决定的。对一个时代而言，总是存在一些让人们最为焦虑和痛苦的问题，这些问题，不仅严重而普遍地影响了人们的生活，改变了人与人之间的关系，而且还深刻地改变了一个时代的社会风气，改变了人们的道德意识和行为方式，甚至改变了历史的前行方向。面对这个丰富、多样、风云变幻的时代，保持清醒的头

脑，做出准确的价值观判断，选取那些具有时代迫切性的题材，难！况且在互联网和新媒体的时代，信息爆炸，选一个能被各种信息轰炸得头昏脑涨的读者感兴趣的题材，难！选择一个能揭示和剖析现实生活的题材，更难！但是，正因为选材难，报告文学才更有魅力，因为它更深入、更厚实、更丰富，因而更耐读。二是采访难。报告文学的报告性，也就是真实性，决定了当你选准了一个题材之后，必须深入生活，必须进行田野调查。这种艰难还表现在采访中，你必须挖掘到具有文学意义的细节，这种文学细节，可遇而不可求，不下苦功，没有慧眼，是挖掘不到的。

著名文学评论家阎纲先生为笔者创办的"微风读书会"题词

（魏锋　供图）

三是文学手法难。报告文学是以文学手法来处理新闻题材的，即以现实生活中的真人真事为写作内容，以文学笔法为表现手段的一种文学样式。报告文学的主体是文学，而不是新闻，这是毋庸置疑的。关键是如何运用文学手法，哪些可用，哪些不能用。虚构显然是不允许的，想象允许吗？心理描写允许吗？报告文学人物的心理活动应该如何描写？"

我在采访贾平凹、陈彦、方英文、张艳茜、邢小利等40多位陕西作家的时候，往往要做大量的前期准备和后期整理，更艰难的是这些惜时如金又不善于张扬的作家常常让你采访搁浅，有些采访到的素材也许是你无以应用的材料，费力不说，还要费神。

我们常常爱说大事不虚，小事不拘。我觉得报告文学作家最可以施展才华的地方是这个"不拘"，"不拘"些什么内容，"不拘"的分寸如何掌握，是对作家综合实力的考验。缺乏允许范围的虚构就成了新闻报道，超出允许范围的虚构

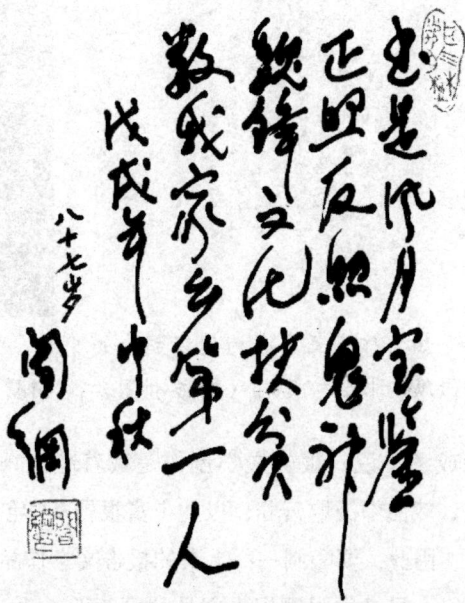

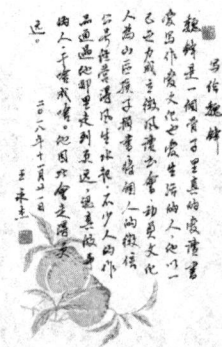

知名作家王永杰为笔者创办的
"微风读书会"题词（**魏锋 供图**）

2014年12月9日，笔者为咸阳市图书馆
捐赠价值8万余元图书（**孙永林 摄**）

就成了小说，报告文学创作是戴着镣铐舞蹈，背着磨盘爬山。如何从小说、散文、戏曲中汲取营养，以此丰富报告文学创作，难！

由此，要酿制一部上乘的报告文学作品，必须破除三难。

一是必须强调报告文学的可读性、生动性和诗性，直面现实，不回避矛盾，不回避问题，与时代同频共振；始终追求报告性、新闻性和艺术性、文学性的完美统一或完美融合。二是紧扣社会现实，记录和表现这个时代，反映老百姓的心声，坚持短、平、快、新、实、美的特点。报告文学是"轻骑兵"，倡导短写、写短、写精。三是必须重视语言运用，语言是人的肢体行为，更是一种符号，在报告文学中如何运用非常重要。真，是语言的基础，必须首先保证作品中语言的精度和信度；善，是语言的前提，智慧的语言，耐人寻味，作品才更有感染力、感召力；美，是语言的关键，报告文学叙述语言要凝练、简洁；度，是语言的保证，具有力度的语言，深刻尖锐，言人之所未言，道人之所不敢道。除此而外，以我的体会，报告文学还必须注重细节描述和人物刻画，虽然这种细节描述和人物刻画有别于虚构文学，但作为一个文学的种类，必须以人为本，文学就是人学，细节决定经典，只有把这些报告文学必不可少的元素精准地运用到作品之中，才能创作出被时代牢牢铭记在心的力作，才能真正肩负起放歌新时代，担当大未来这一艰巨而又光荣的历史责任。

——该文系笔者于2018年6月8日至10日，受邀在河北正定参加第三届"中国青年报告文学作家创作会"所作主旨论文。

奏响新时代的最强音

中华全国总工会副主席巨晓林为笔者创办的"微风读书会"代言、寄语 （龙伟 摄）

习近平总书记在中国文联十大、中国作协九大开幕式上的讲话指出，广大文艺工作者要坚持以人民为中心的创作导向，坚持为人民服务、为社会主义服务，坚持百花齐放、百家争鸣，坚持创造性转化、创新性发展，高擎民族精神火炬，吹响时代前进号角，把艺术理想融入党和人民事业之中，做到胸中有大义、心里有人民、肩头有责任、笔下有乾坤，推出更多反映时代呼声、展现人民奋斗、振奋民族精神、陶冶高尚情操的优秀作品，努力筑就中华民族伟大复兴时代的文艺高峰。

作为一名80后青年文学爱好者，作为一名中国报告文学学会、陕西省作家协会会员，作为一名长期主要写作报告文学的基层业余作者，学习了习近平总书记在中国文联十大、中国作协九大开幕式上的重要讲话，我深感幸运，让我掌握了辨识创作的方向和获取创作的正确方法。

陕西是新时期文学的重镇，也是新时期经典作品和文学巨匠的沃土，从柳青《创业史》、杜鹏程《保卫延安》，到"陕军东征"，再到路遥、陈忠实、贾平凹"文学三棵大树"，以及活跃于当下文坛的叶广芩、红柯、周瑄璞、高鸿、杜文娟等一大批中坚力量，还有一批崭露头角的80、90后青年作家，无不根植于脚下的泥土，无不自觉或不自觉地坚守和履行着总书记讲话中的至理名言，像路遥的《平凡的世界》、陈忠实的《白鹿原》、贾平凹的《秦腔》、孙皓晖的《大秦帝国》、杨焕亭的《汉武大帝》《武则天》等一部部扛鼎大作无不默契地浸润着总书记讲话的精髓。

陕西作家秉承的优良传统不但坚持了毛泽东在延安文艺座谈会上的讲话精神，而且无一例外地契合了习近平总书记在中国文联十大、中国作协九大开幕式上的讲话主旨。在纪实文学方面，陕西青年作家杜文娟一直坚守着用生命写作，她发现大千世界，感悟社会人生，无论是地震题材、西藏题材，还是公益题材，都有一种时尚气息，或者说现实气息，在文学反映现实社会的广度上做着努力。她的作品曾获《解放军文艺》双年度奖、《中国作家》鄂尔多斯文学奖等，被翻译成英文并参加国际书展。作为相对年轻的陕西作协会员和一名在文学拉力赛中刚刚起步的选手，我能够融入这样一个群体并时时刻刻地享受前辈和文朋诗友的耳提面命，无疑是一种恩赐、一种眷顾和一种鞭策。

作为纪实文学写作者，首先要端正思想，用正确的思想指导创作实践，用丰富的创作实践修正指导思想，还要强化文艺理论学习，不断从被实践证明了的放之四海而皆准的经典理论中汲取营养，树立正确的人生观、价值观和写作观；没有正确的思想和深厚的文艺理论修养，没有正确的人生观、价值观和写作观，就不可能写出肢体丰满、骨架结实的作品，也不可能使自己的作品内涵丰富、脉络清晰、气韵深厚，更不可能使自己的作品达到感染人、教育人、启迪人的境界。强化文艺理论学习要从翻云覆雨的文艺思潮和千丝万缕的文学流派中辨别真善美、假丑恶，接受精华，放弃糟粕，敢于逼近真谛，善于掌握真理，用精准的理论武装自己的头脑，不断提高自己的认知水平，不断提升创作的指导思想水准和驾驭题材、挖掘题材、升华题材的能力。唯其如此，纪实文学才有可能达到一定的高度，创作才有可能实现新的突破。当前，纪实文学要处理好三个方面的关系，虚与实的关系，真与假的关系，聚与散的关系。纪实文学首先是纪实，细枝末节可以虚构，但时代背景和人物，以及主要的事件和场景，经过和结果必须真实无误，处理好虚与实的关系，关系到纪实文学的成败，无虚不成文学，缺实难成纪实，拿捏好二者比例和关系极其重要。另外，要处理好真与假的关系，哪些是真人真事，哪些是传说演绎，无真不成纪实，无假不成艺术，真假的合理使用是纪实文学的生命线，宁可把假的写得像真的，万不能将真的写得像假的。道具可以是假的，但使用道具的人物不能造假；场景的氛围可以假借烘托，但场景不能虚假，这跟纯文学作品有区别，是有条件的假设。还有聚与散的关系，纪实文学同纯文学、

微风读书会
人生就是一次一次不带地图的旅行
文洁若

92岁的著名文学翻译家、中国翻译协会"翻译文化终身成就奖"文洁若先生为"微风读书会"题词（魏锋 供图）

新闻报道和报告文学的最大区别就是同时具备这些文种的元素，而又力戒任何一种文种元素的过量或缺失。聚焦是纪实文学必须侧重的要点，散光是纪实文学必不可少的理念。比如西安事变和张学良，如果重点纪实西安事变，就应该聚焦事变，张学良的形象就要散淡；反之，如果重点纪实张学良，就应该紧紧围绕张学良去写，西安事变就应该简略。因此，在一篇成功的纪实文学作品中总能窥见作者处理聚散关系的匠心。

痴心艺术的前提是脚踏实地，任何文艺作品都离不开老老实实地扎根生活、体味生活、感受生活，更离不开兼收并蓄、锐意进取，纪实文学亦不例外。纪实文学除过具备端正的思想和精深的理论素养之外，还必须充满激情，充满对艺术的执着追求和崇高向往。既要有敬畏感的担当，又要有愉悦感的洒脱；笔由心走，心定神清；不随俗流，不谄媚；拒绝任何格局狭小情调低迷的诱惑，不跟风不歪曲不谋私。对于纪实文学作者来说，一要深入生活，时刻把自己融入最广大

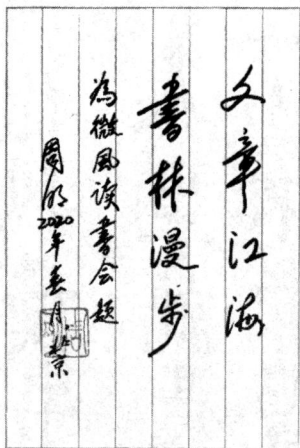

著名作家周明为笔者创办的"微风读书会"题词

（魏锋 供图）

的人民群众之中，同呼吸共命运，与最广大人民群众建立深厚的感情；二要选取具有重大意义的题材，并深思熟虑地加以提炼；三要多跑多听多看，全方位多角度地搜集素材和与作品相关的资料；四要多思慎笔，深入思考，冷静谋篇，谨慎下笔，精雕细琢。

山高水长，入木三分。陕西纪实文学虽然还不能独树一帜，但根植于陕西这块肥沃的文化厚土，有总书记的讲话时时警醒，有陕西文学大家的悉心指导，有文联、作协等有关组织的引领和帮扶，有一大批热衷于纪实文学的创作者，相信在不久的将来会有海量掷地有声的纪实文学作品涌现。

——该文系笔者于2016年12月学习中国文学艺术界联合会第十次全国代表大会、中国作家协会第九次全国代表大会心得。

发出新时代最强音 讲好身边中国故事

2018年12月28日，笔者主持"微风读书会"线下活动"名家面对面：著名作家、编剧、导演莫伸读者见面会"系列活动在咸阳高新区举行，当天为全国1000多名读者签名 （赵日恒 摄）

习近平总书记在党的十九大报告中深刻地总结了共产党在过去一个时期的先进经验，精辟地分析了我国建设有中国特色社会主义所处的历史节点，高屋建瓴地指出了共产党今后一个时期的光荣使命。伟大的时代呼唤文学和艺术事业的大发展、大繁荣，也给文艺工作者赋予了新的历史使命和责任，寄予了新希望。新的时代如同旭日东升，蹄疾步稳地走来，尤其是对报告文学要坚定文化自信、推动社会主义文化繁荣兴盛做出了深刻阐释，令人鼓舞。一个呼之欲出的复兴之梦正在鼓舞着、激励着、鞭策着每一个不愿沉沦的中国人。不忘初心，砥砺奋进，建设一个强大文明繁荣富强的国家！在这样一个阳光灿烂的日子，舍我其谁？！

　　作为一名长期在基层的文学爱好者和工作者，能够幸运地见证和参与这样一个伟大的时代，能够全身心地融入这样一个为了崛起而呐喊的洪流，自豪、骄傲、惊喜都不足以形容此时此刻的心情，仰望蓝天，俯察土地，澎湃的心潮难以准确地表述久违的激动。

　　民族因文化自信而振兴，国家因文化自信而强盛，每一个胸怀文化自信的人必定腹有诗书气自华；必定根植沃土，昂扬向上；必定笑看苍生，负重前行；必定自强不息，方圆天地。习近平总书记在党的十九大报告中说，没有高度的文化自信，没有文化的繁荣兴盛，就没有中华民族的伟大复兴。他也曾在中国文联十大、中国作协九大开幕式上的讲话中指出，改革开放近40年来，我们党领导人民所进行的奋斗，推动我国社会发生了全方位变革，这在中华民族发展史上是前所未有的，在人类发展史上也是绝无仅有的。面对这种史诗般的变化，我们有责任写出中华民族新史诗。陕西是一个文学大省，也是一个充满文化自信的文学强省，三秦大地才人辈出，柳青、杜鹏程、王汶石、李若冰、路遥、陈忠实、贾平凹等，个个如同参天大树绿荫成片，个个文化深厚自信满满。这方热土上的作家，拥有太多的文化自信，堪称楷模。他们身怀绝技手笔精湛，陕北高原黄土文化的彪悍与凝重，关中平原农耕文化的倔强与旷达，陕南秦巴山水文化的娟秀与婉约无不出自他们的笔下。所有这些具有陕西特色的文化无不发轫于自信、坚守于自信、豪迈于自信。杜鹏程历经艰辛而作《保卫延安》，激情饱满，精神不倒；柳青扎根农村14年，清贫艰涩却又捐资助人，一部未曾勾画句号的《创业史》令人掩卷难忘；李若冰频出西域，阳关三叠栉风沐雨，一册《柴达木手记》述尽艰苦；路遥年少磨难，命运多舛，一根大葱一个蒸馍，像牛一样耕耘，像土地一样付出，拼尽英年，留给世人的是不尽的《人生》《平凡的世界》；陈忠实本可仕途看好，无忧无虑地做个太平年间父母官，无奈禁不住《白鹿原》上迷人的景色，沟壑纵横的脸面上刻写着秦川老农不变的本色；贾平凹持之以恒地维护着年少初心，以绝佳的高度、速度、厚度令人惊羡，秦人书《秦腔》，在他的字典里，著作等身绝不是一个形容词，颠覆今世人生的认知也许是他未曾料到的结局……所有我们为之自豪、为之仰慕的陕西文学大家和经典名篇无不牢牢依靠着须臾未曾抛却的文化自信，最后将自己终结在人们需要仰视才能望其尊容的高度上。作为起步于基层的文学工作者，他们与生俱来练就的文化自信品格正是我辈

每 日 要 情

批 示 反 馈

省作协：

　　长兴同志7月17日在省委宣传部办公室《每日要情》刊期你单位报送的信息《我省基层作家积极推广公益阅读》批示：这项工作很有意义，请省作协做好组织促进工作得更大的成效。

中共陕西省委宣传部

2018 年 7 月 18 日

笔者创办的"微风读书会"公众平台，挖掘身边故事，以书传递温暖书香，中国作家协会办公厅信息处在《文学工作信息》向全国推介，陕西省委宣传部《每日要情》转发，批示推广公益阅读工作。"微风读书会"已经成为省内外具有一定反响的读书品牌，更是一个以书凝聚爱心的公益品牌 （陕西省作家协会 供图）

取之不尽用之不竭的精神财富，是我辈坚守与前行的路标，是每一个文学爱好者和工作者秉持文学依然神圣而坚持创作不辍的动力和力量渊源。

文章千古事，得失寸心知。党的十九大已经给广大文学爱好者和工作者吹响了进军新时代的号角，积淀深厚的三秦文化和秦地文学先辈的熏陶和教诲激发着我们，千载难逢的时机和优渥的书香环境让我们不能不有所作为，不能不根植于肥沃的土壤，用饱含激情的文字讲述属于这个时代的鲜活故事。

坚守文化自信，我们要不断在生活中磨炼自己，虚心学习中国传统文化精髓，用心掌握中华民族核心文化，扩大视野，兼收并蓄，在传统文化和先进文化的结合点上寻找属于自己认知领域的创新田地。不断与时俱进，用客观世界成熟的经典理论和成功的思想体系改造自己的主观世界，树立积极的、进取的、锐利的和正确的世界观、人生观、价值观。坚持用阳光和正能量的眼光看待事物，坚持唯物主义和辩证唯物主义，坚持用正确的、及时的和具有放之四海而皆准的文学理论指导自己的创作实践，铁定一片苦心，立下献身文学事业的雄心壮志。不以物喜，不以己悲；潜心事业，冷静思考；用准确、生动和鲜活的语言抒写发自内心的声音。注重文学的世界性和通读性，起步于市井，遨游于太空，从经典外国文学作品中吸收境外民族优秀文化遗产，关注世界文学发展动向，借鉴不同语

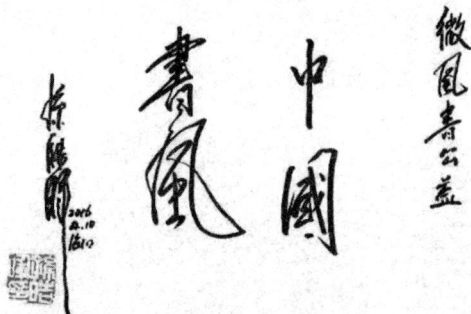

著名作家孙皓晖为笔者创办的"微风书公益"题词（**魏锋 供图**）

种文学风格，将域外文学精华融入自己创作当中。尊重中国文学各个流派的劳动成果，不断积累、沉淀自己的文学素养，不断提升自己的境界，不断在历练中提升人格、文格、品格，用深厚的理论功底和宽厚的文学素养，以及炉火纯青的技艺，饱含深情地抒写属于这个时代、这方水土和发自内心良知的文字，自觉担当起一个文学作者应该担当的责任。深入学习贯彻党的十九大精神，深入生活、扎根人民，热诚地为人民抒写、抒情、抒怀，创作出更多有道德、有温度、有筋骨的现实题材作品，不断推出讴歌党、讴歌祖国、讴歌人民、讴歌英雄的精品力作。

习近平总书记曾指出，中国梦是国家的梦、民族的梦，也是包括广大青年在内的每个中国人的梦。"得其大者可以兼其小。"只有把人生理想融入国家和民族事业中，才能最终成就一番事业。

作为一个基层文学爱好者和工作者，虽然身处火热生活之中，虽然是芸芸众生中的一员，但在实现这个伟大梦想的过程中，仍然需要传承和深入生活，体验生活，用自己独特的视角解读生活，用自己手中的解剖刀剥开生活画皮，将真实生动的生活血肉呈现在自己的文字里面。坚持现实主义创作道路，不回避不拒绝浪漫主义、魔幻现实主义、超现实主义等写作手法，以读者喜闻乐见和促进社会进步为创作指导方向。在创作实践中，竭力克服摒弃与十九大精神背离的写作、与主流社会价值观相违背的文字、与建设有新时代中国特色社会主义要求和广大人民群众愿望相去甚远的作品，不诬蔑、不捏造、不抹黑、不造作、不猎奇。坚定文化自信，强化责任感和使命感，运用现实主义手法，充满激情地描绘属于新时代的鲜艳生活，讴歌新征程路上取得的成果。深深扎根于生活当中，勤勉自励，创新为文，站高立远，力争创作出与我们的民族、我们的国家、我们的时代节拍相吻合和相联系的文学作品，发出新时代最强音，讲好身边中国故事。

文学创作要无愧于良知

2018年6月13日至15日，笔者走进梁家河，追寻初心路 （**文俊明 摄**）

纪实文学《梁家河》用细腻的文笔描写了习近平同志和梁家河群众的深厚感情，成为深入学习习近平同志新时代中国特色社会主义思想的鲜活教材。作为青年作家，学习《梁家河》蕴含的精神，就是要从习近平七年知青岁月中探寻习近平新时代中国特色社会主义思想形成的源泉，进而获取投身伟大社会主义文学事业的强大精神力量。

在梁家河插队的七年，青年习近平在与群众一起吃苦、一起生活、一起劳动的过程中，实现了从迷惘、彷徨到充满自信的转变，孕育了他以人民为中心的为民思想。对于青年作家来说，要从《梁家河》中汲取群众观点和群众路线的丰厚滋养，深入领会总书记立根群众、造福群众的人民情怀，始终坚持深入群众，牢固树立劳动人民群众是一切文学创作的不竭源泉的观点。以赵树理、柳青、路遥为榜样，同广大人民群众建立密不可分的亲近关系，坚守新时代中国特色社会主义文学方向，确立正确的理想信念、价值理念和道德观念，摒弃任何形式的历史虚无主义、狭小自私的个人主义和晦暗颓废的消极主义，客观真实地反映劳动人民心声和精神风貌，同群众共命运同呼吸，认真分析思考当代社会现象，积极探索生活当中的一切矛盾和一切问题。从生活实际出发，从广大人民群众的文化需求出发，不断从鲜活的生活中汲取创作灵感和创作素材，做到举旗帜、聚民心、育新人、兴文化、展形象，清醒地认识到广大人民群众对精神文化的需求就是我们作家创作的方向。坚持作品来源于生活高于生活，以立为本，立破并举，同广大人民群众一道强信心、暖人心、筑同心，用饱满的激情创作出广大人民群众喜闻乐见的文学作品。

当年，习近平带领干部群众，建起了陕西省第一口沼气池和第一家代销店，体现了习近平同志身上那种"敢吃第一只螃蟹"的智慧和勇气。对于青年作家来说，尤其需要这种智慧和勇气，以高度的文化自信，兼收并蓄，博采众长，在不折不扣地继承文学遗产的基础上，大胆借鉴外来文学和中国古典文学精髓，虚心学习现当代文学成果，全面把握文学思潮，准确感受文学脉搏，虔诚耐心地架构起属于自己的文学形象。不以物喜，不以己悲，充分发挥作家个人的聪明禀赋和锐利厚重的才气，创作出来源于这个时代而高于这个时代的经典力作，创作出被广大人民群众认可的、能够引领和凝聚民心朝着同一个目标奋进并能够明显提升大众欣赏水准和普世文学标准的划时代伟大作品。讲求特立独行的文本范式，注重独出心裁的语言运用，凸显典型的主体形象，编织合理的故事结构和炽烈的情节排列，经得起阅读，经得起审美，经得起历史检验。用习近平"敢吃第一只螃蟹"的心态，潜心创作出能够表明自身文学才识的作品，像《平凡的世界》《白鹿原》《秦腔》等伟大的作品一样立于浩瀚的文学之林。

习近平总书记曾在一次自述中讲道："七年上山下乡的艰苦生活对我的锻炼很大，最大的收获有两点：一是让我懂得了什么叫实际，什么叫实事求是，什么叫群众，这是让我获益终身的东西。二是培养了我的自信心。"翻开《梁家河》，让我最有感触的是，青年习近平舍我其谁的担当、攻坚克难的奋斗和向我看齐的表率三种可贵品质。品质就是本质，《红楼梦》中有句话叫作"质本洁来还洁去，强于污淖陷渠沟"，说的是"出淤泥而不染，濯清涟而不妖"的意思，可见

2018年11月1日，笔者走进"谷溪书馆"，聆听著名作家曹谷溪讲述1975年9月20日《延安通讯》头版头条发表的长篇通讯《取火记——延川人民大办沼气见闻》一文，他在梁家河采访的故事 （白小兰 摄）

品质的重要性。高尚的品质就是一种高尚的自觉行动和良好的行为习惯，它具有操作性、可见性和不可替代性。当下，青年作家最为重要和紧迫的不是急于求成，不是立竿见影频出作品，更不是逐名追利扬名立万，而是修身养性锻造自己，更快更早更精准地铸就自己的品质，只有具备了大作家应当具备的品质，才能创作出不朽的脍炙人口的经典。

青年作家应该像习近平同志那样，确立舍我其谁的担当、攻坚克难的奋斗和向我看齐的表率三种可贵品质。

首先是舍我其谁的担当。担当是一个民族崛起的希望，是一个国家强大的内在动力，更是一个人成熟的标志。担当是责任，重如泰山，不可推卸；是诚信，金玉良言，不可亵渎

青年作家要自觉担负起实现中华民族伟大复兴的中国梦的重任，肩负起新时

代中国特色社会主义文学大旗，爱党爱国，政治立场鲜明，爱憎分明，紧密团结在以习近平同志为核心的党中央周围，自觉维护党中央的权威，自觉执行党的路线、方针、政策，全力维护国家统一。全身心投入新时代党的建设和国家强大的事业上来，自始至终同党的方向和要求保持高度一致，同国家的命运融为一体，不做有损党的利益和国家利益的事情，不发有辱党的声誉和国家声誉之声。正视现实，传递正能量，用生花的妙笔讴歌时代，用激昂的文字描写火热的生活，自觉抵制那种将作家凌驾于党组织和国家之上的种种做法和言论。文学无界，作家有家，个别青年作家那种无视党纪国法，胡言乱语，指桑骂槐，无耻地诋毁党和国家，无底线地嬉笑怒骂人民群众，其本质是一种没有担当的幼稚，是不成熟的表现，更是一种自绝于文学的颓废。

其次是攻坚克难的奋斗。奋斗是一个民族走向辉煌的通道，是一个国家实现强盛的利器，是一个人强大的法宝

历史上有好多民族和国家通过艰苦卓绝的奋斗实现了目标和理想，也有好多

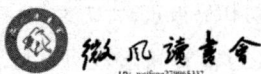

著名作家王巨才为笔者创办的"微风读书会"题词（魏锋 供图）

著名的人物通过奋斗实现了自身价值的升华。没有奋斗就没有进步，没有进步就会自取灭亡。青年作家要谨记这点，善于乐于攻坚克难。回望中外文学史，大凡经典力作，所有创作的过程，其实就是作家攻坚克难的过程，耐得住寂寞，经得起清苦，受得住劳累。柳青当年长住皇甫村，受尽乡下生活的艰苦，冬天寒风刺骨，夏天一身臭汗，青灯常伴，星月相随，历经14个春秋，终于创作出了反映渭河流域20世纪50年代农村生活的长篇小说《创业史》。路遥当年创作中篇小说《人生》的时候，将自己囚禁在陕北甘泉县招待所，迈过了创作过程中的一道又一道难关，熬煎使他半夜三更灰头土脸出没于招

笔者受邀到县区分享青春奋斗故事 （魏锋 供图）

待所的院子，以至于服务员把他当成精神病人，后来在铜川矿区医院创作《平凡的世界》的时候，那个如今读者耳熟能详的开头，居然把他折磨了三天三夜，一个字也写不出来。当洋洋洒洒百万字的巨著在榆林宾馆画上最后一个句号的时候，这个壮实的陕北汉子双手抽搐，泪流满面。陈忠实远离繁华都市，像小偷一样躲在老家，做着写不成功就养鸡的准备，坦然地编织着《白鹿原》雄奇瑰丽的画面。作家的劳动是一种特殊的劳动，这种劳动需要攻坚克难的潜质，没有这种潜质，几乎无法写出伟大而又优秀的作品，文学殿堂也不会闪耀如此璀璨的明珠。

再次，向我看齐的表率作用在《梁家河》这部作品中比较明显，作为梁家河村党支部书记，青年习近平自觉地将自己置于示范位置，要求全村党员向他看齐，这不但是一种坦白浩荡的胸襟，而且是一种全方位的自信

青年作家有理由从中汲取营养，开襟坦怀，树立自信。缺失广阔的胸怀，就创作不出大气磅礴的力作；缺乏坚强的自信，就写不出荡气回肠的精品。立志献

身于文学的青年，而不是把文学作为利用工具的青年，应该多读书，读经典的书，多走走，穷游四方；多体验，多思考，进一步扩大自己的视野。行万里路，读万卷书，走出小我狭窄低矮的圈子，以博大的胸怀俯视苍生，以超高的姿态鸟瞰社会，全面地、系统地、深刻地、准确地回望历史、笑看今生、展望未来，既紧密地与生活联结，又跳出生活的圈子居高临下，通过观察和体验，得出正确的判断和结论，然后经过深思熟虑的理性思考，用精湛高超的文学表达手段写出无愧于良知的作品。文学是一项神圣的事业，作家是一个高贵的称谓，这种神圣和高贵必须兼具胸襟和自信，必须用完美有力的成果加以诠释和注解。

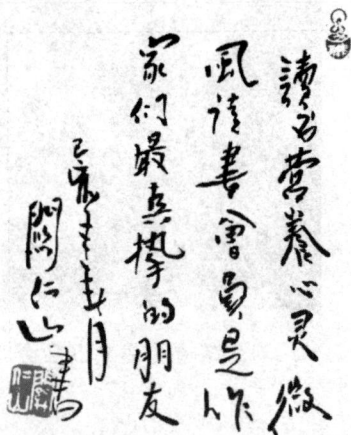

著名作家、书画家，河北省作家协会主席关仁山为笔者创办的"微风读书会"题词（**魏锋** 供图）

　　当下青年作家应当重新梳理、检阅一下自身是否具有献身这个神圣事业的潜质，是否为文学奋斗终生而准备好了一切。神圣的事业和高贵的称谓，仅有热情远远不够，还需要更多更好的历练和心智，从开阔的胸怀和满满的自信中，努力攀登通往文学殿堂的天梯，为国家写史、为民族塑像、为人民立传，在人民群众的生产生活中创作出无愧于良知、名垂青史的文学作品。

愿纯正的报告文学抵达更远处

笔者受邀与西咸新区文学院第一届作家高级研修班学员分享创作故事 （魏锋 供图）

在古老帝都咸阳郊外的麦田里，一个80多岁的老人长久而执着地默默无闻于草长莺飞的黄昏中。于是，我的脑海里蓦然跳跃出《麦田里的守望者》和《老人与海》的模糊形象……

李文德83岁，我于1982年出生。虽然我们年龄相差50多岁，但却拥有如此相近的天然爱好。

纠结中，我曾把撰写李文德的想法告知多位朋友，得到的回复是"写李文德他给你支付多少劳务费？""写李文德谁会出版这本书？""写李文德还不如追访有潜力的知名作家。""写李文德或许这部书永远会置于箱底。"……

在这个百花齐放、纷繁复杂的时代，李文德是平凡人中的平凡人，普通人中的普通人。作为千千万万文学爱好者的一员，他有着平凡的人生，平凡的事业。像这样敬畏文学、追逐梦想，在逆境中坚守，在困惑中挣扎，草根出身却有作家职业操守的人，不论从哪个方面审视，他的故事都值得我们思考。小人物同样能为社会贡献正能量，这是他的精神品质，也正是我们这个时代所稀缺和渴求的榜样，可感可亲可敬。经过两年的努力，最近我终于完成了一部25万字的报告文学《敬畏》，这是一个普通人物在国家发展进程中命运的缩影。我着力真实表现普通工人在时代脉搏中的胸襟、真诚和家国情怀，一个草根作家自觉的使命担当、坚守与前行。

作为一名对报告文学情有独钟的业余作者，选择从事报告文学创作缘自李炳银的教诲，他总是殷切地鼓励我"涤除玄览"，即排除凡尘，擦亮眼睛，出自本心地看世事十分重要。李老师几次为其他作者题写"知止行远"四字，就是他看人看世事的思虑表现。希望人知行知止，行止有致，努力行远。

尽管创作与采访是一件苦差事，但还是抵不过我对文学的挚爱。平时关注报告文学领域的人和事，成为我的一种自觉或不自觉的习惯。文化艺术需要道义的庇护和烘托，这一个个发生在我们身边普通的时代故事、中国故事。我有责任和义务去探求这一事件的来龙去脉和真相，基于这一想法和个人客观的考量，我还是选择了走近他们……

"梦想是开始也是目标，但梦想大多时候都在路上，唯有坚实地走好每一步，方可能距梦想的地方更近。"凡事皆有缘，作为一名创作报告文学的新兵，一次偶然的投稿让我认识了李炳银老师。电话、短信、书信交往许久，我与李炳银老师结下了不解之缘。在几次活动期间，我慕名造访，大着胆子，以聊谈的方式曾对先生进行了数次采访，然后粗浅地将中国改革开放40年和报告文学40年，与李炳银致力报告文学研究40年结合起来，创作了5万字的中篇报告文学《李炳银：中国报告文学的"布道者"》一文。近年来，我先后采访了著名作家贾平凹、著名演员六小龄童、著名评论家李星，还有活跃在报告文学一线优秀的青年作家丁晓平、纪红建、王杏芬、彭晓玲等50多位文艺名家……业余时间，我把大量精力放在了报告文学创作上，把这些精彩的片段刻在纸上，愿纯正的报告文学抵达更远处……

今年是中国改革开放40周年。从1978年徐迟的《哥德巴赫猜想》开始，中

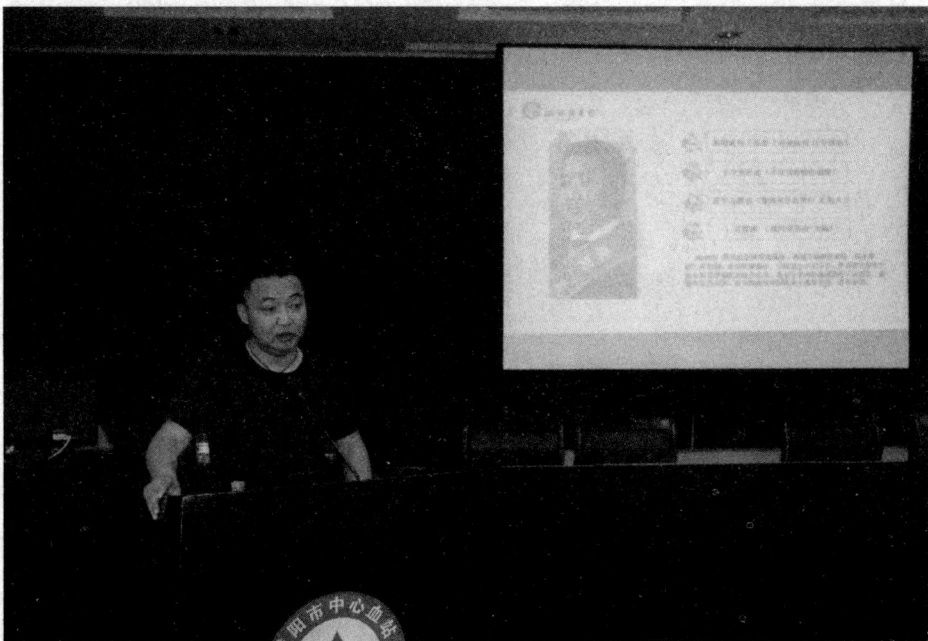

笔者受邀在咸阳市中心血站"道德大讲堂"分享创作故事 （鲁宽新 摄）

国的报告文学作为一种特殊的文体走进了我们的视野，一大批报告文学作家笔耕不辍地肩负社会责任，记录时代变迁，弘扬时代精神，与改革开放同频共振。他们一直是时代忠诚的记录者、见证者，创作了大量优秀的报告文学作品，记录了波澜壮阔的改革开放历程及取得的辉煌成就，在中国当代文学史上留下了辉煌的篇章，至今仍在我们的生活中发挥着不可忽视的重要作用。特别是这些年来，中国报告文学作家作品不荒腔走板，不仰人鼻息，不脱离社会生活现实，与国家民族的伟大事业相互促进，表现了作家的客观态度、良知追求与文学精神，成果丰硕。固守传统思维观念，轻视排斥报告文学的选择，是一种短视偏执的认识。忽略写实文学创作，会导致知识分子失去更直接深入理性参与现实社会文化建设的机会。任何放弃当下创造与建设的努力，都会是人生与历史的遗憾。报告文学是如今提振作家文化人生作为的锐利工具，也是实现知识分子社会价值的便利渠道。

"在中国改革开放40年的历史道路上，始终都有报告文学的热情参与和助力。报告文学既以自己独特的个性声音深情呼唤着改革开放的发展，也以自己的

笔者受邀在长庆油田分公司勘探设计院分享创作故事 （李建学 摄）

热情抒写表达着改革开放的伟大成就，是与中国的改革开放历史道路和实践交融最为密切，互动最为有力的文学表达文体……"谈到报告文学与改革开放40年，李炳银老师告诉我，"在纪念中国改革开放40年伟大历史的时候，报告文学完全可以骄傲地说：我无愧于这个伟大的时代！"他始终坚信报告文学持续发展是时代选择文学体裁的一种结果，也是文学适应时代需要的精彩文学表现。李老师冀望现在的作家首先要真诚，要用向善、向光明、向未来的眼光去写，这样的文学才是有价值的。人可以为自己的未来设定很多个角色，但唯独无法随意设定成作家。从事文学创作，在爱好文学的这种状态下，自己要有一颗敬畏的心。"经世致用"，应当是作家写作的永远追求。

讲好中国故事，讲好中国社会发展中已经发生和正在发生着的精彩故事，讲好我们的战斗英雄、科学家、文化创新人物等，讲好在人生事业创建当中许多个人连着国家的精彩故事，创作更多精品。我有信心继续在报告文学的创作中努力创作，它也是我一生的坚守。愿更多的作家老师加入报告文学队伍，向世界讲好中国故事。

——本文荣获2018年"我与报告文学"全国征文活动优秀奖。该活动由中国报告文学学会、浙江省作协、湖州市人民政府、中共湖州市委宣传部、湖州南浔区委区政府共同主办。